Lutz Bellmann, Ute Leber
Bildungsökonomik

Lutz Bellmann, Ute Leber

Bildungsökonomik

2., überarbeitete und aktualisierte Auflage

DE GRUYTER
OLDENBOURG

ISBN 978-3-11-064230-8
e-ISBN (PDF) 978-3-11-064231-5
e-ISBN (EPUB) 978-3-11-064260-5

Library of Congress Control Number: 2019940710

Bibliografische Information der Deutschen Nationalbibliothek
Die Deutsche Nationalbibliothek verzeichnet diese Publikation in der Deutschen
Nationalbibliografie; detaillierte bibliografische Daten sind im Internet über
http://dnb.dnb.de abrufbar.

© 2019 Walter de Gruyter GmbH, Berlin/Boston
Einbandabbildung: Jose Luis Pelaez Inc/Thinkstock
Satz: Michael Peschke, Berlin
Druck und Bindung: CPI books GmbH, Leck

www.degruyter.com

Inhalt

1 Einleitung

Bildungsökonomische Fragestellungen haben einen hohen Stellenwert nicht nur in der aktuellen bildungspolitischen, sondern auch in der wirtschaftspolitischen Diskussion. Dennoch mangelt es bislang an einem umfassenden Überblick über Theorien und empirische Befunde der Bildungsökonomie. Das vorliegende Lehrbuch versucht diese Lücke zu schließen, indem es zentrale Themen der einzelnen Bildungsbereiche aus einer ökonomischen Sicht durchleuchtet. Als theoretische Basis der Bildungsökonomie ist vorrangig die Humankapitaltheorie zu betrachten, deren Anfänge bis zu Adam Smith zurückgehen, bei dem bereits Ideen über eine Analogie von Fähigkeiten und Qualifikationen zu Sachkapital zu finden sind. Die moderne Fassung der Humankapitaltheorie wurde zu Beginn der 1960er-Jahre entwickelt. Dabei standen Fragen des Zusammenhangs von Humankapitalinvestition und Arbeitseinkommen im Vordergrund. Ende der 1990er-Jahre wurden theoretisch verschiedene Arten der Arbeitsmarktunvollkommenheiten untersucht, aus denen sich Implikationen für die wichtige Frage der Finanzierung von betrieblicher Aus- und Weiterbildung ableiten lassen.

International vergleichende Studien wie die PISA-Studie haben Mängel im deutschen Bildungssystem aufgedeckt und der Diskussion über Reformen neue Nahrung gegeben. Dies gilt zum einen für das allgemeinbildende Schulwesen. Die Bildungsbeteiligung sowie die Schülerleistungen streuen zwischen einzelnen sozialen Gruppen in Deutschland wie in kaum einem anderen Land. Bildungsreformen wie die Verkürzung bzw. Ausweitung der gymnasialen Schulzeit (G8/G9) sind Gegenstand vielfältiger Debatten. Durch die Einführung der Bachelor- und Masterabschlüsse sind im Hochschulbereich neue Prozesse in Gang gesetzt worden, deren Ergebnisse erst ansatzweise erkennbar sind.

Aber auch das System der dualen Berufsausbildung in der Kombination von betrieblicher Lehre und Berufsschule ist mit Problemen verbunden. Auf der einen Seite finden viele Schulabgänger keine Lehrstelle und sind auf das Übergangssystem angewiesen, auf der anderen Seite ist in den letzten Jahren die Anzahl der unbesetzten Ausbildungsstellen deutlich gestiegen. Der Übernahme von Ausbildungsabsolventen im Ausbildungsbetrieb kommt in diesem Zusammenhang eine besondere Bedeutung zu, denn oftmals amortisieren sich die betrieblichen Aufwendungen für die Ausbildung des Fachkräftenachwuchses erst einige Zeit nach Ausbildungsende.

Aufgrund der drastisch gesunkenen Halbwertszeit des Wissens und der demografischen Entwicklung sind die betriebliche Weiterbildung und das lebenslange Lernen besonders wichtig geworden. Allerdings gibt es einzelne Gruppen, deren Weiterbildungsbeteiligung nur unterdurchschnittlich ist. Hierzu gehören insbesondere Un- und Angelernte, atypisch Beschäftigte sowie Beschäftigte in Klein- und Mittelbetrieben. Deshalb stellt sich auch die Frage nach Möglichkeiten der Erhöhung der Weiterbildungsbeteiligung sowie nach alternativen Finanzierungsformen.

https://doi.org/10.1515/9783110642315-001

Die Politische Ökonomie der Bildung betrachtet die private und öffentliche Bereitstellung verschiedener Bildungsgüter ebenso wie die private und öffentlich-rechtliche Trägerschaft von Bildungseinrichtungen, die Rolle des New Public Management im Bildungswesen und die Entwicklung der Bildungsausgaben im internationalen Vergleich. Für den Arbeitsmarkt ist nicht nur die Deckung des Bedarfs an Fachkräften, sondern auch die qualifikationsspezifische Arbeitslosigkeit und Partizipation am Erwerbsleben von Relevanz. Wirtschaftspolitisch ist der Zusammenhang von Bildung und Wirtschaftswachstum und gesellschaftspolitisch der von Bildung, Gesundheit und Vertrauen wichtig.

Gegenüber der ersten Auflage wurde nicht nur eine Aktualisierung vorgenommen, sondern auch neue Befunde z. B. zur Digitalisierung, Bildungspolitik und Evaluation berücksichtigt. Ganz herzlich bedanken möchten wir uns bei Stefan Giesen vom Verlag De Gruyter für sein großes Vertrauen in das Projekt und die Gelegenheit, das Lehrbuch in der 2. Auflage aktualisieren und verbessern zu können. Unser herzlicher Dank geht auch an Kathleen Herfurth und Stefan Diezmann von De Gruyter, die das Projekt engagiert und kompetent begleitet und umgesetzt haben. Danken möchten wir schließlich auch Viktoria Nußbeck und Sabine Oberg vom IAB für die Durchsicht des Textes auf Fehler und „Stilblüten".

2 Die Nachfrage nach Bildung

In diesem Abschnitt sollen Antworten auf folgende Fragen gegeben werden:
- Wie erklärt die Humankapitaltheorie die individuelle und betriebliche Bildungsentscheidung?
- Welche Bedeutung hat die Unterscheidung zwischen allgemeinem und spezifischem Humankapital?
- Wie können die Erträge von Humankapitalinvestitionen erfasst werden?
- Welche Erweiterungen des Humankapitalansatzes gibt es?
- Was ist unter der Qualitätsdimension von Bildung zu verstehen?
- Welche Signale geben Bildungsabsolventen an potenzielle Arbeitgeber?
- Wie wirken sich Mobilitätsbarrieren und andere Arbeitsmarktunvollkommenheiten auf Bildungsentscheidungen aus?
- Wie passt die formale Qualifikation der Beschäftigten zum Anforderungsniveau der ausgeübten Tätigkeit?
- Wie wirkt sich eine Verlängerung von Bildungszeiten auf Produktivität und Entlohnung der Beschäftigten aus?

2.1 Einleitung

Ein bestimmter Schulabschluss, ein Berufsabschluss oder ein Hochschulstudium werden oft für das Erreichen einer bestimmten beruflichen Stellung vorausgesetzt. Aus ökonomischer Sicht kann dies damit erklärt werden, dass Bildung als Investition betrachtet wird, durch die Wissen akkumuliert und die individuelle Produktivität erhöht wird. Dies führt zu besseren Aufstiegschancen und höheren Einkommen bei den Bildungsabsolventen. Obwohl bereits bei nationalökonomischen Klassikern wie Adam Smith Ideen über eine Analogie von Fähigkeiten und Qualifikationen zu Sachkapital zu finden sind, wurde die moderne Fassung der Humankapitaltheorie zur Erklärung verschiedener realer Phänomene herangezogen, die mit der traditionellen neoklassischen Theorie nur mangelhaft erklärt werden konnten. Der außerordentlich große Erfolg der Humankapitaltheorie beruht aber auch darauf, dass ihre Aussagen mit eigens erhobenen Mikrodatensätzen empirisch überprüft worden sind. Ende der 1980er-Jahre erlangten Bildungsfragen erneut große Bedeutung im Rahmen der Neuen Wachstumstheorie (z. B. Lucas 1988, Romer 1990). Mit der Entwicklung in der Informations- und Kommunikationstechnik als Querschnittstechnologie ist im letzten Jahrzehnt eine Wissensökonomie entstanden, in der das Humankapital sogar noch wichtiger geworden ist. In der New Economy ist das Humankapital der entscheidende Produktionsfaktor, der eine zentrale Rolle für die gesamtwirtschaftliche Produktivität und das Wachstum eines Landes spielt. Damit ist die Humankapitaltheorie auch wieder an ihr ursprüngliches Ziel der Erklärung unterschiedlicher Effektivitä-

https://doi.org/10.1515/9783110642315-002

ten von Sachinvestitionen in Industrie- und Entwicklungsländern zurückgekehrt (Denison 1962).

Gleichwohl sind die zentralen Annahmen der Humankapitaltheorie Gegenstand wichtiger Kontroversen in der Wirtschaftswissenschaft. Der praktische Nutzen vieler Studiengänge wird ebenso bezweifelt wie der des Abiturs; vielmehr wird die Ansicht vertreten, dass damit gegenüber potenziellen Arbeitgebern die Fähigkeit nachgewiesen wird, abstrakt denken und Probleme strukturieren zu können. Wenn die Betriebe aus der Gruppe der Abiturienten einen Bewerber für einen Ausbildungsplatz einstellen, ist die Wahrscheinlichkeit höher, dass der Mitarbeiter über Abstraktionsfähigkeiten verfügt, als wenn ein Hauptschüler eingestellt wird. Insofern wirkt das Bildungssystem als Filter. Dadurch haben Bildungsabsolventen die Möglichkeit, die potenziellen Arbeitgeber über ihre Fähigkeiten zu informieren. Wenn diese Einschätzung der Bedeutung von Bildungsgängen und -abschlüssen zutreffend ist, ergeben sich andere Beurteilungen der Wirkungen von höheren Bildungsausgaben, z. B. bei den angesprochenen Wachstumsanalysen, als wenn von einem direkten Produktivitätseffekt ausgegangen wird. Im Zusammenhang mit der international vergleichend angelegten PISA-Studie ist auch die Bedeutung der Qualitätsdimension der Bildung besonders hervorgehoben worden. Um die ökonomischen Wirkungen der Bildung in quantitativer und qualitativer Hinsicht beurteilen zu können, ist deshalb eine klare theoretische Struktur erforderlich, die in diesem Kapitel des Buches präsentiert wird.

Von großer Relevanz sind auch die Analysen von Arbeitsmarktunvollkommenheiten im Zusammenhang mit Bildungsentscheidungen. Der konventionelle Humankapitalansatz ist beispielsweise nicht in der Lage, betriebliche Investitionen in das transferierbare/allgemeine Humankapital der Mitarbeiter zu erklären. In einer Welt mit Mobilitätsbarrieren, komprimierten Lohnstrukturen und anderen Arbeitsmarktunvollkommenheiten gibt es dagegen einen starken Anreiz für die Unternehmen, in die Aus- und Weiterbildung der Mitarbeiter zu investieren.

2.2 Humankapitaltheorie

In diesem Abschnitt wird zunächst die klassische Humankapitaltheorie anhand der Modelle von Becker (1964) und Mincer (1974) dargestellt. Anschließend werden darauf aufbauende empirische Analysen präsentiert sowie Probleme und Erweiterungen diskutiert.

2.2.1 Das Grundmodell von Becker

Zwar finden sich bereits bei den Klassikern der Nationalökonomie Ideen über eine Analogie von Fähigkeiten und Qualifikationen zu Sachkapital, doch wurde die moderne Fassung der Humankapitaltheorie erst zu Beginn der 1960er-Jahre von Becker (1964) entwickelt. Er betrachtet die Summe aus schulischer/beruflicher (Erst-) Ausbildung und beruflicher Weiterbildung als individuellen Bestand an Humankapital. Bildungsaktivitäten erzeugen demnach direkte Kosten für Lehrkräfte, Ausbildungseinrichtungen u. Ä. sowie Opportunitätskosten des Zeitaufwands, da während der Bildungszeiten einer Erwerbstätigkeit gar nicht oder nur in geringem Umfang nachgegangen werden kann. Diesen Kosten stehen Erträge in Form einer höheren individuellen Arbeitsproduktivität gegenüber. Daraus ergeben sich Quasi-Renten, die zu verteilen sind und das individuelle Arbeitseinkommen erhöhen. Indem man die Qualifikation als Grundeigenschaft des Menschen in der Produktion begreift, wird die Arbeitskraft zum Investitionsgut, in das zur Verbesserung des Arbeitseinkommens investiert werden kann (Sesselmeier/Blauermel 1997).

Die grundlegende Vorstellung des Modells besteht darin, dass eine Person jedes Jahr vor der Alternative steht, entweder voll erwerbstätig zu sein oder aber eine Bildungsmaßnahme zu durchlaufen und somit in ihr Humankapital zu investieren. Der Einfachheit halber werden Freizeitaktivitäten nicht berücksichtigt. Für die Beschäftigten ist dann zum Zeitpunkt t die Höhe des Arbeitseinkommens E_t proportional zum bereits akkumulierten Bestand an Humankapital H_t. Der Proportionalitätsfaktor r kann als Ertragsrate des Humankapitals interpretiert werden:

$$E_t = r \cdot H_t \tag{2.1}$$

Wird unterstellt, dass (Aus-)Bildung in Vollzeit erfolgt, so lässt sich eine Humankapitalinvestition als Veränderung des Humankapitalbestandes ΔH_t aus der Produktivität f, der Bildungszeit t_h, dem Humankapitalbestand der Vorperiode H_{t-1} und seiner Abschreibung δ ableiten:

$$\Delta H_t = f(t_h) - \delta H_{t-1}. \tag{2.2}$$

Danach betragen die Opportunitätskosten eines Bildungsjahres (ursprünglich: Schuljahr) $r \cdot H_t$, da ein zusätzliches Bildungsjahr mit einem entgangenen Einkommen in dieser Höhe verbunden ist. Die Nachfrage nach (Aus-)Bildung ist nach Gleichung (2.2) umso höher, je länger der Auszahlungszeitraum für die Erträge von Humankapitalinvestitionen ist, je produktiver die Bildungszeit und je geringer die zeitliche Diskontierung ausfällt, während die Abschreibungsrate keinen eindeutigen Effekt hat (wie in kontrolltheoretischen Modellen gezeigt wurde, vgl. Blinder/Weiss 1976).

Modellerweiterungen berücksichtigen den Zusammenhang von Investitionen in Humankapital und der Einkommensentwicklung im Lebensverlauf. Damit kann der typische phasenweise Verlauf von Bildungs- und Erwerbsbeteiligung erklärt werden: Der Konzentration auf die Humankapitalbildung während der Schulzeit (Phase I) folgt eine abnehmende Investitionstätigkeit in der beruflichen Einstiegsphase (Phase II), eine vollständige Spezialisierung auf die Einkommenserzielung (Phase III) und schließlich die Ruhestandsphase (Phase IV). Die beiden mittleren Phasen lassen sich grafisch gut in der Abbildung 2.1 veranschaulichen. Danach besitzt ein Beschäftigter zum Zeitpunkt t_0 die Möglichkeit, ohne eine Ausbildung eine Tätigkeit zum Lohnsatz w_0 aufzunehmen oder alternativ dazu nur einen Lohnsatz w_1 zu beziehen, aber dann bis zum Zeitpunkt t_1 eine Ausbildung zu durchlaufen. Der Vorteil der Ausbildung besteht darin, dass die Beschäftigung nach Ausbildungsabschluss zum Lohnsatz w_2 erfolgt, der höher als w_1 und w_0 ist. Eine Ausbildung lohnt sich aus individueller Sicht dann, wenn das entgangene Einkommen während des Zeitraums t_0 bis t_1 kleiner ist als das zusätzliche Einkommen im Zeitraum t_1 bis t_2, wobei die individuelle zeitliche Diskontierung nicht zu groß sein darf.

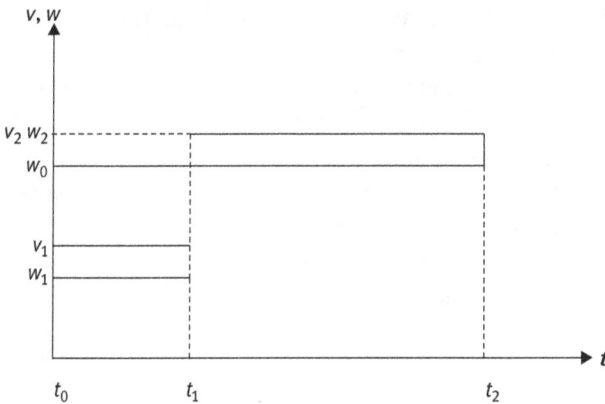

Abbildung 2.1: Entlohnung und Wertgrenzproduktivität bei allgemeinen Humankapitalinvestitionen, eigene Darstellung.

In Lohn-Produktivitäts-Relationen ausgedrückt implizieren diese Überlegungen, dass die Entlohnung des Beschäftigten während der Ausbildungszeit unterhalb der Wertproduktivität liegt, weil die direkten Ausbildungskosten zu berücksichtigen sind, und danach in Höhe der Wertgrenzproduktivität erfolgt. Würden die direkten Ausbildungskosten von der Entlohnung nach Ausbildungsende vom Betrieb quasi abgezogen, bliebe der Betrieb auf einem Teil der Ausbildungskosten „sitzen", wenn der Arbeitnehmer den Betrieb wechselt. Da die Ausbildung auch in anderen Betrieben als dem Ausbildungsbetrieb eine produktive Wirkung entfaltet, spricht man von allgemeinem Humankapital.

Die Analogie von Human- und Sachkapital hat Becker auf die Frage der Finanzierung von Humankapitalinvestitionen übertragen. Sollen die Individuen selbst oder die Betriebe diese Investitionen finanzieren? Die Beantwortung dieser Frage hängt entscheidend davon ab, ob es sich um eine allgemeine oder eine spezifische Investition handelt. Eine allgemeine Ausbildung versetzt die Arbeitnehmer in die Lage, verschiedene Tätigkeiten auszuüben, während eine spezifische Ausbildung für eine bestimmte Tätigkeit erfolgt. Während das allgemeine Humankapital bei einem Arbeitsplatz- oder Betriebswechsel nutzbar bleibt, ist dies bei spezifischem Humankapital nicht der Fall.

Bei einer allgemeinen Ausbildung trägt der Arbeitnehmer während der Dauer der Ausbildung sämtliche Ausbildungskosten, erhält aber im Gegenzug dazu auch alle Ausbildungserträge. Bei einer spezifischen Ausbildung dagegen teilen sich Arbeitnehmer und Betrieb die Kosten und Erträge: Während der Ausbildungszeit erhält der Arbeitnehmer einen Lohnsatz w_1, der unter seiner Wertgrenzproduktivität v_1 liegt (und auch unter dem Alternativlohnsatz w_0). Nach Abschluss der Ausbildung wird nach dieser Teilungsregel der Lohnsatz w_2 (über dem Alternativlohnsatz w_0) gezahlt. In Abbildung 2.2 werden diese Überlegungen nochmals zusammenfassend dargestellt.

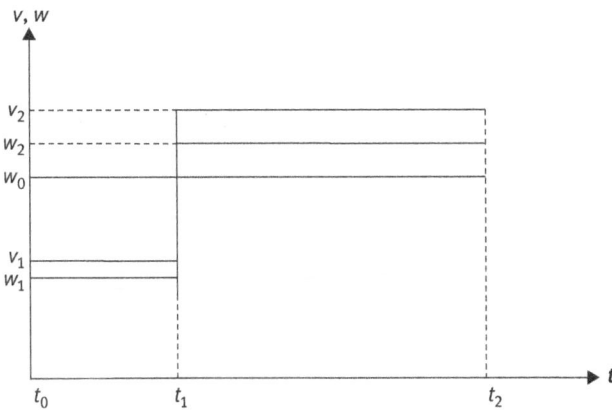

Abbildung 2.2: Entlohnung und Wertgrenzproduktivität bei spezifischen Humankapitalinvestitionen, eigene Darstellung.

Die Teilungsregel stellt im Fall spezifischer Humankapitalinvestitionen zum einen sicher, dass der Beschäftigte nach Abschluss der Ausbildung im Betrieb bleibt, weil er sich auf einem anderen Arbeitsplatz mit einem Lohnsatz w_0 schlechter stellen würde. Zum anderen wird der Betrieb auch nicht nach beendigter Ausbildung versuchen, die Entlohnung des Ausbildungsabsolventen unter den Lohnsatz w_0 zu drücken, da der Beschäftigte dann kündigen und einen anderen Arbeitsplatz annehmen könnte. Allerdings ist die genaue Höhe der Entlohnung bei spezifischem Humankapital nach den theoretischen Überlegungen von Becker nicht eindeutig bestimmbar.

Für die Betriebe lohnt sich die Investition in spezifisches Humankapital also nur dann, wenn der Arbeitnehmer ausreichend lange im Betrieb verbleibt, sodass sich die Ausbildungskosten amortisieren können. Für die Entscheidung, ob und in welcher Höhe der Betrieb sich an den Investitionen in spezifisches Humankapital beteiligt, ist daher zentral, welche Erwartungen hinsichtlich des Fortbestands des Arbeitsverhältnisses bestehen und in welchem zeitlichen Umfang die Arbeitnehmer im Betrieb sein werden. Rational handelnde Arbeitgeber werden deshalb weniger in das Humankapital von Teilzeitbeschäftigten und von älteren Arbeitnehmern investieren. Das gilt auch, wenn die Arbeitgeber Erwerbsunterbrechungen aufgrund von Elternzeiten antizipieren (empirische Evidenz dafür findet sich im Kapitel 6 zum Thema Weiterbildung in diesem Buch).

2.2.2 Die Mincer Einkommensfunktion

Der außerordentlich große Erfolg der Humankapitaltheorie ist sicherlich auch darauf zurückzuführen, dass zentrale Aussagen dieser Theorie mithilfe von Mikrodaten aus Bevölkerungsumfragen überprüft werden können. Zwar enthalten die humankapitaltheoretischen Modelle eine Reihe an Faktoren wie z. B. die Bildungsrendite, die Zeitpräferenzrate und die Parameter der Produktionsfunktion, die bereits im letzten Abschnitt abgeleitet worden sind. Mincer (1974) hat aber mit der nach ihm benannten Einkommensfunktion eine pragmatische Methode entwickelt, die die wesentlichen Elemente der Humankapitaltheorie aufgreift und darüber hinaus die Schätzung von Bildungsrenditen erlaubt.

Zu den wichtigsten Annahmen gehört eine Bildungsrendite, die während des gesamten Lebenszyklus konstant ist. Weiterhin wird für die Einkommenserzielungskapazität E_t unterstellt, dass sie – ausgehend von der Einkommenserzielungskapazität zum Zeitpunkt der Einschulung E_0 – durch die Verwendung eines Anteils von k_t für (weitere) Investitionen in Humankapital wächst. Zum Zeitpunkt t beträgt sie dann

$$E_t = E_0 \exp\left\{\int_0^t rk_\tau d\tau\right\},\tag{2.3}$$

wobei E_0 die Einkommenskapazität bei der Einschulung darstellt. Das tatsächlich erzielte Einkommen y_t besitzt einen Anteil von $1 - k_t$ an der Einkommenserzielungskapazität

$$y_t = (1 - k_t)E_t.\tag{2.4}$$

Schulbildung wird als Tätigkeit betrachtet, bei der das Individuum die gesamte Einkommenserzielungskapazität zur Investition in Humankapital nutzt, d. h. $k_t = 1$. Mithin beträgt die Einkommenserzielungskapazität am Ende der Schulzeit (zum Zeitpunkt s)

$$E_s = E_0 e^{rs}.\tag{2.5}$$

Wenn nach Erreichen des (Schul-)Bildungsabschlusses keine weiteren Humankapitalinvestitionen mehr vorgenommen werden, entsprechen sich die Einkommenserzielungskapazität und das tatsächliche Einkommen

$$E_s = y_s = E_0 e^{rs}\tag{2.6}$$

oder nach Logarithmieren

$$\ln E_s = \ln y_s = \ln E_0 + rs. \tag{2.6'}$$

Mincer (1974) hat wahltheoretisch anhand des Modells von Ben-Porath (1967) begründet, warum der Anteil der Einkommenserzielungskapazität, der für weitere Humankapitalinvestitionen verwendet wird, mit zunehmendem Lebensalter sinkt: Erstens werden bei einer begrenzten Dauer des Erwerbslebens Investitionen mit zunehmendem Alter nur über einen relativ kürzeren Zeitraum Erträge erbringen. Zweitens führt das Hinauszögern profitabler Investitionen zu einem geringeren Gegenwartswert dieser Investitionen. Drittens kann die (Arbeits-)Zeit der Arbeitskraft als ein weiterer Produktionsfaktor neben dem schon gebildeten Humankapital bei der Produktion zusätzlicher Humankapitaleinheiten angesehen werden. Der Wert der (Arbeits-)Zeit steigt mit zunehmendem Alter, weil die Erträge früherer Investitionen anfallen. Viertens werden die Investitionen in Humankapital über mehrere Perioden verteilt, weil die Grenzkosten der Produktion von Humankapital in jeder Periode steigen.

Eine linear abnehmende Entwicklung des Anteils der Einkommenserzielungskapazitäten, der für weitere Humankapitalinvestitionen verwendet wird, kann z. B. wie folgt formuliert werden:

$$k_x = k_0 - (k_0/n)x. \tag{2.7}$$

In diesem Fall wird ein bestimmter Anteil k_0 in jedem Berufsjahr x so weit reduziert, dass nach n Jahren am Ende des Erwerbslebens keine Humankapitalinvestitionen mehr vorgenommen werden. Damit ergibt sich eine Einkommenserzielungskapazität in Höhe von

$$E_x = E_s \exp\left\{\int_0^x [rk_0 - r(k_0/n)\tau]d\tau\right\} = E_s \exp\{rk_0x - (rk_0/2n)x^2\} \tag{2.8}$$

und unter Verwendung von Gleichung (2.4) ein tatsächliches Einkommen in Höhe von

$$y_x = (1 - k_x)E_x \tag{2.9}$$

bzw. nach Logarithmieren

$$\ln y_x = \ln(1 - k_x) + \ln E_x. \tag{2.9'}$$

Das Logarithmieren von Gleichung (2.8), Einsetzen in Gleichung (2.9') und Sortieren führt zu

$$\ln y_x = \ln E_s + rk_0x - (rk_0/2n)x^2 + \ln(1 - k_x). \tag{2.10}$$

Setzt man Gleichung (2.6') ein, ergibt sich

$$\ln y_x = \ln E_0 + rs + rk_0 x - (rk_0/2n)x^2 + \ln(1 - k_x).$$ (2.11)

Unter Vernachlässigung des letzten logarithmischen Terms hat Mincer (1974) diese Gleichung durch seine berühmt gewordene ökonometrische Einkommensfunktion approximiert:

$$\ln y = \beta_0 + \beta_1 s + \beta_2 x + \beta_3 x^2 + u,$$ (2.12)

wobei u die Störvariable repräsentiert. Dabei gibt β_1 als der Regressionskoeffizient für die Schulbesuchsdauer die Bildungsrendite an. β_2 und β_3 sind positive und negative Regressionskoeffizienten für die Berufserfahrung (= Lebensalter – 6 Jahre – Schulbesuchsdauer).

Laut einer aktuellen Studie von Pfeiffer und Stichnoth (2015) liegen die nach der Mincer'schen Einkommensfunktion geschätzten individuellen Bildungsrenditen für Deutschland im Mittel bei etwa 7 %, wobei aber auch wesentlich kleinere und größere Schätzwerte in der Literatur berichtet werden. Das Hauptproblem dieses Ansatzes besteht darin, dass jeweils nur eine Punktschätzung vorgenommen wird, ohne dass individuelle Unterschiede in den Erwerbsbiografien berücksichtigt werden. Zur Abschätzung von Kosten und Erträgen von Bildungsinvestitionen ermitteln Pfeiffer und Stichnoth (2015) deshalb synthetische Bildungs- und Erwerbsbiografien, die neben Phasen von Erwerbstätigkeit auch solche von Arbeitslosigkeit und Nichterwerbstätigkeit enthalten können. Sie nutzen dafür die Daten des Sozio-ökonomischen Panels des Jahres 2012, um die Erträge von Bildungsinvestitionen zu ermitteln. Für die Erfassung der Kosten werden die dem Bundesfinanzbericht (Statistisches Bundesamt 2015) und dem Bildungsbericht (Autorengruppe Bildungsberichterstattung 2012, 2014) entnommenen Bildungsausgaben zugrunde gelegt. Die Autoren ermitteln die Kosten einer Berufsausbildung und eines Studiums. Bei der Berechnung der Kosten eines Studiums unterstellen sie eine Dauer von 5 Jahren, denn in Deutschland dauert ein erfolgreich abgeschlossenes Studium im Durchschnitt 4,7 Jahre (Autorengruppe Bildungsberichterstattung 2012). Die fiskalischen Ausgaben pro Jahr für einen Studienplatz wurden für das Jahr 2012 auf 8.644 Euro geschätzt. Hinzuzurechnen sind die staatlichen Leistungen für einen Teil der Studierenden nach dem Bundesausbildungsförderungsgesetz (BAföG).

Analog wird bei der Schätzung der Kosten einer Berufsausbildung vorgegangen, wobei die fiskalischen Ausgaben in Höhe von 6.040 Euro den schulischen Teil der Berufsausbildung abdecken. Da die durchschnittliche Dauer der beruflichen Ausbildung 3,5 Jahre beträgt, wird von einer 4 Jahre dauernden Ausbildung für die weiteren Berechnungen ausgegangen. Die Tabelle 2.1 fasst die Annahmen zusammen.

Tabelle 2.1: Kostenparameter für Berufsausbildung und Studium (nach Pfeiffer/Stichnoth 2015, 396)

	Berufsausbildung	Studium
Dauer der Ausbildung (in Jahren)	4	5
Alter bei Ausbildungsbeginn (in Jahren)	17	21
Fiskalische Kosten pro Jahr (in Euro)	6.040	8.644
BAföG pro Jahr (in Euro, nur für Berechtigte)		425

Tabelle 2.2: Fiskalische Nettoerträge und Bildungsrenditen, 2012 (nach Pfeiffer/Stichnoth 2015) mit den Daten des Sozio-ökonomischen Panels (SOEP)

	Berufsausbildung	Studium
Kapitalwert (Tsd. Euro)	138,0	100,0
Ertragsrate (%)	23,5	5,7

Anmerkung: Personen im Alter zwischen 17 und 65 Jahren (jeweils einschließlich), Kapitalwert unter Verwendung eines Zinssatzes von 1,5 %.

Tabelle 2.2 enthält die fiskalischen Nettoerträge, also die Differenz der Barwerte von Bildungserträgen und -kosten sowie Bildungsrenditen eines Hochschulstudiums und einer Berufsausbildung. Dabei wurde in der ersten Spalte die Berufsausbildung der Situation ohne Berufsausbildung und ohne Studium und in der zweiten Spalte das Studium der Berufsausbildung gegenübergestellt.

Die Veränderung der Kapitalwerte entsteht durch die mit einem höheren Bruttoeinkommen verbundenen höheren Steuern und Sozialversicherungsbeiträge und die geringeren Transfers. Aus Sicht des Staates besitzt ein im Alter von 21 Jahren begonnenes fünfjähriges Studium einen mittleren Kapitalwert von 100.000 Euro und eine fiskalische Bildungsrendite von 5,7 %. Für eine Berufsausbildung, die mit 17 Jahren begonnen wurde und 4 Jahre dauert, ergibt sich ein mittlerer Kapitalwert von 138.000 Euro und eine Ertragsrate von 23,5 %.

Die Tabelle 2.3 zeigt die individuellen Bildungsrenditen eines Studiums und einer Berufsausbildung, wobei die Bruttoverdienste und die verfügbaren Einkommen der Haushalte angegeben werden.

Tabelle 2.3: Individuelle Bildungsrenditen (nach Pfeiffer/Stichnoth 2015) mit den Daten des Sozio-ökonomischen Panels (SOEP)

	Studium	Berufsausbildung
Bruttoverdienste		
– Kapitalwert (Tsd. Euro)	420,0	276,0
– Ertragsrate (%)	12,2	25,5
Verfügbares Haushaltseinkommen		
– Kapitalwert (Tsd. Euro)	145,0	54,0
– Ertragsrate (%)	7,1	5,0

Anmerkung: Personen im Alter zwischen 17 und 65 Jahren (jeweils einschließlich), Kapitalwert unter Verwendung eines Zinssatzes von 1,5 %.

Für ein Studium ergeben sich ein Kapitalwert von 420.000 Euro und eine Ertragsrate von 12,2 %. Für eine Berufsausbildung beträgt der Kapitalwert 276.000 Euro und die Ertragsrate 23,5 %. Weiterhin haben Pfeiffer und Stichnoth (2015) mit dem ZEW-Steuer-Transfer-Modell die verfügbaren Einkommen der Haushalte berechnet. Dabei werden im Wesentlichen die Effekte der Einkommenssteuer, der Sozialversicherungs-beiträge, der Transfers sowie des Kindergelds und der Elternbeiträge für einen Kinderbetreuungsplatz simuliert. Für ein Studium reduziert sich dann der Kapitalwert auf 145.000 Euro und die Ertragsrate auf 7,1 %, während für eine Berufsausbildung der Kapitalwert 54.000 Euro und die Ertragsrate 5,0 % beträgt. Die Reduktion der Ertragsrate bei der Berufsausbildung ist größer als beim Studium, nicht nur, weil auf die zusätzlichen Erwerbseinkünfte Steuern und Sozialabgaben gezahlt werden müssen, sondern weil sie auch zu einem Wegfall von Transfers führen.

2.2.3 Probleme des Humankapitalansatzes

In der Literatur wurde die von der Humankapitaltheorie unterstellte Entscheidungs-freiheit kritisch betrachtet. Blaug (1976) weist darauf hin, dass in vielen Berufen, z. B. bei Medizinern in der Berufseinstiegsphase, bestimmte Tätigkeiten quasi unter Aufsicht ausgeführt werden, aber nicht auf der freien Entscheidung der Ärzte beruhen, sondern aufgrund von bestimmten Vorschriften erfolgen. Die niedrigere Bezahlung während dieser beruflichen Phase beruht also nicht darauf, dass die Mediziner sich für mehr oder weniger Training-on-the-Job entscheiden.

Ein weiterer kritischer Punkt betrifft die Rolle der Qualität der (Aus-)Bildung. Für die Erklärung von Produktivitäts- und Wachstumsunterschieden von Ländern hat sich die Verwendung von Testscores aus international vergleichend angelegten Leis-tungstests wie der PISA-Studie als sehr erfolgreich erwiesen. Im Kapitel 3 dieses Lehr-buchs wird auf Leistungstests und im Kapitel 9.2 auf den Zusammenhang von Bildung und Wirtschaftswachstum eingegangen.

Im Unterschied zu dem in diesem Kapitel dargestellten Humankapitalansatz werden in der sogenannten New Training Literature Gründe dafür diskutiert, dass sich die Betriebe auch an den Kosten der Finanzierung des allgemeinen Humankapitals beteiligen und nicht nur an den Kosten des spezifischen Humankapitals. Dieses Thema wird im Kapitel 2.3 behandelt.

Die Vorstellung, dass Unternehmen qualifizierte Beschäftigte einstellen, auch wenn sich der Inhalt der (Aus-)Bildung und der Bedarf ständig verändern (Blaug 1976), hat zur Entwicklung der Screening- und Signalling-Theorie beigetragen. Ein weiteres Argument in diesem Zusammenhang besteht darin, dass die Produktivität von Beschäftigten durch Bildungsinvestitionen nicht unmittelbar verändert wird, wie dies von der Humankapitaltheorie unterstellt wird. Außerdem ist die Produktivität oftmals nicht beobachtbar. Im Kapitel 2.4 werden die zentralen Argumente erörtert und die empirischen Studien dazu vorgestellt.

2.3 Arbeitsmarktunvollkommenheiten I: Komprimierte Lohnstruktur

Eine wichtige Erkenntnis des Grundmodells von Becker (1964) ist, dass die Teilung der Kosten und Erträge bei allgemeinem und spezifischem Humankapital unterschiedlich erfolgt: Bei allgemeinem Humankapital liegt in der Ausbildungsphase der Lohnsatz unter und bei spezifischem Humankapital über der Wertgrenzproduktivität. Außerdem entspricht der Lohnsatz anschließend der Wertgrenzproduktivität nur dann, wenn es sich um Investitionen in allgemeines Humankapital handelt. Bei spezifischem Humankapital dagegen wird ein Lohnsatz unterhalb der Wertgrenzproduktivität gezahlt.

Beim allgemeinen Humankapital finanzieren die Arbeitnehmer Bildungsinvestitionen allein, d. h., die Betriebe beteiligen sich nicht an den Ausbildungskosten. Dagegen teilen sich Arbeitgeber und Arbeitnehmer die Ausbildungskosten, wenn es sich um spezifische Ausbildungsinvestitionen handelt. Wie in den Kapiteln zur Aus- (Kapitel 5) und Weiterbildung (Kapitel 6) in diesem Lehrbuch gezeigt werden wird, tragen die Betriebe z. B. in Deutschland in erheblichem Umfang die Kosten der betrieblichen Aus- und Weiterbildung, und zwar auch die Kosten, die in Zusammenhang mit Investitionen in allgemeines Humankapital entstehen. In der New Training Literature wird dafür eine Reihe von Argumenten genannt:

Als Erstes erhalten Betriebe, die sich im Rahmen einer betrieblichen Berufsausbildung an der Bildung von allgemeinem Humankapital ihrer Auszubildenden beteiligen, zusätzliche Informationen über für sie relevante persönliche Charakteristika, z. B. über ihre Fähigkeiten und Fertigkeiten, ihre Leistungsbereitschaft und die Inhalte ihrer Ausbildung. Damit besitzen sie wertvolle Informationen über die tatsächliche Produktivität ihrer Auszubildenden, insbesondere im Vergleich zu anderen Arbeitgebern, die auf wesentlich weniger zuverlässige Informationen angewiesen sind. Sie können diesen Informationsvorsprung nutzen und die Ausbildungsabsolventen niedriger entlohnen, als es ihrer Produktivität entspricht. Dabei muss der Ausbildungsbetrieb nicht befürchten, dass der Ausbildungsabsolvent, weil seine Entlohnung unter seiner Produktivität liegt, den Betrieb verlässt und zu einem anderen wechselt, da er die relevanten Informationen nur schlecht kommunizieren kann.

Zweitens entstehen den Ausbildungsbetrieben aufgrund ihres Informationsvorsprungs niedrigere Einstellungs- und Entlassungskosten als anderen Betrieben: Ausbildung kann als Screening-Instrument betrachtet werden (das wird im nächsten Abschnitt noch genauer gezeigt). Kosten für Stellenausschreibungen und Betriebsgespräche entfallen ebenfalls bei der Übernahme von Ausbildungsabsolventen im Ausbildungsbetrieb. Hinzu kommt eine längere Betriebszugehörigkeit von im Betrieb ausgebildeten Beschäftigten (Booth/Satchell 1994, Cappelli 2004 und Euwals/Winkelmann 2002). In Ländern mit starkem gesetzlichem Kündigungsschutz wie in Deutschland sind Entlassungskosten besonders hoch, sodass stabilere Beschäftigungsverhältnisse von besonderer Bedeutung für die Betriebe sind, weil sie mit niedrigeren Einstellungs- und Entlassungskosten verbunden sind (Mühlemann et al. 2010).

Drittens können Betriebsräte die Betriebe veranlassen, sich stärker bei der betrieblichen Aus- und Weiterbildung zu engagieren. Dies wird durch empirische Studien von Booth/Chatterji (1998) und Böheim/Booth (2004) für Großbritannien und von Dustmann/Schönberg (2009) sowie Bellmann/Ellguth (2006) für Deutschland belegt.

Ein viertes Argument für die Finanzierung bestimmter Bestandteile des allgemeinen Humankapitals knüpft an den Mobilitätskosten der Arbeitnehmer an. Für sie ist die Beendigung ihres Arbeitsverhältnisses mit Kosten verbunden, einen neuen geeigneten Arbeitsplatz zu finden. Bei der Verlagerung des Wohnortes sind u. a. Umzugskosten zu berücksichtigen. Hinzu kommen Kosten für die Suche eines neuen Arbeitsplatzes, etwa durch die Vorbereitung von und die Teilnahme an Bewerbungsgesprächen. Oftmals vergeht eine gewisse Zeit zwischen der Beendigung eines Arbeitsverhältnisses und dem Beginn eines neuen. Berücksichtigt man diese Mobilitätskosten bei der Modellierung der individuellen Entscheidungen, in allgemeines Humankapital zu investieren, ergibt sich eine wesentliche Modifikation des Modells von Becker: Während bei Becker die Arbeitnehmer bei niedrigeren Löhnen, als es ihrer Wertgrenzproduktivität entspricht, den Betrieb verlassen, können die Mobilitätskosten den Einzelnen daran hindern, abzuwandern. Dieses Argument soll im Folgenden etwas formaler erläutert werden.

Bei Arbeitsmarktunvollkommenheiten können die Betriebe bei den Beschäftigten nach ihrer Ausbildung Löhne unterhalb ihrer Wertgrenzproduktivität durchsetzen. Der Lohnsatz darf aber nicht niedriger sein als die um Mobilitätskosten c_M reduzierte Wertgrenzproduktivität der Beschäftigten:

$$w(\tau) = v(\tau) - c_M(\tau). \tag{2.13}$$

Außerdem muss der Anstieg des Lohnsatzes $w'(\tau)$ kleiner ausfallen als die Zunahme der Produktivität $v'(\tau)$. Das ist dann der Fall, wenn der Anstieg der Mobilitätskosten $c_M{}'(\tau) > 0$ ist. In Abbildung 2.3 wird gezeigt, dass der Abstand zwischen Produktivitäts- und Lohnprofil mit dem Qualifikationsniveau zunimmt, wenn der Betrieb in das allgemeine Humankapital seiner Mitarbeiter investiert. Das optimale Qualifikationsniveau ergibt sich aus dem Maximierungskalkül des Arbeitgebers, wobei die mit dem Qualifikationsniveau der Beschäftigten steigenden Kosten der betrieblichen Investitionen in das Humankapital der Mitarbeiter $c_A(\tau)$ zu berücksichtigen sind:

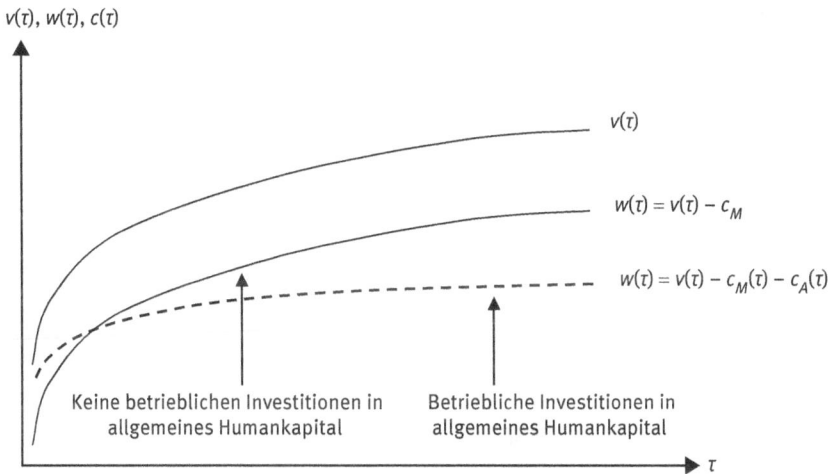

Abbildung 2.3: Produktivitäts-, Lohn- und Mobilitätskostenprofil bei betrieblichen Investitionen in Humankapital (nach Acemoglu/Pischke 1999)

$$\max v(\tau) - c_M(\tau) - c_A(\tau). \tag{2.14}$$

Der Arbeitgeber finanziert also eine allgemeine Qualifikation bis zum Niveau $\bar{\tau}$. Das bedeutet, dass der Betrieb eine Rente erzielt, die einen Anreiz ausübt, in allgemeines Humankapital zu investieren:

$$v(\bar{\tau}) - w(\bar{\tau}) - c_M(\bar{\tau}) - c_A(\bar{\tau}) \tag{2.15}$$

Neben der Existenz von Mobilitätskosten, die allerdings das beschriebene Profil aufweisen müssen, können nach Auffassung von Acemoglu/Pischke (1999) auch asymmetrisch verteilte Informationen, die Komplementarität von allgemeinen und spezifischen Komponenten des individuellen Humankapitals, die Zahlung von Effizienzlöhnen sowie die Existenz von Lohnuntergrenzen (wie z. B. Mindest- oder Tariflöhne) die betriebliche Finanzierung von allgemeinem Humankapital erklären. Bindungsklauseln und Rückzahlungsklauseln in Arbeitsverträgen sind zwar rechtlich nicht unumstritten, können aber ebenfalls zu Investitionen in allgemeines Humankapital führen und damit auch Anreize für betriebliche Investitionen in spezifisches Humankapital bieten. Während für die Diskussion dieser Faktoren auf die Spezialliteratur (vgl. Niederalt 2004) verwiesen wird, soll die Rolle von Informationsasymmetrien zwischen Betrieben hinsichtlich des Qualifikationsumfangs der Mitarbeiter im Folgenden näher erläutert werden. Wenn beispielsweise durch eine bestimmte Bildungsmaßnahme die Produktivität von begabteren Mitarbeitern stärker zunimmt als die von weniger befähigten Mitarbeitern, müssen die Betriebe die Entlohnung beider Mitarbeitertypen an die gestiegene Produktivität nicht vollständig anpassen, weil die Beschäftigten ihre unterschiedlichen Fähigkeiten bei bestehenden Informationsasymmetrien nicht gegenüber anderen potenziellen Arbeitgebern signalisieren können. Die betriebliche Rente aus der Humankapitalinvestition ist also bei den Mitarbeitern mit höherem Qualifikationsniveau größer, weil diese nicht oder nur unzureichend für ihren Produktivitätszuwachs entlohnt werden. Insofern können die Betriebe eine Rente aus der Weiterbeschäftigung der befähigteren Mitarbeiter erzielen. Darüber hinaus ergeben sich aus Informationsasymmetrien insofern Konsequenzen für die kausale Interpretation des Zusammenhangs von Schulbildung und Arbeitseinkommen, als die Transparenz von Fähig- und Fertigkeiten auf dem Arbeitsmarkt eine Bedeutung erlangt. Hierauf soll im nächsten Abschnitt systematischer eingegangen werden.

2.4 Arbeitsmarktunvollkommenheiten II: Screening und Signalling

Der Screening- und Signalling-Theorie (Arrow 1962, Spence 1973) liegt die Annahme unvollkommener Information zugrunde, d. h., entscheidungsrelevante Informationen sind nicht kostenlos verfügbar. Die Produktivität einer Person wird dabei als individuelle Eigenschaft angesehen, die von einer Reihe von Faktoren wie dem familiären Hintergrund, der Biografie oder den angeborenen Fähigkeiten und Talenten abhängt, auf die der Einzelne keinen oder nur einen geringen Einfluss hat. Die zentrale Idee von Spence (1973) besteht darin, dass auf der Grundlage von Bildungsabschlüssen die Betriebe Personen auswählen. Zentral ist dabei das Argument, dass Menschen bestimmte Bildungsabschlüsse erwerben, um ihre Fähigkeiten zu demonstrieren, ohne dass sich dabei ihre Produktivität erhöht. Wenn die Betriebe die Produktivität ihrer Beschäftigten nicht beobachten können – so z. B., weil in Teams der produktive Beitrag der einzelnen Teammitglieder nicht feststellbar ist –, dann können die gezeigten schulischen Leistungen, die in den Bildungsabschlüssen dokumentiert sind, als Signale betrachtet werden, die die (potenziellen) Arbeitgeber über die individuellen Fähigkeiten informieren. Aus dieser Sicht führt die (Aus-)Bildung selbst nicht zu einer höheren Produktivität. Bildungsabschlüsse können zu einem sogenannten Sortiergleichgewicht führen, indem die befähigten von den weniger befähigten Erwerbstätigen unterschieden werden. Dabei ist es allerdings irrelevant, ob die Befähigteren 1,

6 oder 12 Jahre die Schulbank gedrückt haben und die weniger Befähigten 0, 5 oder 11 Jahre, denn eine längere Schuldauer bei den Befähigteren, die den Unterschied zu den weniger Befähigten nur noch vergrößert, ist wertlos, da sie keine zusätzliche Information darstellt.

Die Interpretation von Bildung als Übermittler von Informationen über die individuellen Fähigkeiten durch die Screening- und Signalling-Theorie steht also im Gegensatz zur Humankapitaltheorie, die unterstellt, dass auf der individuellen Ebene eine Verlängerung der Ausbildung auch zu einer Erhöhung der Produktivität führt. Während die Humankapitaltheorie die Investitionen in Humankapital bei vollkommenem Wettbewerb als sozial effizient betrachtet, kommt die Screening- und Signalling-Theorie zu einem anderen Ergebnis, weil die Möglichkeit besteht, dass „zu viel" in Bildung investiert werden kann (vgl. Cahuc, Carcillo und Zylberberg 2014).

Tabelle 2.4: Wie passt die formale Qualifikation der Beschäftigten zum Anforderungsniveau der ausgeübten Tätigkeit? Anteile an den 18- bis 65-jährigen sozialversicherungspflichtig Beschäftigten 2012, in % (nach Reichelt/Vicari 2014) mit den Daten der Beschäftigungsstatistik der Bundesagentur für Arbeit, Stichtag: 30.06.2012

Anforderungs- niveau / Formale Qualifikation	Helfer- und Anlerntätigkeiten	Fachlich ausgerichtete Tätigkeiten	Komplexe Spezialis- tentätigkeiten	Hochkomplexe Expertentätig- keiten
Keine Ausbildung	**38,6**	50,8	6,2	4,4
Berufliche Ausbildung	*11,2*	**72,1**	11,6	5,2
Meister-/Techniker- oder Bachelorabschluss	*2,4*	*41,8*	**36,4**	19,5
(Fach-) Hochschulabschluss	*1,4*	*18,8*	*20,5*	**59,3**

Legende: Überqualifiziert beschäftigt (kursiv), adäquat beschäftigt (fett), unterqualifiziert beschäftigt (normal)

Das Problem der beruflichen Verwertbarkeit von Ausbildungsabschlüssen wirft allerdings erhebliche empirische Messprobleme auf (vgl. Büchel 1998). Gleichwohl ist es interessant, den Umfang der ausbildungsinadäquaten Beschäftigung in Deutschland zu betrachten. Dazu wird in Tabelle 2.4 auf Ergebnisse aus der Beschäftigtenstatistik der Bundesagentur für Arbeit zurückgegriffen. Reichelt und Vicari (2014) haben damit untersucht, wie die formale Qualifikation der Beschäftigten zum Anforderungsprofil der ausgeübten Tätigkeit passt. Unterschieden wird dabei zwischen Helfer- und Anlerntätigkeit, für die keine oder eine eintägige Ausbildung erforderlich ist. Für fachlich ausgerichtete Tätigkeit ist eine mindestens zweijährige Berufsausbildung oder ein berufsqualifizierender Abschluss einer Berufsfach- oder Kollegschule notwendig. Voraussetzung für komplexe Spezialistentätigkeiten ist eine Meister- oder Technikerausbildung bzw. ein gleichwertiger Fachschulabschluss oder ein Bachelorabschluss an einer Hochschule. Unter hochkomplexen Tätigkeiten versteht man Akademikertätigkeiten, die ein mindestens vierjähriges abgeschlossenes (Fach-)Hochschulstudium erfordern. Die Ergebnisse zeigen, dass der Anteil der überqualifiziert Beschäftigten im Mittel bei 15 % liegt. Allerdings sind 40,7 % der Hochschulabsolventen und 44,2 % der Beschäftigten mit Meister-/Techniker- oder Bachelorabschluss überqualifiziert, während dies „nur" für 11,2 % der Ausbildungsabsolventen gilt.

Gegensätzliche Aussagen über den Entlohnungs- und Produktivitätseffekt einer Verlängerung der Ausbildungszeit treffen die Humankapital- sowie die Screening- und Signalling-Theorie: Aus Sicht der Humankapitaltheorie führt – wie in Abbildung 2.4 dargestellt – eine Verlängerung der Bildungszeit von t_1 auf t_1' bei allgemeinen Humankapitalinvestitionen zu höheren Ausbildungskosten im Umfang der Fläche zwischen der Produktivität v_1 und der Entlohnung w_1 im Zeitraum t_0 bis t_1'. Nach der Bildungszeit erhöht sich die Wertgrenzproduktivität von v_2 auf v_2' und der Lohnsatz von w_2 auf w_2'. Die längere Ausbildung lohnt sich also, weil die hiermit verbundenen Kosten durch die höhere Produktivität und Entlohnung nach der Ausbildungszeit überkompensiert werden.

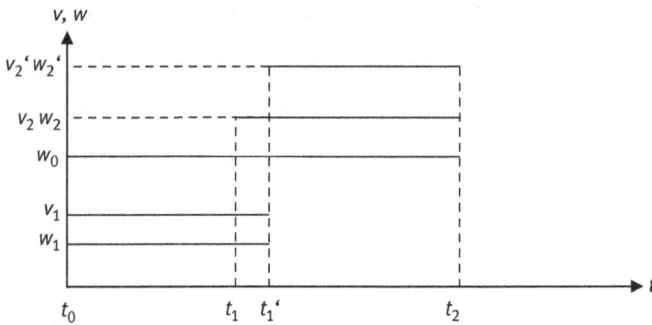

Abbildung 2.4: Entlohnung und Wertgrenzproduktivität aus Sicht der Humankapitaltheorie, eigene Darstellung.

Aus der Perspektive der Screening- und Signalling-Theorie steigen zwar die Ausbildungskosten, nicht aber die Wertgrenzproduktivität und die Entlohnung durch eine längere Bildungszeit. Denkbar wäre sogar eine niedrigere Wertgrenzproduktivität und Entlohnung, wenn längere Bildungszeiten von den Unternehmen als Hinweis auf geringere Fähigkeiten und Fertigkeiten der Arbeitsplatzbewerber betrachtet werden. Dieser Fall ist in der Abbildung 2.5 illustriert. Die Wertgrenzproduktivität sinkt dann nach der längeren Bildungszeit von v_2 auf v_3 und die Entlohnung sinkt von w_2 auf w_3 (statt auf v_2 und w_2 bei einer kürzeren Ausbildung). Die Erträge der Ausbildung entsprechen dann der Fläche zwischen den Kurven w_3 und w_0 für den Zeitraum $t_2 - t_1$' und sind damit niedriger als bei einer kürzeren Ausbildung.

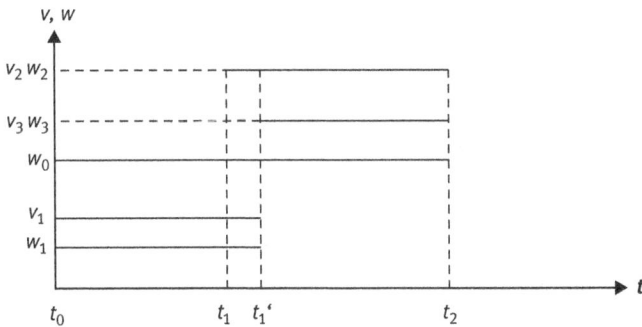

Abbildung 2.5: Entlohnung und Wertgrenzproduktivität bei einer verlängerten Ausbildung aus Sicht der Screening-Theorie, eigene Darstellung.

Während empirische Analysen von Groot und Oosterbeek (1994) eine höhere Entlohnung bei längeren Bildungszeiten ermitteln und somit die Humankapitaltheorie bestätigen, finden Brodaty et al. (2008) und Aina und Pastore (2012) Lohnabschläge z. B. für Italien von 7 % und für Frankreich von 9 % bei einer längeren Bildungszeit, was der Vorhersage der Screening- und Signalling-Theorie entspricht.

Weitere empirische Tests der Screening- und Signalling-Theorie erfolgten z. B. von Layard und Psacharopoulos (1974), die Bildungsrenditen für abgeschlossene und nicht abgeschlossene Bildungsmaßnahmen miteinander verglichen haben. Die Ergebnisse fielen nicht eindeutig aus; andere Autoren erhielten aber Ergebnisse, die zugunsten der Screening- und Signalling-Theorie sprechen. Wolpin (1977) vergleicht die Bildungsentscheidungen von abhängig Beschäftigten und Selbstständigen, bei denen das Problem unvollkommener Information über die eigenen Fähigkeiten nicht besteht. Schließlich hat Freeman (1976) darauf hingewiesen, dass der Produktivitätsrückgang in den USA während der 1970er-Jahre kaum mit dem Bildungsboom, der gleichzeitig stattfand, erklärt werden kann.

2.5 Zusammenfassung

Ausgangspunkt für die Humankapitaltheorie bildet die individuelle und die betriebliche Entscheidung über den Erwerb eines Schulabschlusses, eines Berufsabschlusses oder eines Hochschulabschlusses, die als Investition in Bildung betrachtet wird. Damit werden die Erwartung einer höheren individuellen Produktivität und die Erreichung einer höheren beruflichen Stellung verbunden. Der außerordentlich große Erfolg der Humankapitaltheorie beruht auch darauf, dass ihre Aussagen von Mincer operationalisiert und mit Mikrodatensätzen wie dem Sozio-ökonomischen Panel empirisch überprüft worden sind.

Wichtige Themen sind der soziale Hintergrund der Personen, die Bildungs-entscheidungen treffen, und die Beteiligung der Betriebe an den Kosten der (Aus-) Bildung. Während in der Humankapitaltheorie von Becker die Betriebe sich an den Kosten der Investition in spezifisches Humankapital beteiligen, begründen neuere Ansätze (New Training Literature) auch die betrieblichen Investitionen in transferier-bares/allgemeines Humankapital mit Mobilitätskosten, komprimierten Lohnstruktu-ren und anderen Arbeitsmarktunvollkommenheiten.

Der Screening- und Signalling-Theorie liegt ebenfalls die Annahme unvollkom-mener Information zugrunde, d. h. dass entscheidungsrelevante Informationen nicht kostenlos verfügbar sind. Der Erwerb von Bildungsabschlüssen kann von den potenziellen Arbeitgebern als Signal über die nicht direkt beobachtbare Produktivität interpretiert werden. Die mangelnde berufliche Verwertbarkeit von (Aus-) Bildungs-abschlüssen beruht auf ähnlichen Mechanismen.

Internationale Vergleiche der unterschiedlichen Effektivitäten von Sachinvestiti-onen waren der Ausgangspunkt der Neuen Wachstumstheorie von Lucas (1988) und Romer (1990), die auch auf Spillover-Effekte von Bildung eingegangen sind. Gerade bei ländervergleichenden Analysen konnte gezeigt werden, dass neben der Anzahl der Schuljahre auch die Qualität der (Aus-)Bildung eine zentrale Rolle bei der Erklä-rung von Produktivitäts- und Wachstumsunterschieden spielt (Hanushek/Wößmann 2008).

3 Allgemeinbildende Schulen

In diesem Abschnitt sollen Antworten auf folgende Fragen gegeben werden:
- Wie stellt sich die Bildungsbeteiligung im Bereich der allgemeinbildenden Schulen in Deutschland dar?
- Wie hat sich der Bildungstand im Zeitverlauf entwickelt? Ist ein Trend in Richtung Höherqualifizierung festzustellen?
- Wie ist es um die Kompetenzen deutscher Schüler im internationalen Vergleich bestellt? Welche Faktoren können die Kompetenzunterschiede zwischen Schülern erklären?
- Wie haben sich die Leistungen deutscher Schüler in der jüngeren Vergangenheit entwickelt?
- Wie gestalten sich die Bildungsbeteiligung und die Schülerleistungen einzelner sozioökonomischer Gruppen? Was ist in diesem Zusammenhang unter sozialer Herkunft zu verstehen?
- Warum sind in Deutschland vergleichsweise große soziale Ungleichheiten im Schulsystem festzustellen?

3.1 Einleitung

Ein höheres Bildungsniveau geht mit besseren Einkommens- und Beschäftigungschancen einher – auf diesen Zusammenhang wurde und wird in diesem Buch mehrfach hingewiesen. Eine zentrale Bedeutung kommt dabei dem realisierten Schulabschluss zu, da dieser einen wesentlichen Einfluss auf den weiteren beruflichen Werdegang hat. Besonders ungünstig stellen sich auf dem Arbeitsmarkt die Möglichkeiten von Geringqualifizierten dar, die über keinen schulischen Abschluss und – oft infolgedessen – keinen beruflichen Bildungsabschluss verfügen. Zudem werden auch die nach Abschluss der ersten Bildungsphase eintretenden Lernmöglichkeiten im Rahmen der Weiterbildung wesentlich durch die schulische Ausbildung beeinflusst. Bereits bestehende Unterschiede in der individuellen Bildungsbeteiligung setzen sich im weiteren Bildungsverlauf also eher fort bzw. verstärken sich, anstatt sich zu verringern.

Das öffentliche, politische und wissenschaftliche Interesse an Fragen, die das allgemeinbildende Schulwesen betreffen, hat nicht zuletzt infolge der Einführung internationaler Schülerleistungstests zugenommen. So haben insbesondere die Ergebnisse der ersten PISA (Programme for International Student Assessment)-Studie im Jahr 2000 einen gewissen Schock ausgelöst, da sich hier „entgegen den lange gehegten Vorstellungen vom Land der Dichter und Denker, das 1763 mit Preußen als erstem Land der Welt offiziell die allgemeine Schulpflicht eingeführt hat" (Wößmann 2007, 19 f.) zeigte, dass die deutschen Schüler im internationalen Vergleich allenfalls durchschnittlich abschnitten. Zudem wurde deutlich, dass Deutschland wie kaum

https://doi.org/10.1515/9783110642315-003

ein anderes Land große Kompetenzunterschiede zwischen den Schülern aufwies und dass diese Unterschiede stark durch die soziale Herkunft bestimmt werden.

PISA und weitere internationale Vergleichsstudien haben nicht nur auf die relative Stellung Deutschlands und anderer Länder im internationalen Vergleich aufmerksam gemacht. Darüber hinaus wurde durch diese Untersuchungen auch eine Datenbasis geschaffen, die es ermöglicht, länderübergreifende Analysen zu den Einflussfaktoren von Schülerleistungen bzw. der Chancenungleichheit der Bildungschancen durchzuführen.

Das vorliegende Kapitel gibt einen Überblick über einige dieser Forschungsarbeiten. Zunächst werden in Abschnitt 2 einige grundlegende Befunde zur Bildungsbeteiligung und zum Bildungsstand im Bereich der allgemeinbildenden Schulen dargestellt, bevor in Abschnitt 3 auf die Ergebnisse der internationalen Schülerleistungstests sowie deren Ursachen eingegangen wird. Abschnitt 4 beschäftigt sich sodann mit den ungleichen Bildungschancen verschiedener sozioökonomischer Gruppen.

3.2 Bildungsbeteiligung und -abschlüsse im Bereich der allgemeinbildenden Schulen

Das deutsche Schulwesen lässt sich in den Primarbereich (Grundschule), den an die Grundschule anschließenden Sekundarbereich I mit seinen weiterführenden Schulen sowie den Sekundarbereich II (gymnasiale Oberstufe) unterteilen. Dabei stellt die gegliederte Struktur des Sekundarbereichs I mit Hauptschule, Realschule und Gymnasium eine Besonderheit des deutschen Schulsystems dar, die in dieser Form in den meisten anderen Ländern nicht anzutreffen ist. Hinzu kommen Unterschiede zwischen den Bundesländern, die sich aus der föderalen Gliederung der Bundesrepublik und den rechtlichen Zuständigkeiten im Bereich der Bildungspolitik ergeben. So gibt es das „klassische" Schulangebot, bestehend aus Hauptschule, Realschule und Gymnasium, heute vor allem noch in Bayern und Baden-Württemberg, wohingegen die anderen Länder in ihrem Angebot zwischen zwei und fünf Schularten variieren. Für Kinder und Jugendliche besteht in Deutschland entsprechend den landesgesetzlichen Bestimmungen vom 6. Lebensjahr an eine in der Regel 12-jährige Schulpflicht, wobei Schulabschlüsse erstmals am Ende des Sekundarbereichs I erworben werden können (vgl. Autorengruppe Bildungsberichterstattung 2006 und 2014).

Um einen Überblick über Bildungsbeteiligung und -stand der Bevölkerung im Bereich der allgemeinbildenden Schulen zu gewinnen, lassen sich verschiedene Kennzahlen heranziehen. Dabei handelt es sich beispielsweise um den Übergang vom Primarbereich in den Sekundarbereich I, um Schulartwechsel innerhalb des Sekundarbereichs I, um Klassenwiederholungen und verzögerte Schullaufbahnen sowie Schulabgänger nach Abschlussarten. Daneben kann auch der Bildungsstand im Sinne der erworbenen Abschlüsse der gesamten Bevölkerung bzw. der von Teilgruppen der Bevölkerung betrachtet werden.

Tabelle 3.1: Absolventen aus allgemeinbildenden Schulen 2017 nach Abschlussart; Verteilung auf die einzelnen Abschlussarten, in % (nach Statistisches Bundesamt 2019, https://www.destatis.de/DE/Themen/Gesellschaft-Umwelt/Bildung-Forschung-Kultur/Schulen/Tabellen/liste-absolventen-abgaenger-abschlussart.html, letzter Aufruf: 5.4.2019)

	Insgesamt	Weiblich	Männlich	Deutsch	Ausländisch
Ohne Hauptschulabschluss	6	5	8	5	18
Mit Hauptschulabschluss	16	13	19	15	20
Mit mittlerem Abschluss	43	43	43	44	36
Mit Hochschulreife	35	39	30	36	17

Tabelle 3.1 stellt die Absolventen allgemeinbildender Schulen im Jahr 2017 dar. Es ist zu erkennen, dass der größte Teil der Absolventen (42,9 %) einen mittleren Schulabschluss realisierte. Mit 34,5 % an zweiter Stelle rangierten die Absolventen mit allgemeiner Hochschulreife, gefolgt von den Schulabgängern mit Hauptschulabschluss (16,2 %). Ohne einen Abschluss verließen 6,3 % der Jugendlichen die Schule. Differenziert nach dem Geschlecht zeigt sich, dass mehr Frauen als Männer einen hohen Schulabschluss erreichten. So verließen im Jahr 2017 38,7 % der Frauen die Schule mit Abitur, aber nur 30,6 % der Männer. Demgegenüber war der Anteil der Männer, die maximal einen Hauptschulabschluss erreichten, größer. Deutliche Unterschiede sind zudem zwischen Deutschen und Ausländern festzustellen. Deutsche Jugendliche realisierten im Jahr 2017 sehr viel häufiger das Abitur als ausländische Jugendliche. In der Gruppe der ausländischen Jugendlichen war dagegen der Anteil der Schulabgänger mit keinem Abschluss oder mit Hauptschulabschluss höher.

Im Zeitverlauf ist ein klarer Trend in Richtung höherer Abschlüsse festzustellen. Deutlich wird dies, wenn man die erreichten Bildungsabschlüsse im Kohortenvergleich zwischen verschiedenen Altersgruppen betrachtet. In Tabelle 3.2 ist zu erkennen, dass die jüngeren Altersgruppen ein höheres schulisches Bildungsniveau realisieren als die älteren. So sind ein kontinuierlicher Rückgang an Hauptschulabschlüssen und eine Zunahme der Hochschulreife zu erkennen. Der Bildungsstand der Bevölkerung hat sich in den letzten Jahrzehnten folglich deutlich erhöht.

Der Anstieg des Bildungsniveaus der Bevölkerung ist dabei zu einem großen Teil auf die verstärkten Bildungsanstrengungen der Frauen zurückzuführen. So verfügen in den jüngeren Altersgruppen deutlich mehr Frauen als Männer über eine Hochschulreife, wohingegen in den älteren Kohorten wesentlich mehr Männer als Frauen einen höheren Schulabschluss hatten. Neben diesen Unterschieden nach Geschlecht gibt es auch herkunftsbedingte Disparitäten: Der Bildungsstand von Personen mit Migrationshintergrund ist geringer als der von Personen ohne Migrationshintergrund. Dennoch ist auch in der Gruppe der Personen mit Migrationshintergrund im Kohortenvergleich ein Trend zur Höherqualifizierung zu erkennen: In den jüngeren Altersgruppen liegt der Anteil der Personen mit höheren Schulabschlüssen deutlich über dem entsprechenden Anteil in den älteren Altersgruppen, wohingegen der

Anteil der Personen ohne Abschluss bzw. mit Hauptschulabschluss in den jüngeren Kohorten geringer ist als in den älteren (vgl. ebenfalls Tabelle 3.2). Der Bildungsbericht weist in diesem Zusammenhang darauf hin, dass diese Unterschiede zwischen jüngeren und älteren Migranten nicht nur auf Erfolge des deutschen Bildungssystems zurückzuführen sind, sondern auch mit den veränderten Zusammensetzungen der Zuwanderungsströme nach Deutschland zu tun haben (Autorengruppe Bildungsberichterstattung 2014 und 2016).

Tabelle 3.2: Bevölkerung 2017 nach allgemeinbildendem Schulabschluss, Migrationshintergrund und ausgewählten Altersgruppen, in % (nach Statistisches Bundesamt 2018) auf Basis des Mikrozensus

	Ohne Abschluss		Hauptschul-abschluss		Abschluss der polytechn. Oberschule		Mittlerer Abschluss		(Fach-)Hoch-schulreife	
	Ohne Migrations-hintergrund	Mit Migrations-hintergrund	Ohne Migrations-hintergrund	Mit Migrations-hintergrund	Ohne Migrations-hintergrund	Mit Migrations-hintergrund	Ohne Migrations-hintergrund	Mit Migrations-hintergrund	Ohne Migrations-hintergrund	Mit Migrations-hintergrund
25–34 Jahre	2	9	15	21	0	0	32	20	51	48
45–54 Jahre	1	14	24	30	15	1	27	22	33	31

Gerade die jungen Menschen ohne Schulabschluss stehen im besonderen Interesse der bildungspolitischen Debatte, da sich ihre weiteren Entwicklungsmöglichkeiten auf dem Arbeitsmarkt schlechter als die anderer Gruppen darstellen. In Kapitel 5 dieses Buches wird gezeigt, dass junge Menschen ohne Schulabschluss sehr viel geringere Chancen haben, in eine Berufsausbildung einzumünden als Absolventen mit einem Haupt- oder Realschulabschluss bzw. mit Abitur. Vielfach nehmen diese Jugendlichen, die keinen Ausbildungsplatz finden, an Maßnahmen des sogenannten Übergangssystems teil und durchlaufen schulische oder außerschulische Bildungsgänge, die sie auf das Berufsleben vorbereiten sollen. Zum Teil können sie dabei nachträglich auch einen Schulabschluss erwerben. Untersuchungen des BIBB machen deutlich, dass das Nachholen eines Schulabschlusses im Rahmen des Übergangssystems die darauffolgenden Chancen, in eine Ausbildung einzumünden, deutlich verbessert (BIBB 2010).

Personen ohne Schulabschluss sind aber nicht nur bei der Ausbildung, sondern auch bei der beruflichen Weiterbildung benachteiligt. Im Kapitel 6 wird deutlich, dass die Weiterbildungsbeteiligung mit dem Schulabschluss zusammenhängt und dass gerade Individuen ohne Abschluss besonders selten an Maßnahmen der beruflichen Weiterbildung teilnehmen. Verantwortlich hierfür sind vielfach die schlechten Erfahrungen, die diese Personen bereits während ihrer Schulzeit mit dem Lernen gemacht haben und die sich auch im weiteren Lebensverlauf fortsetzen oder sogar verstärken können. Die geringeren Bildungschancen von Jugendlichen ohne Schulabschluss insbesondere im Bereich der Aus-, aber auch der Weiterbildung wirken sich schließlich auch negativ auf ihre Stellung am Arbeitsmarkt aus. So weisen Geringqualifizierte ein sehr viel höheres Arbeitslosigkeitsrisiko auf als Höherqualifizierte und haben schlechtere Einkommens- und Karrieremöglichkeiten (vgl. hierzu die Ausführungen im Kapitel 9).

Vor diesem Hintergrund ist es erfreulich, dass die Zahl der Schulabgänger ohne Abschluss im Zeitverlauf gesunken ist. Dennoch verlassen – wie oben gezeigt wurde – gerade ausländische Staatsbürger in Deutschland nach wie vor vergleichsweise häufig die Schule ohne Abschluss. Zudem verfügen Männer häufiger als Frauen nicht über einen Schulabschluss. Anstrengungen zur Verringerung der Zahl der Absolventen ohne Schulabschluss sollten folglich vorrangig an diesen Gruppen ansetzen. Analysen des Statistischen Bundesamtes (2016) sowie des RWI (2011) im Auftrag des Deutschen Caritasverbandes zeigen zudem, dass der Anteil der Schulabgänger ohne Abschluss stark zwischen den Bundesländern schwankt. Besonders hoch ist er vor allem in einigen ostdeutschen Bundesländern. Die überdurchschnittlich hohen Werte der ostdeutschen Bundesländer können u. a. auf die überdurchschnittlich hohen Anteile von Schülern an Förderschulen zurückgeführt werden, die besonders häufig die Schule ohne Abschluss verlassen.

3.3 Schülerleistungen im nationalen und internationalen Vergleich

In den vergangenen Jahren wurden verschiedene Schülerleistungstests durchgeführt, auf deren Basis sich die Kompetenzen der Schüler im nationalen und internationalen Vergleich ermitteln lassen. Besondere Aufmerksamkeit haben in diesem Zusammenhang die Ergebnisse der ersten PISA-Studie aus dem Jahr 2000 erlangt, die dargelegt haben, dass sich die deutschen Schüler im Hinblick auf ihre Kompetenzen eher im (unteren) Mittelfeld vergleichbarer Industrienationen bewegen. Deutlich wurde durch die ersten PISA-Tests zudem auch, dass die Leistungen zwischen den Schülern in Deutschland stärker als in anderen Ländern schwanken und dass sie wesentlich durch den sozioökonomischen Hintergrund der Jugendlichen bestimmt werden. Die soziale Ungleichheit der Bildungschancen erwies sich in der Bundesrepublik zu Beginn der 2000er Jahre folglich als überdurchschnittlich groß.

Im Vergleich zu diesen früheren Studien zeigen die neueren Tests, dass sich die Kompetenzstände deutscher Schüler im Zeitverlauf verbessert haben und die Streuung der Leistungen zurückgegangen ist. So liegen den Befunden der letzten PISA-Studie aus dem Jahr 2015 zufolge die Kompetenzen der deutschen Schüler sowohl in den Bereichen Mathematik und Naturwissenschaft als auch beim Leseverständnis mittlerweile über dem OECD-Durchschnitt. Dabei ist die Verbesserung der Leistungen insbesondere auf Leistungssteigerungen der leistungsschwächeren Schülerinnen und Schüler zurückzuführen, d. h., die Varianz der Schülerleistungen hat sich im Zeitverlauf verringert. Zurückgegangen ist folglich auch die Ungleichheit der Bildungschancen: Während Deutschland im Jahr 2000 in Bezug auf die Chancengerechtigkeit in der Bildung zu den international am schlechtesten abschneidenden Ländern gehörte, hat die Bundesrepublik zuletzt hinsichtlich dieses Merkmals etwa das OECD-Durchschnittsniveau erreicht (OECD 2014).

Doch auch wenn sich die Varianz der Schülerleistungen in Deutschland im Zeitverlauf verringert hat, bestehen nach wie vor zum Teil deutliche Unterschiede in den PISA-Testergebnissen verschiedener Schülergruppen. Dies gilt zunächst im Hinblick auf die Schülerinnen und Schüler in verschiedenen Schularten. Dies spiegelt das mehrgliedrige Schulsystem im Sekundarbereich wider, wo sich die Schüler in Deutschland – im Gegensatz zu vielen anderen Ländern – auf verschiedene Schularten verteilen. Tabelle 3.3 stellt exemplarisch die Mittelwerte und die Standardabweichungen der Lesekompetenz aus den PISA-Tests 2015 nach Gymnasium und nicht gymnasialen Schularten dar. Es ist zu erkennen, dass die dort durchschnittlich erreichte Punktzahl im Bereich Lesen an Gymnasien deutlich über der mittleren Punktzahl an anderen Schularten lag (Weis et al. 2016).

Tabelle 3.3: Mittelwerte und Standardabweichungen der Lesekompetenz in Deutschland 2015 (nach Weis et al. 2016)

Schulart	M	(SE)	SD	(SE)
Nicht gymnasiale Schularten	478	(3,4)	88	(1,8)
Gymnasium	583	(3,0)	73	(1,8)
Gesamt	509	(3,0)	100	(1,8)

Anmerkung: M = Mittelwert, SD = Standardabweichung, SE = Standardfehler.

Unterschiede bestehen zudem zwischen den Geschlechtern. Im Hinblick auf die mathematische Kompetenz gilt, dass Jungen besser abschneiden als Mädchen. Ebenso haben Jungen auch eine höhere naturwissenschaftliche Kompetenz als die Mädchen. Bei der Lesekompetenz erreichten dagegen Mädchen eine höhere Punktzahl.

Die Leistungen von Schülerinnen und Schülern mit Migrationshintergrund schließlich haben sich gegenüber früheren PISA-Tests verbessert. Der Großteil dieses positiven Trends ist dabei auf die Jugendlichen der zweiten Generation zurückzuführen, die den größten Kompetenzzuwachs verzeichnen. Untersuchungen zeigen zudem, dass der Zuwachs vor allem durch die höhere Kompetenz von Jugendlichen mit türkischer Herkunft erklärt werden kann (Gebhardt et al. 2013). Dennoch schnitten Migranten auch bei der letzten Studie nach wie vor schlechter ab als Jugendliche ohne Migrationshintergrund. Dies gilt auch dann, wenn der sozioökonomische Hintergrund der Schüler mit Migrationshintergrund berücksichtigt wird (Reiss/Sälzer 2016).

Fragt man nach den Ursachen für die Verbesserungen der Kompetenzstände deutscher Schüler im Vergleich zu den ersten PISA-Studien, so sind zum einen die (institutionellen) Rahmenbedingungen des schulischen Lernens zu beachten. Der Bildungsbericht weist in diesem Zusammenhang auf die Einführung neuer Bildungs-standards sowie die Implementation verschiedener Initiativen und Programme zur Weiterentwicklung der Unterrichtsqualität hin, die offenbar einen positiven Effekt auf die Leistungen hatten. Andererseits betonen die Autoren aber auch, dass die Leistungsverbesserungen vor dem Hintergrund einer veränderten Zusammensetzung der Schülerpopulation zu sehen seien. So würden heute beispielsweise Schüler mit Migrationshintergrund – und vor allem solche der zweiten Zuwanderungsgeneration – in ihren Familien zunehmend Deutsch sprechen und mehr Schüler ein Gymnasium besuchen, als es noch zu Beginn des Jahrtausends der Fall war. Beides wirke sich förderlich auf die Kompetenzen der Jugendlichen aus (Autorengruppe Bildungsbe-richterstattung 2014).

3.4 Determinanten der Schülerleistungen

Im Zusammenhang mit der Veröffentlichung der Ergebnisse der internationalen Schü-lerleistungstests wurde eine Reihe von empirischen Untersuchungen zu den Determi-nanten der Schülerleistungen durchgeführt. Da aus PISA und weiteren Tests wie IGLU (Internationale Grundschul-Lese-Untersuchung) oder TIMSS (Trends in International Mathematics and Science Study) eine Fülle an Informationen nicht nur zu den Leis-tungen der Schüler, sondern auch zu deren sozioökonomischem Kontext, den von ihnen besuchten Klassen und Schulen sowie den institutionellen Rahmenbedingun-gen des Schulsystems vorliegen, ermöglichen diese Datengrundlagen umfassende Analysen zu potenziellen Erklärungsfaktoren der Kompetenzstände. Im Folgenden werden einige wichtige Befunde ausgewählter empirischer Studien vorgestellt. Diese schätzen in der Regel sogenannte „Bildungsproduktionsfunktionen", in denen die in PISA oder anderen Studien erreichten Testleistungen der Schüler die abhängige Vari-able darstellen. Als erklärende Variablen verwenden die Analysen u. a. Merkmale des familiären Hintergrunds, Maße der Ressourcenausstattung der Schulen sowie solche der institutionellen Gegebenheiten der Bildungssysteme.

Wie vorliegende Untersuchungen zeigen, erweist sich zunächst der **familiäre Hintergrund** der Schülerinnen und Schüler in fast allen nationalen und interna-tionalen Schülerleistungstests als bedeutendster Einflussfaktor auf die erzielten Leistungen – und dies gilt in Deutschland im Vergleich zu anderen Ländern relativ stark (vgl. hierzu auch die Ausführungen im Kapitel 3.5 „Soziale Ungleichheit der Bil-dungschancen"). Nach Berechnungen von Wößmann (2003) etwa ist in den meisten

Ländern ein Viertel bis ein Fünftel der Leistungsunterschiede auf die in den Analysen berücksichtigten Merkmale des familiären Hintergrunds zurückzuführen, und damit der Großteil der statistisch überhaupt erklärbaren Leistungsunterschiede zwischen Schülern.

Zur Beschreibung des familiären Hintergrunds verwenden die vorliegenden Studien verschiedene Indikatoren. Als besonders bedeutsame Einflussfaktoren haben sich dabei die Variablen „Bildungstsand der Eltern" und „Anzahl der Bücher im Haushalt" erwiesen. Darüber hinaus spielen aber auch Merkmale wie der Familienstatus, der Arbeitsstatus sowie der Beruf der Eltern eine wichtige Rolle bei der Erklärung des Schulerfolgs. Bedeutsam bei der Erklärung von Leistungsunterschieden sind zudem der Migrationshintergrund der Schüler bzw. der ihrer Eltern sowie häusliche Inputfaktoren wie die elterliche Unterstützung oder die Dauer der Hausarbeiten. Zudem wird gezeigt, dass sich die Kompetenzen in einzelnen Bereichen auch in Abhängigkeit vom Geschlecht unterscheiden (z. B. Wößmann 2005). Damit bestätigen sich auch mittels ökonometrischer Schätzverfahren die oben bereits auf bivariater Basis beschriebenen Zusammenhänge: Während Mädchen in der Lesekompetenz im Durchschnitt besser abschneiden als Jungen, haben Jungen Vorteile in der Mathematik.

Interessant ist jedoch nicht nur die Frage, inwieweit persönliche Merkmale bestehende Leistungsabweichungen zwischen Schülern erklären können. Gerade vor dem Hintergrund sich unterscheidender Rahmenbedingungen der jeweiligen Bildungssysteme auf der Ebene der Bundesländer bzw. einzelner Staaten ist es auch von Bedeutung, in welchem Zusammenhang die Schülerkompetenzen mit den institutionellen Arrangements stehen. Auf diese Weise lassen sich Hinweise auf eine möglichst „optimale" Ausgestaltung von Bildungssystemen ableiten.

Im Hinblick auf die **institutionellen Rahmenbedingungen** des Schulsystems zeigen Studien von Wößmann et al. (2009) zunächst, dass Schüler in Ländern, in denen mehr Schulen privat geleitet werden, höhere Kompetenzstände in den PISA-Tests erreichen. Die Autoren begründen diesen Zusammenhang damit, dass das Vorhandensein privat geleiteter Schulen Wahlmöglichkeiten für die Schüler bzw. deren Eltern biete, die Schule mit den besten Leistungen zu wählen. Der daraus resultierende Wettbewerb könne entsprechende Anreize zur Qualitätsverbesserung der Bildungsproduktion und damit zur Leistungssteigerung auslösen.

Richtet man die Perspektive von der Ebene des Landes auf die des einzelnen Schülers, so wurde auch hier gezeigt, dass Schüler in privat geleiteten Schulen besser abschneiden (OECD 2013). Bei der Interpretation dieses Befundes ist jedoch die sozioökonomische Zusammensetzung der Schülerpopulationen an privaten und öffentlichen Schulen zu beachten. So kann vermutet werden, dass es zu einer Selbstselektion von Schülern mit unterschiedlichen Fähigkeiten in private bzw. staatliche Schulen kommt. Die OECD (2013) berechnet in diesem Zusammenhang, dass sich mehr als drei Viertel des Leistungsunterschieds zwischen Schülern an privaten und öffentlichen Schulen aus der Fähigkeit der Privatschulen, in sozioökonomischer Hinsicht begünstigte Schülerinnen und Schüler anzuziehen, bestimmen.

Als weitere institutionelle Gegebenheit erweist sich das Ausmaß an Autonomie, das Schulen in verschiedenen Bereichen haben, als relevant. Untersuchungen von Wößmann (2003) und Wößmann et al. (2009) ergeben, dass Schüler in Schulen mit Autonomie bei Entscheidungen im Prozess- und Personalbereich (z. B. Entscheidungen in Bereichen wie Kauf von Lehrmitteln, Auswahl der Lehrbücher und Lehrmethoden, Budgetverteilung innerhalb der Schulen, Einstellung und Vergütung von Lehrern) besser abschneiden. Zudem erzielen Schüler auch dann bessere Leistungen, wenn ihre Lehrer über die Lehrmethoden entscheiden können. Als Erklärung hierfür kann angeführt werden, dass dezentral entscheidende Schulen stärker auf die spezifischen Bedürfnisse von Eltern und Schülern eingehen können. So ist beispielsweise davon auszugehen, dass das jeweilige Lehrpersonal besser als eine zentrale Verwaltung einschätzen kann, welche Lehrmethoden und -materialien für seine Schüler geeignet sind. Zudem dürften die jeweiligen Schulleiter besser als eine zentrale Verwaltung beurteilen können, welche Lehrer sie einstellen bzw. welche eine Beförderung verdienen. Zu beachten ist, dass privat geleitete Schulen oftmals, aber nicht immer eine höhere Autonomie aufweisen als öffentliche Schulen. Insofern kann der positive Effekt, der von Privatschulen auf die Schülerleistungen ausgeht, nur teilweise auf deren größere Autonomie zurückgeführt werden (OECD 2013).

Als dritte institutionelle Rahmenbedingung wirkt sich schließlich die Existenz externer Abschlussprüfungen positiv auf die Schülerleistungen aus. Die Studien von Bergbauer et al. (2018) und Wößmann et al. (2009) zeigen, dass Schüler in Ländern mit externen Abschlussprüfungen wie einem Zentralabitur besser abschneiden als Schüler in Ländern ohne solche Prüfungen. Dieser Befund bestätigt sich auch innerhalb nationaler Bildungssysteme, in denen manche Regionen externe Prüfungen anwenden und andere nicht (wie dies auch in Deutschland auf der Ebene der Bundesländer der Fall ist). Begründet werden kann dieser Zusammenhang damit, dass Systeme der externen Leistungsüberprüfung bzw. zentrale Prüfungen klare Leistungsstandards setzen und damit Eltern und potenziellen Arbeitgebern Informationen über das Leistungsvermögen der Schüler bieten. Hierdurch wird eine gewisse Verantwortlichkeit des Schulpersonals herbeigeführt, die Anreize schaffen kann, sich nicht nach den eigenen Partikularinteressen zu richten, sondern das Augenmerk auf das bestmögliche Lernen der Schüler zu lenken. Dies dürfte insbesondere dann der Fall sein, wenn die durch die externen Prüfungen bereitgestellten Leistungsinformationen auch zur Beurteilung der Lehrer herangezogen werden.

Neben den institutionellen Gegebenheiten des Schulsystems betrachtet eine Reihe an Studien auch den Zusammenhang von Schülerleistungen und **Bildungsausgaben**. Dabei wird für die entwickelten OECD-Staaten gezeigt, dass Unterschiede in der Höhe der staatlichen Bildungsausgaben statistisch gesehen nicht die Unterschiede erklären können, die sich bei den internationalen Schülerleistungen ergeben. Länder mit hohen Bildungsausgaben schneiden nicht systematisch besser ab als Länder mit niedrigeren Bildungsausgaben (Wößmann 2007). Ein solcher mangelnder Zusammenhang zwischen Bildungsausgaben und Leistungsstand der Schüler wurde bereits vor einiger Zeit auch für die Vereinigten Staaten sowie für verschiedene Entwicklungsländer aufgezeigt (zu einem Überblick vgl. Gundlach 2003). Zudem ist nicht nur im internationalen, sondern auch im zeitlichen Vergleich einer Untersuchung von Gundlach (2001) zufolge kein statistisch gesicherter Zusammenhang zwischen Bildungsausgaben und Schülerleistung zu erkennen: Die Autoren zeigen, dass die realen Bildungsausgaben in vielen OECD-Ländern im Zeitraum 1970 bis 1994 mit jährlichen Veränderungsraten von mehr als 3 % angestiegen sind. In Deutschland beispielsweise haben sich die Ausgaben im gesamten Zeitraum fast verdreifacht. Analysen von internationalen Schülerleistungstests aus den Jahren 1970 und 1994 legen jedoch nahe, dass sich an den Durchschnittsleistungen der Schüler in diesem Zeitraum nichts Wesentliches verändert hat, d. h. dass die Schüler – mit Ausnahme der Schüler in Schweden und den Niederlanden – im genannten Zeitraum ihr Leistungsniveau höchstens halten konnten. Zudem hat Gundlach (2003) gezeigt, dass Länder mit einem starken realen Anstieg der Ausgaben je Schüler nicht einen verbesserten Leistungsstand ihrer Schüler erreicht haben. Der Autor leitet hieraus einen „Produktivitätsverfall der schulischen Ausbildung" ab, der „in den vier großen europäischen Ländern im Durchschnitt mindestens mehr als anderthalbmal so groß ist wie in den Vereinigten Staaten".

Ein wichtiger Aspekt, der im Zusammenhang mit der Höhe der Bildungsausgaben diskutiert wird, ist die Klassengröße. So kommen in Deutschland – ebenso wie in vielen anderen Ländern – die steigenden Bildungsausgaben oftmals der Verringerung des Schüler-Lehrer-Verhältnisses zugute. Vorliegende empirische Untersuchungen zeigen aber, dass die Klassengröße und der Leistungserfolg in keinem statistisch gesicherten Zusammenhang stehen (Arnhold 2005, Wößmann 2007). Ein Grund hierfür kann darin liegen, dass sich die Unterrichtsmuster in großen und kleinen Klassen häufig nicht unterscheiden, die Lehrkräfte also die pädagogischen Möglichkeiten kleinerer Klassen nicht ausschöpfen (Lankes/Carstensen 2010). Wo dies jedoch der Fall ist, kann die Klassengröße durchaus einen Effekt auf die Schülerleistungen haben (Helmke et al. 2008).

Während sich die Schüler-Lehrer-Relation also nur teilweise auf die erzielten Leistungen auswirkt, besteht dagegen ein positiver Zusammenhang zwischen den PISA-Leistungen und dem Vorhandensein an geeigneten Unterrichtsmaterialien, der Unterrichtszeit und dem Bildungsstand der Lehrer. Wößmann (2005, 12) folgert daraus, dass „ein positiver Zusammenhang zwischen Schülerleistungen und schulischer Ressourcenausstattung weitgehend auf die Qualität der vorhandenen Ressourcen (Lehrer und Lehrmaterialien) beschränkt zu sein [scheint]. Der fehlende eindeutige Zusammenhang zwischen PISA-Leistungen und quantitativen Ressourcenmaßen wie Ausgaben pro Schüler oder Klassengrößen spiegelt hingegen bisherige Befunde wider, die ebenfalls keinen Zusammenhang zwischen Schülerleistungen und Ausgabenniveaus über die Zeit feststellen konnten."

3.5 Soziale Ungleichheit der Bildungschancen

In den vorangegangenen Ausführungen wurde bereits darauf hingewiesen, dass die Bildungschancen im deutschen Schulsystem nicht gleich verteilt sind. Dies gilt sowohl im Hinblick auf die Bildungsbeteiligung einzelner sozioökonomischer Gruppen als auch im Hinblick auf die Kompetenzstände der Schüler, die in der Bundesrepublik eine große Varianz aufweisen. Zwar gelingt es dem deutschen Schulsystem im Primarbereich noch weitgehend, leistungsschwache Schüler ausgewogen zu fördern, doch klafft insbesondere im Sekundarbereich die Lücke weit auseinander (Autorengruppe Bildungsberichterstattung 2006, Solga/Dombrowski 2009).

Wie eine Reihe an Studien zeigt, hängt das von den Schülern erreichte Kompetenzniveau stark mit der sozialen Herkunft zusammen. Darüber hinaus (bzw. damit einhergehend) wird auch die Bildungsbeteiligung, d. h. die besuchte Schulart in der Sekundarstufe I, vom sozialen Hintergrund bestimmt. Zudem verteilen sich auch die Schulabgänger ohne Abschluss unterschiedlich auf einzelne sozioökonomische Gruppen (Autorengruppe Bildungsberichterstattung 2006, Aktionsrat Bildung 2007).

In vorliegenden empirischen Untersuchungen werden oftmals zwei Aspekte der sozialen Herkunft betrachtet (vgl. z. B. Aktionsrat Bildung 2007). Dabei handelt es sich zum einen um die Frage nach der Zugehörigkeit zu Sozialschichten und der Bildungsnähe der Herkunftsfamilie, d. h. um die Ausstattung des Elternhauses mit materiellen, kulturellen und sozialen Ressourcen. Zur Charakterisierung dieses Aspektes der sozialen Herkunft werden in der Regel bestimmte Merkmale wie die über Berufsklassifikationen ermittelte sozioökonomische Stellung der Eltern, der Bildungsabschluss der Eltern oder deren Erwerbstätigkeit herangezogen. Einzelne Studien fassen verschiedene Merkmale auch zu Indizes zusammen, so etwa zum „Index of Economic, Social and Cultural Status (ESCS)", der in den PISA-Studien verwendet wird, oder zum „International Socio-Economic Index (ISEI)", der die Berufsangabe mit Aspekten der Ausbildungsdauer, des Einkommens sowie des sozialen Berufsprestiges kombiniert (zu einem Überblick vgl. z. B. Hovestadt/Eggers 2007 oder Müller/Ehmke 2016).

Zum anderen wird soziale Herkunft oftmals auch im Sinne eines Migrationshintergrunds verstanden. Betrachtet man Unterschiede in den Bildungschancen nach Migrationshintergrund, so ist allerdings zu beachten, dass dieser sowie die soziale Herkunft im Sinne der Zugehörigkeit zu Sozialschichten eng miteinander verknüpft sind, da zugewanderte Jugendliche bzw. Jugendliche der zweiten Generation vergleichsweise häufig aus Familien mit einem niedrigen sozioökonomischen Status kommen (Aktionsrat Bildung 2007).

Die ungleiche Bildungsbeteiligung verschiedener sozioökonomischer Gruppen wird vor allem an den Übergängen im Schulsystem deutlich, die an den Schnittstellen innerhalb des Bildungswesens oder bei seinem Verlassen auftreten. Dabei kommt dem Übergang vom Primarbereich (Grundschule) in den Sekundarbereich I für den Verlauf des späteren Bildungswegs und der beruflichen Entwicklungsmöglichkeiten eine besondere Bedeutung zu. Nach dem Besuch der in der Regel vierjährigen Grundschule werden die Schülerinnen und Schüler auf die einzelnen Schularten im Sekundarbereich I verteilt. Dabei verbinden sich Leistungsgesichtspunkte mit dem Elternwillen. Wie die Ergebnisse von PISA und IGLU zeigen, ist dieser Übergang durch primäre Ungleichheiten (Ungleichheiten in den bis dahin erworbenen Kompetenzen, die im Zusammenhang mit der sozialen Herkunft stehen) und sekundäre Ungleichheiten (Disparitäten, die aus einem je nach sozialer Lage der Familien unterschiedlichen Entscheidungsverhalten beim Übergang entstehen) gekennzeichnet. Die Folge ist, dass Kinder unterer Sozialgruppen auch bei gleichen Kompetenzständen benachteiligt sind (vgl. Konsortium Bildungsberichterstattung 2006). So ist etwa die relative Chance, das Gymnasium zu besuchen, für Jugendliche aus dem obersten Viertel der Sozialschicht um ein Mehrfaches höher als für Jugendliche aus den unteren Sozialschichten. Dabei beeinflusst die soziale Herkunft die Chance, ein Gymnasium zu besuchen, auch dann, wenn die Jugendlichen die gleichen Kompetenzen aufweisen. Ebenso sind auch bei den Übergängen zur Hauptschule Kinder aus höheren sozialen Schichten bei gleich schwachen Schulleistungen insoweit bevorzugt, als es ihren Eltern häufiger zu gelingen scheint, den Besuch dieser Schulart zu vermeiden (vgl. Autorengruppe Bildungsberichterstattung 2006, Aktionsrat Bildung 2007).

Auch zwischen Kindern mit und ohne Migrationshintergrund unterscheiden sich die Bildungsmuster: So besuchen Migrantenkinder häufiger die Hauptschule, während sie in der Realschule und dem Gymnasium unterrepräsentiert sind. Dies zeigt sich auch bei den erreichten Abschlüssen. Wie in Abschnitt 3.2 gezeigt wurde, verließen im Jahr 2017 mehr als doppelt so viele deutsche Schüler wie ausländische Schüler die Schule mit Abitur. Demgegenüber blieben im gleichen Jahr fast doppelt so viele ausländische Schüler ohne Abschluss wie deutsche Schüler.

Ungleichheit zeigt sich nicht nur beim Besuch verschiedener Schularten, sondern auch hinsichtlich der Kompetenzentwicklung. In Veröffentlichungen, die auf den PISA-Daten beruhen, werden häufig zwei Kennzahlen verwendet, um die Kopplung zwischen sozialer Herkunft und Kompetenzniveau auszudrücken: der soziale Gradient und das Maß der Varianzaufklärung. Der soziale Gradient wird durch eine einfache Regression berechnet; seine Steigung quantifiziert den Kompetenzunterschied bei Änderung des sozioökonomischen Statuswertes der Schüler um eine Standardabweichung. Dabei ist der Zusammenhang zwischen sozialer Herkunft und Schülerleistung umso größer, je steiler die Steigung des Gradienten ist. Die aufgeklärte Varianz dagegen ist eine Maßzahl, die ausdrückt, zu welchem Anteil sich die Unterschiede in den Kompetenzen durch die soziale Herkunft vorhersagen lassen (vgl. etwa PISA-Konsortium 2007, Müller/Ehmke 2016).

In Tabelle 3.4 sind die naturwissenschaftliche Kompetenz (Spalte 1), die Steigung des sozialen Gradienten der naturwissenschaftlichen Kompetenz (Spalte 3) sowie der Anteil der aufgeklärten Varianz (Spalte 5) aus der PISA-Studie 2015 im internationalen Vergleich dargestellt. Es zeigt sich, dass in allen Ländern Jugendliche mit einer höheren sozialen Herkunft (hier gemessen durch den Index ESCS) bessere Schulleistungen erzielen als Jugendliche niedrigerer Schichten. Im OECD-Durchschnitt beträgt die Steigung des sozialen Gradienten 38 Punkte, was bedeutet, dass gemäß der Regressionsgeraden die durchschnittliche mathematische Kompetenz der Schüler um 38 Punkte steigen würde, wenn der sozioökonomische Status sich um eine Standardabweichung erhöhte. Die Steigung des sozialen Gradienten ist allerdings nicht in allen Ländern gleich. In Deutschland liegt sie bei 42 Punkten und unterscheidet sich damit wie beispielsweise auch in Finnland, Norwegen oder Japan nicht signifikant vom OECD-Durchschnitt. In Frankreich, den Niederlanden oder Österreich ist der Zusammenhang zwischen der sozialen Herkunft und der naturwissenschaftlichen Kompetenz stärker ausgeprägt als im OECD-Durchschnitt, in Ländern wie Spanien, Italien oder den USA hingegen schwächer.

Die Varianzaufklärung durch den sozioökonomischen Status liegt im OECD-Durchschnitt bei 12,9 %. In Deutschland ist der prozentuale Anteil der Unterschiede in der Mathematikkompetenz, die durch den sozioökonomischen Status erklärt werden können, mit 15,8 % überdurchschnittlich hoch. Damit liegt Deutschland zusammen mit Ländern wie Österreich, der Schweiz oder Frankreich signifikant über dem OECD-Durchschnitt (Müller und Ehmke 2016).

In einer empirischen Analyse gehen Schütz und Wößmann (2005) der Frage nach, ob die internationalen Unterschiede in der Chancengleichheit systematisch mit der in den einzelnen Ländern verfolgten Schulpolitik zusammenhängen. Dabei betrachten sie als Merkmale der Schulpolitik u. a. den Umfang und die Dauer des Besuchs vorschulischer Bildungseinrichtungen sowie die Mehrgliedrigkeit des weiterführenden Schulsystems. Darüber hinaus berücksichtigen sie aber auch Faktoren wie die Existenz von Ganztagsschulen oder die private Beteiligung am Schulsystem. Ihre Schätzungen zeigen, dass ein hochsignifikanter Zusammenhang zwischen der Besuchsquote des vorschulischen Bildungsbereichs und der Größe des Einflusses des familiären Hintergrunds in einem Land besteht, der den Verlauf eines umgekehrten U aufweist. Danach wächst die Chancenungleichheit also mit steigender vorschulischer Besuchsquote zunächst an, nimmt aber dann – nach Überschreiten eines bestimmten Niveaus – wieder ab. Die Autoren erklären diesen Befund damit, dass vorschulische Bildungseinrichtungen einen zusätzlich zu den Bildungsleistungen der Familie auftretenden, ausgleichenden Effekt auf die Lernfortschritte der Kinder ausüben können, der allerdings erst dann eintritt, wenn ein substanzieller Anteil der Kinder einer Altersstufe (und nicht nur die Kinder aus begünstigten Familien) eine derartige vorschulische Bildungseinrichtung besuchen.

Tabelle 3.4: Zusammenhang zwischen Naturwissenschaftskompetenz und ökonomischem, kulturellem und sozialem Status im internationalen Vergleich (nach Müller/Ehmke 2016)

	Naturwissenschafts-kompetenz		Steigung des sozialen Gradienten		Stärke des Zusammenhangs	
	Achsen-abschnitt	(SE)	Steigung	(SE)	R²	(SE)
OECD-Staaten						
Island	454	(2,3)	27,6	(2,1)	4,9	(0,8)
Estland	533	(2,0)	32,3	(1,8)	7,8	(0,9)
Norwegen	482	(1,8)	37,5	(2,2)	8,2	(0,9)
Lettland	502	(1,5)	26,4	(1,6)	8,7	(1,0)
Kanada	511	(1,8)	33,7	(1,5)	8,8	(0,7)
Türkei	455	(4,8)	20,4	(2,1)	9	(1,9)
Italien	484	(2,4)	29,9	(1,7)	9,6	(1,0)
Finnland	521	(2,1)	40,5	(2,3)	10	(1,0)
Japan	547	(2,7)	41,9	(2,2)	10,1	(1,0)
Korea	525	(2,6)	44,3	(2,7)	10,1	(1,3)
Dänemark	483	(2,0)	33,5	(1,7)	10,4	(1,0)
Vereinigtes Königreich	504	(2,0)	37,5	(1,9)	10,5	(1,0)
Mexiko	440	(2,4)	19,4	(1,1)	10,9	(1,3)
Israel	461	(2,8)	41,6	(2,3)	11,2	(1,3)
Vereinigte Staaten	494	(2,5)	33,2	(1,8)	11,4	(1,1)
Australien	500	(1,5)	43,8	(1,5)	11,7	(0,8)
Schweden	481	(2,6)	43,6	(2,2)	12,2	(1,1)
Niederlande	502	(2,2)	46,8	(2,6)	12,5	(1,3)
Griechenland	458	(3,3)	33,8	(2,1)	12,5	(1,3)
Irland	497	(2,2)	37,6	(1,6)	12,7	(1,0)
Polen	518	(2,3)	40,1	(2,0)	13,4	(1,3)
Spanien	507	(1,8)	26,9	(1,1)	13,4	(1,1)
Slowenien	512	(1,3)	42,7	(1,5)	13,5	(0,9)
Neuseeland	508	(2,1)	48,7	(2,6)	13,6	(1,2)
Portugal	514	(2,1)	30,8	(1,5)	14,9	(1,4)
Schweiz	500	(2,5)	42,8	(1,9)	15,6	(1,2)
Deutschland	511	(2,3)	41,7	(1,9)	15,8	(1,2)
Österreich	492	(2,0)	45,4	(2,0)	15,9	(1,3)
Slowakei	467	(2,3)	41,5	(2,3)	16	(1,4)
Chile	463	(2,2)	32,3	(1,4)	16,9	(1,3)
Tschechische Republik	505	(2,0)	51,7	(2,1)	18,8	(1,2)
Belgien	496	(1,7)	48,2	(1,8)	19,3	(1,3)
Frankreich	505	(1,7)	57	(2,0)	20,3	(1,3)
Luxemburg	481	(1,2)	41,3	(1,1)	20,8	(1,0)
Ungarn	487	(2,1)	46,6	(1,9)	21,4	(1,4)
OECD-Durchschnitt	494	(0,4)	38,4	(0,3)	12,9	(0,2)

Nicht nur der Umfang, sondern auch die Dauer des Besuchs frühkindlicher Bildungs-einrichtungen steht diesen Untersuchungen zufolge in einem signifikanten Zusam-menhang mit dem Ausmaß der Chancenungleichheit. So sinkt die Stärke des Effektes des familiären Hintergrunds auf die Schülerleistungen mit zunehmender Dauer des Vorschulprogramms. Auch Studien für die USA und Großbritannien haben gezeigt, dass vorschulische Bildungssysteme effektiv in der Förderung langfristiger Bildungs- und Arbeitsmarkterfolge sind, gerade für Kinder aus problembeladenen familiären Verhältnissen. Ein Grund hierfür kann sein, dass frühes Lernen die Effektivität spä-teren Lernens erleichtert (vgl. hierzu die Idee des „Lebenszyklus der Bildungspolitik" von Carneiro und Heckman (2003), die besagt, dass die Erträge bildungspolitischer Maßnahmen umso höher sind, je eher sie einsetzen).

Schütz und Wößmann (2005) zeigen ferner, dass der familiäre Einfluss auf die erzielten Schülerleistungen umso größer ist, je früher Schüler in unterschiedliche Schulformen selektiert werden. Während in Deutschland die erste schulische Selek-tion (Übergang von der Grundschule auf die weiterführende Schule) in der Regel bereits im Alter von zehn Jahren stattfindet, erfolgt sie in einer Reihe von anderen Ländern erst mit 14 Jahren oder später. Die Autoren erklären ihren Befund damit, dass die schulische Leistung der Schüler umso stärker von ihrem familiären Umfeld beein-flusst wird, je jünger sie sind. Weitere Merkmale dagegen üben keinen oder nur einen schwachen Einfluss auf das Ausmaß der Chancenungleichheit aus: So findet sich etwa kein signifikanter Effekt für die Höhe der Bildungsausgaben oder die Länge eines Schultages in einem Schulsystem (Halb- vs. Ganztagsschulen). Lediglich die Frage der privaten Schulträgerschaft bzw. -finanzierung wirkt sich auf die Chancenungleichheit aus. Dabei gilt, dass Bildungssysteme mit einem höheren Anteil an privaten Bildungs-ausgaben eine höhere Ungleichheit aufweisen, wohingegen ein höherer Anteil von Schulen in privater Trägerschaft die Ungleichheit zu reduzieren scheint. „Während private Finanzierung die Chancen von Kindern aus ärmeren Familien verringert und damit sowohl die Ungleichheit zu erhöhen als auch das durchschnittliche Leistungs-niveau zu senken scheint, scheint eine – separat betrachtete – private Leitung der Schulen eher dazu beizutragen, dass gerade auf die Leistungen der benachteiligten Schüler geschaut wird, sodass sowohl das durchschnittliche Niveau höher als auch die Ungleichheit geringer ist" (Schütz/Wößmann 2005, 23).

3.6 Verkürzung der gymnasialen Schulbesuchsdauer

Im Bereich der allgemeinbildenden Schulen gab es über die letzten Jahr(zehnt)e hinweg eine Reihe an Reformen, die sich aufgrund der föderalen Zuständigkeiten im Bildungswesen in den einzelnen Bundesländern unterschiedlich darstellen. Exemp-larisch seien hier die Einführung zweigliedriger Schulsysteme durch die Zusammen-legung von Schulformen, das Angebot an flexiblen Schuleingangsphasen oder der Ausbau ganztägiger Bildungskonzepte genannt. Eine Reform, die in der Politik, der

Öffentlichkeit und auch der Wissenschaft besonders intensiv diskutiert wurde, ist die Verkürzung der Schulzeit an Gymnasien von neun auf acht Jahre, die sogenannte G8-Reform. Im Zeitraum von 2001 bis 2008 stellten fast alle Bundesländer auf ein achtjähriges Gymnasium (G8) um. Vorrangiges Ziel der G8-Reformen war es, das im internationalen Vergleich hohe Schulentlassalter deutscher Abiturienten zu senken, sodass diese früher in die tertiäre Bildung bzw. in den Arbeitsmarkt eintreten können. Trotz der verkürzten Schulzeit wurde jedoch die Mindestanzahl an Unterrichtsstunden für die Zulassung zum Abitur in den meisten Bundesländern beibehalten, was zu einer höheren Lernintensität und Arbeitsbelastung der Schüler geführt hat. Kritiker der G8-Reform befürchten, dass dies die Qualität der Schulbildung beeinträchtigen und zudem negative Konsequenzen etwa für die Freizeitgestaltung und die Stressbelastung der Schüler haben könne. Nicht zuletzt aufgrund derartiger Überlegungen sind verschiedene Bundesländer inzwischen wieder zu einem neunjährigen Gymnasium zurückgekehrt bzw. stellen es den Schulen frei, ob sie ihren Schülern das Abitur in acht oder neun Jahren ermöglichen (Anger/Thomsen 2018).

Forscher unterschiedlicher Disziplinen wie Ökonomie, Soziologie, Psychologie oder Pädagogik haben die Auswirkungen des achtjährigen Gymnasiums auf verschiedene Faktoren wie die Schülerleistungen und -kompetenzen, das Freizeitverhalten, die Gesundheit sowie die Bildungsentscheidungen der Jugendlichen untersucht. Als Datenbasis für ihre empirischen Analysen verwenden sie u.a. das Sozio-Ökonomische Panel (SOEP), das Nationale Bildungspanel (NEPS) oder die PISA-Daten. Dabei beschränken sich manche Untersuchungen auf einzelne Bundesländer, andere hingegen nehmen bundesweite Analysen vor. Im Folgenden werden einige ausgewählte Befunde dieser Studien knapp vorgestellt (zu einem ausführlicheren Überblick über die Ergebnisse vgl. Anger/Thomsen 2018 sowie Köller 2017).

Alter und Studierneigung: Wie die vorliegenden Studien deutlich machen, ist das Durchschnittsalter der G8-Abiturienten im Vergleich zu den G9-Abiturienten gesunken, d.h. das primäre Ziel der Reform wurde erreicht. Allerdings hat sich das Durchschnittsalter nicht um die erwarteten 12 Monate, sondern nur um gut zehn Monate verringert, was Huebener und Marcus (2015) auf den höheren Anteil an Klassenwiederholungen bei den G8-Schülern zurückführen. Im internationalen Vergleich bleiben die deutschen Abiturienten jedoch auch nach der Umstellung auf das achtjährige Gymnasium relativ alt. So zeigt Köller (2017), dass in 20 OECD-Staaten die Absolventen beim Erwerb der Hochschulzugangsberechtigung jünger, in zehn OECD-Staaten gleich alt und nur in vier OECD-Ländern älter als in Deutschland sind.

Eine Studie von Büttner und Thomsen (2015) weist zudem darauf hin, dass ein Teil der G8-Abiturienten den Übergang in ein Studium oder das Erwerbsleben hinauszögert und zunächst nach der Schule beispielsweise einen Auslandsaufenthalt oder ein Freiwilliges Soziales Jahr absolviert. Das gesunkene Durchschnittsalter der Abiturienten führt folglich nicht zwangsweise zu einem früheren Eintritt in die tertiäre Bildung oder in den Arbeitsmarkt. Die Studierendenquote insgesamt wird hierdurch jedoch nicht beeinflusst. Darüber hinaus wird berichtet, dass sich die Studierneigung einzelner sozioökonomischer Gruppen infolge der G8-Reform unterschiedlich entwickelt hat. So ist sie bei G8-Abiturienten aus Akademikerfamilien angestiegen, wohingegen sie bei G8-Absolventen aus Nichtakademikerfamilien zurückgegangen ist (Meyer et al. 2018).

Schülerleistungen/Kompetenzen: Zu den Auswirkungen der G8-Reform auf die Schülerleistungen liegt eine Reihe an Studien vor, denen zufolge sich die Kompetenzen in Bereichen wie Mathematik, Lesen und Naturwissenschaften nicht verschlechtert bzw. in der Mittelstufe sogar verbessert haben. Dabei zeigt sich, dass insbesondere leistungsstarke Schüler von der Schulzeitverkürzung profitiert haben (Homuth 2017, Huebener et al. 2017). Hinsichtlich des Einflusses des G8 auf die Abiturleistungen ist die empirische Evidenz hingegen weniger eindeutig; hier ergeben sich Unterschiede zwischen einzelnen Bundesländern und Fächern.

Gesundheit und Belastung: Verschiedene Studien deuten auf ein etwas erhöhtes Belastungserleben von Schülern mit verkürzter Schulzeit hin. Dabei wird der Leistungsdruck bzw. die Belastung durch Schulstunden oder Stoffumfang insbesondere im letzten Schuljahr, zum Teil aber auch schon in der Mittelstufe, als intensiver empfunden (Hoffmann 2010). Für Mädchen wird ein höheres Stressempfinden als für Jungen beobachtet, ebenso für leistungsschwächere Schüler im Vergleich zu leistungsstärkeren (Quis 2018). Das höhere Stressempfinden bzw. die Belastung scheinen sich jedoch nicht auf den allgemeinen Gesundheitszustand der G8-Schüler auszuwirken. So lässt sich keine höhere Verbreitung gesundheitlicher Beschwerden bei Schülern mit verkürzter Schulzeit feststellen (Milde-Busch et al. 2010).

Freizeitverhalten: Ebenso wenig scheint sich die von den G8-Schülern als höher empfundene Belastung auf das Freizeitverhalten der Jugendlichen auszuwirken. Zwar sind die vorliegenden Erkenntnisse nicht immer eindeutig, doch deuten sie in ihrer Mehrheit darauf hin, dass sich G8- und G9-Schüler in ihren sportlichen und musischen Freizeitaktivitäten kaum voneinander unterscheiden. Für einzelne Bundesländer gibt es jedoch Hinweise, dass G8-Schüler weniger häufig als G9-Schüler einem bezahlten Nebenjob nachgehen, wobei dies insbesondere für leistungsstärkere Schüler bzw. solche aus einem akademischen Elternhaus gilt (Meyer/Thomsen 2015).

Teilnahme an Schulwettbewerben: Zwar liegen keine Untersuchungen zu den kausalen Wirkungen der G8-Reform auf die Teilnahme an Schulwettbewerben wie „Jugend musiziert" oder „Jugend forscht" vor, doch zeigen die Trends bei den verschiedenen Wettbewerben, dass sich die Teilnahmezahlen im Zeitverlauf nicht verringert, sondern vielmehr sogar erhöht haben. Die höhere Belastung durch G8 hat folglich anscheinend nicht dazu geführt, dass weniger Schüler an derartigen Wettbewerben teilnehmen (Köller 2017).

Fasst man die Ergebnisse zusammen, so lässt sich festhalten, dass die Verkürzung der Schulzeit keine nennenswerten Effekte auf die betrachteten Ergebnisgrößen hatte. Die vorliegenden empirischen Befunde sprechen folglich nicht generell gegen oder für ein G8/G9. Vor diesem Hintergrund sehen verschiedene Autoren die in einzelnen Bundesländern bereits vollzogene bzw. beschlossene Rückkehr zum neunjährigen Gymnasium aus bildungsökonomischer Perspektive als kritisch an. So plädieren beispielsweise Anger und Thomsen (2018) für eine stärker evidenzbasierte Bildungspolitik, die sich in ihren Entscheidungen weniger von persönlichen Einstellungen bestimmter Gruppen als von empirischen Erkenntnissen leiten lassen sollte. Dies gelte um so mehr, als dass die Rückkehr zu G9 mit erheblichen Kosten verbunden sei. So wird z.B. allein in Bayern der Mehrbedarf an Lehrern auf 1.000 und in Nordrhein-Westfalen auf 2.000 geschätzt (Köller 2017).

3.7 Zusammenfassung

Dem schulischen Bildungsabschluss kommt für den weiteren Lebens- und Bildungsweg eine wichtige Bedeutung zu. So werden hierdurch u. a. die Chancen, eine Ausbildung oder ein Hochschulstudium zu absolvieren, beeinflusst, aber auch die Möglichkeiten, sich im Rahmen der beruflichen Weiterbildung lebenslang fortzubilden. Mit höherer Qualifikation verbessert sich zudem die Position am Arbeitsmarkt. Kohortenvergleiche zwischen verschiedenen Altersgruppen zeigen, dass jüngere Altersgruppen ein höheres schulisches Bildungsniveau aufweisen als ältere Gruppen. Dabei ist der Anstieg des Bildungsniveaus der Bevölkerung zu einem großen Teil auf die verstärkten Bildungsanstrengungen der Frauen zurückzuführen. Frauen verfügen heute durchschnittlich über höhere schulische Abschlüsse als Männer, was sich vor einigen Jahrzehnten noch anders darstellte. Personen mit Migrationshintergrund weisen demgegenüber nach wie vor niedrigere Schulabschlüsse auf als Personen ohne Migrationshintergrund, doch ist auch in dieser Gruppe ein Trend in Richtung Höherqualifizierung auszumachen. Dennoch verlässt gerade von den Personen mit Migrationshintergrund nach wie vor ein nicht unerheblicher Teil die Schule ohne Abschluss. Vor allem die Jugendlichen ohne Schulabschluss stehen im besonderen Fokus bildungs- und arbeitsmarktpolitischer Bemühungen, da sich ihre Einkommens- und Beschäftigungschancen besonders schlecht darstellen.

Nicht nur der Migrationshintergrund, sondern auch die soziale Herkunft im Sinne der Zugehörigkeit zu bestimmten sozialen Schichten steht in engem Zusammenhang mit der Bildungsbeteiligung. Deutlich wird dies vor allem an den Übergängen im Schulsystem, insbesondere von der Grundschule auf die weiterführende Schule. Aber nicht nur die Art der besuchten Schule in der Sekundarstufe I, sondern auch die Leistungen der Schüler werden wesentlich durch die soziale Herkunft beeinflusst. So zeigen die Ergebnisse internationaler Schülerleistungstests wie PISA, dass die Kompetenzen der Schüler in Deutschland relativ stark streuen und eng mit der sozialen

Herkunft gekoppelt sind. Allerdings hat die soziale Ungleichheit der Bildungschancen zuletzt gegenüber früheren PISA-Studien abgenommen. Zurückzuführen ist dies vor allem auf einen Leistungszuwachs der schwächeren Schüler. Empirische Untersuchungen zeigen, dass der familiäre Einfluss auf die Schülerleistungen u. a. mit dem Zeitpunkt der Selektion in unterschiedliche Schulformen sowie dem Umfang und der Dauer des Besuchs frühkindlicher Bildungseinrichtungen zusammenhängt.

Die internationalen Schülerleistungstests haben nicht nur auf den Zusammenhang von sozialer Herkunft und Schülerleistungen aufmerksam gemacht. Darüber hinaus ermöglichen sie auch Einschätzungen der Schülerkompetenzen im Vergleich zu anderen Ländern. Auch in dieser Hinsicht ist zu beobachten, dass sich die Kompetenzstände deutscher Schüler in den letzten PISA-Studien verbessert haben. Lag die Bundesrepublik in den ersten PISA-Studien, die zu Beginn des Jahrtausends durchgeführt wurden, noch im unteren Mittelfeld vergleichbarer Industrienationen, bewegen sich die Kompetenzen deutscher Schüler mittlerweile über dem OECD-Durchschnitt. Empirische Analysen haben gezeigt, dass die erzielten Schülerleistungen in einem Land vor allem mit den institutionellen Rahmenbedingungen des Schulsystems zusammenhängen. Dazu gehört etwa die Frage von Entscheidungsbefugnissen von Schulen und Lehrern, die Existenz von Zentralprüfungen oder die Verbreitung von privat geleiteten Schulen. Im Hinblick auf die staatlichen Bildungsausgaben wurde festgestellt, dass hier vor allem die Art der Mittelverwendung entscheidend ist für die Wirkungen auf die Schülerleistungen.

4 Hochschulbildung

In diesem Abschnitt sollen Antworten auf folgende Fragen gegeben werden:
- Wie hat sich die Anzahl der Studienberechtigten und der Studienanfänger an deutschen Hochschulen entwickelt?
- Welche Rolle spielt die betriebliche Berufsausbildung vor der Aufnahme eines Hochschulstudiums?
- Wie haben sich die Hochschulabschlüsse im internationalen Vergleich entwickelt?
- Wie oft und warum kommt es zu Studienfachwechseln und Studienabbrüchen?
- Welche Trends sind bei den Studienabschlüssen erkennbar?
- Wie haben sich die Studiendauern an den deutschen Hochschulen verändert?
- Warum sind die Bildungsrenditen gestiegen?
- Welche Berufe erzielen die höchsten Löhne?
- Welche Unterschiede bestehen zwischen Universitäten und Fachhochschulen?

4.1 Einführung

Seit dem Zweiten Weltkrieg ist in Deutschland der Hochschulsektor stark gewachsen. Dabei ist eine deutliche Zunahme sowohl bei der Wissensproduktion durch die Forschung als auch bei der Wissensdistribution durch die Lehre und die Weiterbildung festzustellen. Gegenwärtig befindet sich das deutsche Hochschulsystem erneut in einer Phase des Umbruchs:
- Durch den Bologna-Prozess verändert sich das Studiensystem grundlegend – weit über eine neue Studienstruktur mit neuen Abschlüssen hinaus.
- Die Studienreform, die Exzellenzinitiative und der insgesamt stärkere Wettbewerb zwischen den Hochschulen werden dazu führen, dass sich durch Profilbildung, Differenzierung und Konvergenz neue institutionelle Strukturen auch jenseits der Gliederung nach Fachhochschulen und Universitäten herausbilden.
- Die Einführung des gestuften Studiensystems mit Bachelor- und Masterabschlüssen wird das Verhalten der Studienberechtigten und den Übergang der Hochschulabsolventen in den Beruf nachhaltig verändern.

Diese Entwicklungen vollziehen sich vor dem Hintergrund einer starken Nachfrage nach Hochschulabsolventen und ihrer im Vergleich zu anderen Qualifikationsgruppen niedrigen Arbeitslosigkeit. Der Mangel an Akademikern in bestimmten Fachrichtungen wird im Kapitel 7 behandelt.

https://doi.org/10.1515/9783110642315-004

4.2 Die Entwicklung der Studienanfänger an Hochschulen

Im Zeitraum 1995 bis 2017 hat sich die Anzahl der Studienanfänger mit einem Anstieg von 261.000 auf 512.000 fast verdoppelt (siehe Abbildung 4.1).

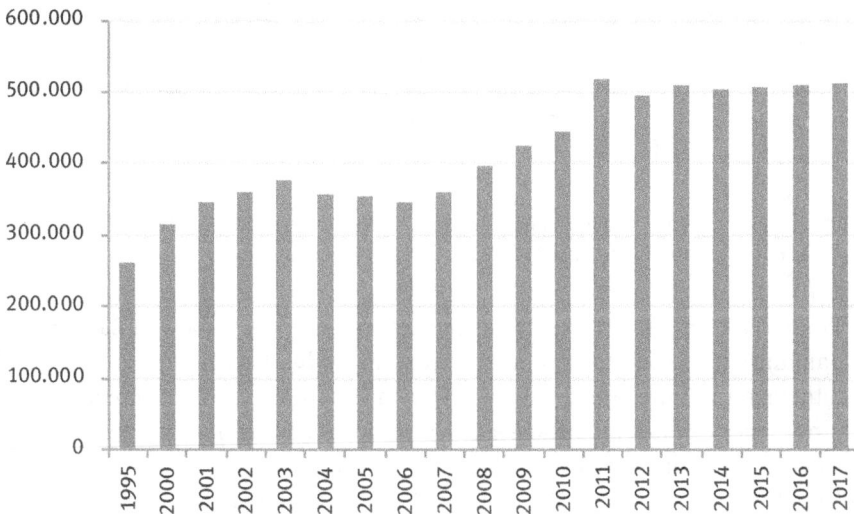

Abbildung 4.1: Anzahl der Studienanfängerinnen und -anfänger 1995–2017 (nach Autorengruppe Bildungsberichterstattung 2018)

Für diesen Anstieg der Anzahl der Studienanfänger gibt es eine Reihe von Gründen. Neben dem Bedarf der Unternehmen und der Einführung von Bachelor- und Master-abschlüssen sind die erleichterten Zugangsvoraussetzungen ebenso zu nennen wie die Zunahme der Anzahl der Studienberechtigten. Diese ist nach Angaben der Auto-rengruppe Bildungsberichterstattung (2018) im Zeitraum 1995 bis 2011 kontinuierlich von 307.000 auf 506.000 gestiegen und seither, vorwiegend demografisch bedingt, auf 452.588 im Jahr 2016 gesunken. Während 1995 der Anteil der Studienberechtigten an den entsprechenden Altersgruppen noch bei 36 % lag, ist er bis 2012 auf fast 60 % gestiegen und danach geringer geworden. Die Studienberechtigtenquote der Frauen liegt mit 58 % am aktuellen Rand um zehn Prozentpunkte höher als die der Männer.

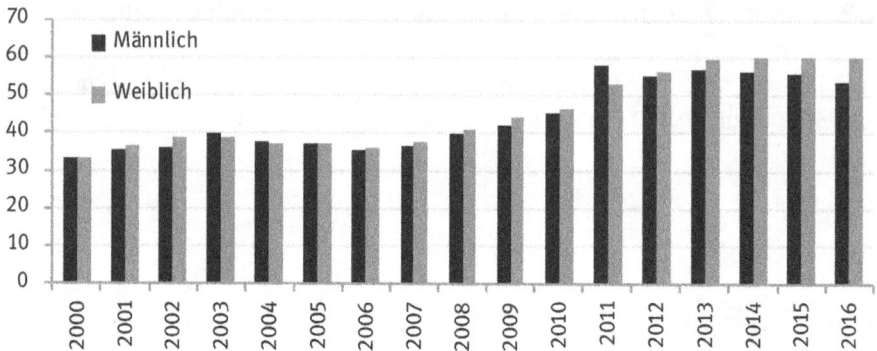

Abbildung 4.2: Anteile der Studienanfänger getrennt nach Geschlecht 2000–2016, in % (nach Autorengruppe Bildungsberichterstattung 2018)

Abbildung 4.2 ist ein starker Anstieg des Anteils der Studienanfängerinnen und -anfänger an den entsprechenden Altersgruppen für den Zeitraum 2000 bis 2015 zu entnehmen (Autorengruppe Bildungsberichterstattung 2016): Während im Jahr 2000 nur jeder dritte Schulabgänger ein Studium begonnen hat, waren es im Jahr 2015 56,1 % der Männer und 60,5 % der Frauen. Zugenommen hat also besonders seit 2012 der Anteil der Studienanfängerinnen. Seit einigen Jahren liegt der Frauenanteil bei den Studierenden an den Universitäten stabil bei über 50 % und an den Fachhochschulen schwankt er um die 40 %. Dies ist auf das größere Gewicht der Ingenieurwissenschaften an den Fachhochschulen zurückzuführen. Bemerkenswert ist die unterschiedliche Entwicklung des Frauenanteils in den einzelnen Studienfächern. Während seit Ende der 1970er-Jahre in der Medizin der Anteil der Frauen von etwa einem Drittel auf zwei Drittel angestiegen ist, erhöhte sich in den Rechts-, Wirtschafts- und Sozialwissenschaften der Anteil der Frauen von ebenfalls etwa einem Drittel auf mehr als die Hälfte. In den Ingenieurwissenschaften hat sich der Frauenanteil zwar fast verdreifacht, liegt aber bei nur etwa 20 %. In den mathematischen und naturwissenschaftlichen Fächern hat sich der Frauenanteil mit ungefähr 40 % am wenigsten verändert.

Weiterhin läge die geringere Studienanfängerquote in Deutschland höher, wenn Abiturienten sich in Deutschland zunächst nicht für die Aufnahme einer betrieblichen Berufsausbildung entscheiden würden, um sich damit gegen das Risiko eines Scheiterns während des Studiums abzusichern oder aber, weil sie es für erforderlich halten, um eine bestimmte von ihnen angestrebte berufliche Position zu erreichen. Der gewählte Umweg erweist sich oftmals als so attraktiv, dass auf ein (Fach-)Hochschulstudium verzichtet wird. Abbildung 4.3 zeigt, dass der Anteil der Personen, die nach ihrem (Fach-)Abitur eine Berufsausbildung beginnen, im Zeitraum 1995 bis 2016 von 15 % auf 26 % deutlich gestiegen ist (Autorengruppe Bildungsberichterstattung 2018).

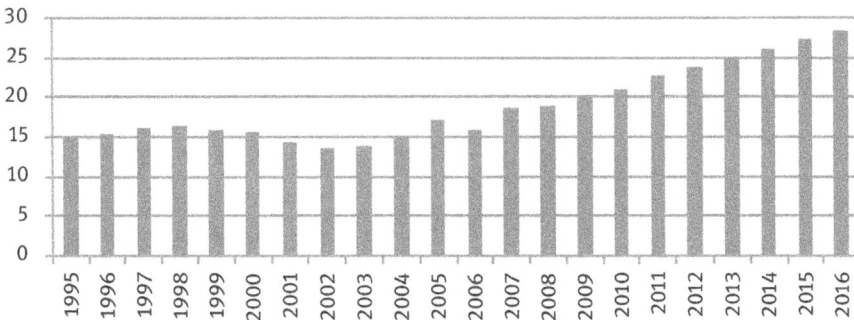

Abbildung 4.3: Anteil der Berufsausbildungsanfänger mit (Fach-)Abitur 1995–2016, in % (nach Autorengruppe Bildungsberichterstattung 2016 und BIBB 2018)

Wie hat sich die starke Nachfrage von Unternehmen und Behörden nach Absolventen in den Fächergruppen Mathematik, Ingenieur-, Natur- und Technikwissenschaften (MINT) auf die Fächerwahl der Studierenden ausgewirkt?

Aus der Abbildung 4.4 geht hervor, dass bei Studienbeginn die Rechts-, Wirtschafts- und Sozialwissenschaften die am häufigsten gewählte Fächergruppe bilden (Autorengruppe Bildungsberichterstattung 2018). Auf Platz 2 befinden sich die Ingenieurwissenschaften und auf Platz 3 die Geisteswissenschaften, während Mathematik und Naturwissenschaften aktuell den 4. Platz belegen. Auf dem 5. Platz des Fächergruppenrankings, das durch die Anzahl der Studienanfänger gebildet wird, finden sich die Humanmedizin und die Gesundheitswissenschaften. Die Fächergruppen Kunst, Kunstwissenschaften, Agrar-, Forst- und Ernährungswissenschaften sowie Sport belegen die letzten drei Plätze. Dabei haben sich die Ingenieurwissenschaften in den vergangenen zehn Jahren, gemessen an der Zahl der Studienanfängerinnen und -anfängern, deutlich gesteigert, während bei den Geisteswissenschaften ein Rückgang zu beobachten ist.

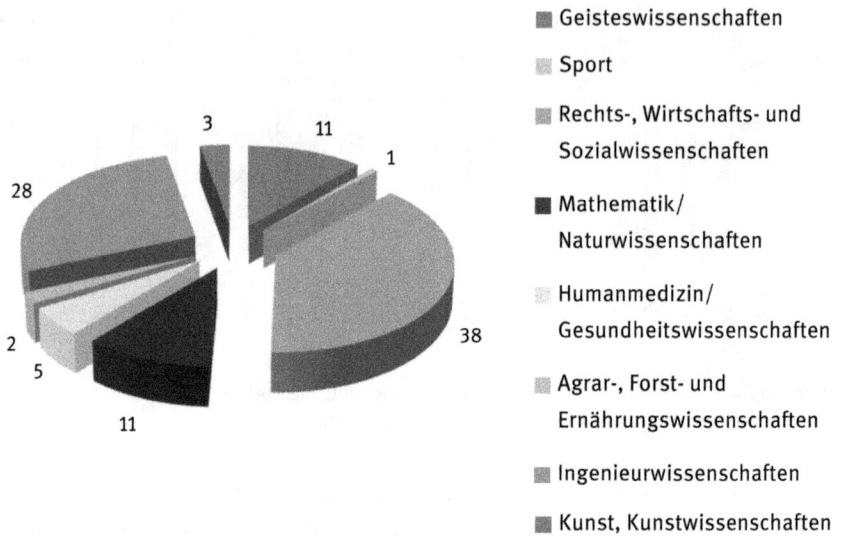

Abbildung 4.4: Anteile der Studienanfänger und -anfängerinnen nach Fächergruppen im Studienjahr 2017, in % (nach Autorengruppe Bildungsberichterstattung 2017)

4.3 Studienfachwechsel und Studienabbruch

Etwa 20 % der Studienanfänger wechseln im Laufe des Studiums das Fach oder streben einen anderen als den ursprünglich gewählten Abschluss an (Isserstedt et al. 2004). Ein großer Teil der Fachwechsel findet jedoch innerhalb der Fächergruppe statt. Insbesondere die Studierenden der Ingenieur- und Naturwissenschaften wechseln nur sehr selten in ein gänzlich anderes Fach.

Wie die Autorengruppe Bildungsberichterstattung (2018) zeigt, hat sich die Studienabbruchquote in den letzten Jahren kaum verändert. In den Bachelorstudiengängen lag sie mit 32 % im Jahr 2016 deutlich höher als in den Masterstudiengängen, wo sie zuletzt 25 % betrug. Aus der Studie des Deutschen Zentrums für Hochschul- und Wissenschaftsforschung (2016) ist bekannt, dass die Gründe für einen Studienabbruch vielfältig sind. Neben Leistungsproblemen und einer mangelnden Studienmotivation spielen dabei auch die Studienbedingungen, eine praktische Tätigkeit, finanzielle sowie persönliche Gründe eine Rolle.

4.4 Studiendauer

Die mit dem Bologna-Prozess verbundene Einführung der Studienabschlüsse zum Bachelor und Master soll nicht nur die Transparenz des Studienangebots und damit die

Mobilität der Studienabsolventen fördern, sondern auch eine Verkürzung der Zeit bis zum Erreichen des ersten Studienabschlusses bewirken. Die Einführung des gestuften Studiensystems führt nicht zwangsläufig zu kürzeren Studienzeiten und weniger Studienabbrüchen. Die bisherigen Erfahrungen deuten jedenfalls nicht in diese Richtung.

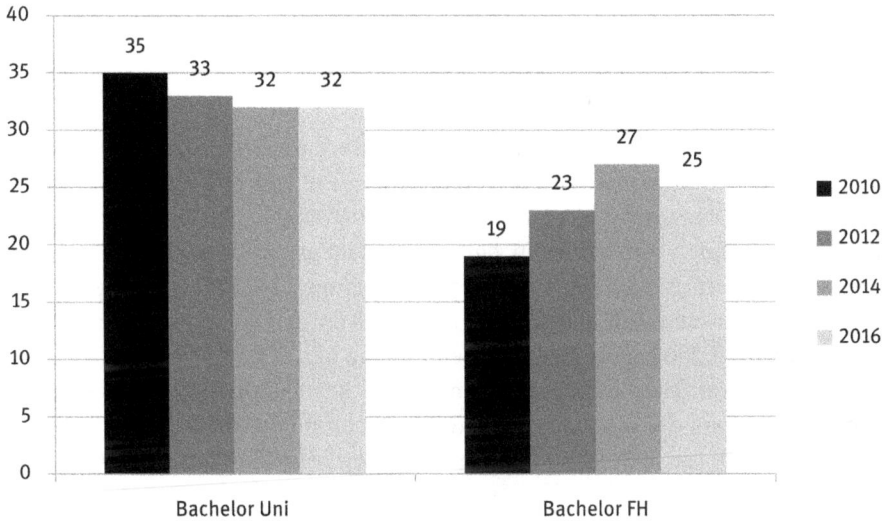

Abbildung 4.5: Anteil der Studienabbrecher in Bachelorstudiengängen 2010 bis 2016 nach Hochschulart in % (nach Autorengruppe Bildungsberichterstattung 2018)

Tabelle 4.1: Gesamtstudiendauern 2010, 2014 und 2016 nach Abschlussarten, in Semestern (nach Autorengruppe Bildungsberichterstattung 2018, 164)

	2010	2014	2016
Bachelor Uni	6,4	7,2	7,6
Bachelor FH	6,6	7,1	7,3
Master	11,2	11,6	12,1
Diplom (Uni)	12,2	13,5	12,9
Lehramt	11,0	11,2	11,5

Anmerkung: Angegeben sind die Mediane der Gesamtstudiendauern einschließlich der ersten Studienphase, ohne international Studierende.

In der Tabelle 4.1 sind die Mediane der Gesamtstudiendauern der Absolventen der Jahrgänge 2010, 2014 und 2016 dargestellt (Autorengruppe Bildungsberichterstattung 2018). Danach ist die durchschnittliche Gesamtstudiendauer bei Diplomabschlüssen an der Universität mit 12,9 Semestern am aktuellen Rand am längsten.

Für den Masterabschluss werden durchschnittlich 12,1 Semester benötigt. Die Lehr-amtsprüfungen werden nach einer durchschnittlichen Gesamtstudiendauer von 11,5 Semestern erfolgreich abgelegt. Bezogen auf die Bevölkerung im entsprechenden Alter ist die Anzahl der Erstabsolventen (die sogenannte Erstabsolventenquote) von 22 % im Jahr 2006 auf 31 % im Jahr 2016 gestiegen (Statistisches Bundesamt 2018).

4.5 Die Entwicklung der Studienabschlüsse

Das Angebot an Hochschulabsolventen ist für die Deckung des Bedarfs an Fach- und Führungskräften der Wirtschaft entscheidend. Die Anzahl der Absolventen eines Hochschulstudiums stimmt nicht unmittelbar mit der Anzahl der Studienanfänger in den zurückliegenden Jahren überein, denn die Anzahl der Studienabbrecher bzw. der international Studierenden führt zu einer Verringerung bzw. Erhöhung dieser Zahl. Die Abbildung 4.6 zeigt, dass die Anzahl der Absolventinnen und Absolventen eines Erststudiums seit 2005 stetig zugenommen und am aktuellen Rand mit gut 315.000 den höchsten Wert erreicht hat. Bezogen auf die Bevölkerung im entsprechenden Alter ist die Anzahl der Erstabsolventen (die sogenannte Erstabsolventenquote) von 22 % im Jahr 2006 auf 31 % im Jahr 2016 gestiegen (Statistisches Bundesamt 2018).

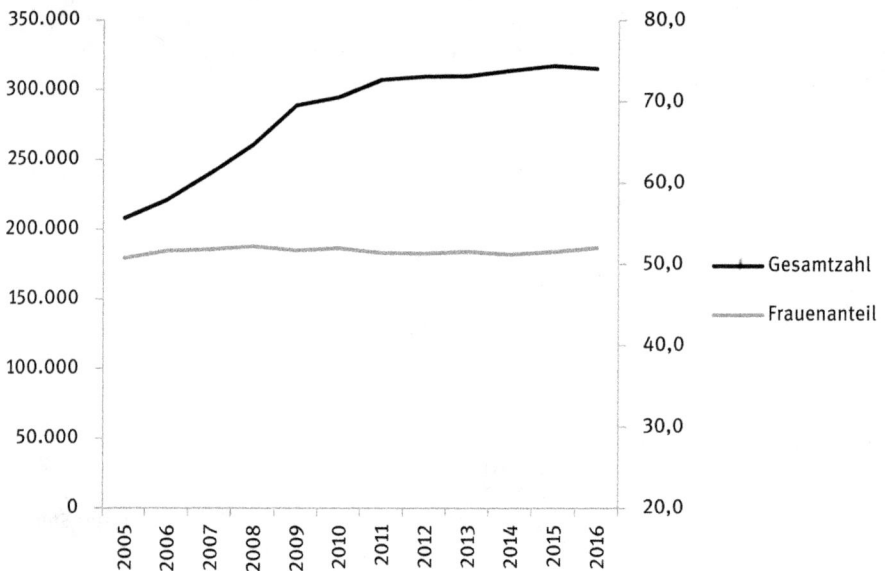

Abbildung 4.6: Absolventinnen und Absolventen mit Erstabschluss: Anzahl und Frauenanteil 2005–2016 (nach Autorengruppe Bildungsberichterstattung 2018)

Anmerkung: Die linke Skala bezieht sich auf die Anzahl der Absolventinnen und Absolventen, die rechte Skala auf den Anteil der Absolventinnen.

4.6 Einkommensentwicklung bei Hochschulabsolventen

Bereits im Kapitel 2 wurde bei der Darstellung der Kosten und Erträge von Bildungs-investitionen auf die hohen fiskalischen Nettoerträge und Bildungsrenditen und die individuellen Bildungsrenditen eingegangen. An dieser Stelle soll die Entwicklung der Bildungsrenditen im Zeitraum 1984 bis 2006 betrachtet werden. Anger et al. (2010) haben mit den Daten des Sozio-ökonomischen Panels (SOEP) Mincer-Einkommens-funktionen geschätzt. Die von den Autoren berechneten Bildungsrenditen sind in Westdeutschland bis zum Ende der 1990er-Jahre gesunken und ab diesem Zeitpunkt wieder angestiegen. In Ostdeutschland ist im Beobachtungszeitraum ein kontinu-ierlicher Anstieg zu beobachten. Die steigenden Bildungsrenditen sind deshalb bemerkenswert, weil sie vor dem Hintergrund steigender Hochschulabsolventenzah-len erfolgt sind, die im letzten Abschnitt dieses Kapitels dargestellt wurden. Erklärt werden können diese Ergebnisse mit dem technisch-organisatorischen Wandel und der Globalisierung, die zu einer steigenden Nachfrage nach hoch qualifizierten Arbeit-nehmern geführt hat.

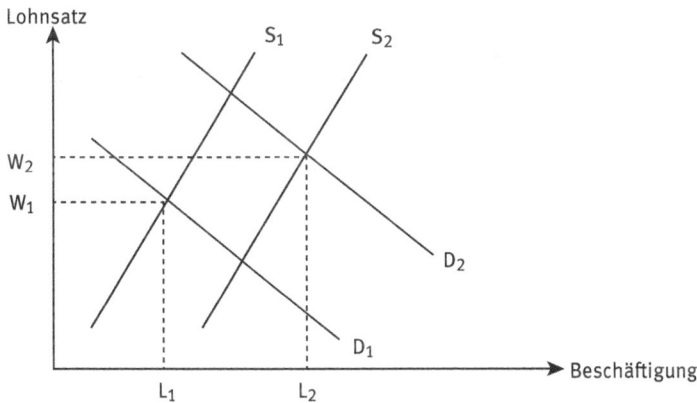

Abbildung 4.7: Einkommensdifferenzial von Hochschulabsolventen, eigene Darstellung

In der Abbildung 4.7 werden diese Entwicklungen nochmals zusammenfassend dar-gestellt: Die Verlagerung der Kurve des Arbeitsangebots der Hochschulabsolventen von S_1 nach S_2 korrespondiert mit der Erhöhung der Nachfrage nach Akademikern von D_1 nach D_2. Damit erhöht sich sowohl der Lohnsatz von w_1 auf w_2 als auch die Beschäftigungsmenge von L_1 auf L_2.

Tabelle 4.2: Erwarteter Netto-Stundenlohn nach Fächern und Abschluss von Männern, in Euro (nach Berechnungen von Glockner/Storck 2012) auf der Basis der Daten des Mikrozensus 2005–2008

	Abschluss	Stundenlohn	Rang
Zahnmedizin	Uni	19,33	1
Medizin	Uni	17,77	2
Betriebswirtschaftslehre	Uni	16,58	3
Jura	Uni	15,86	4
Wirtschaftsingenieurwissenschaften	Uni	15,00	5
Volkswirtschaftslehre	Uni	14,57	6
Betriebswirtschaftslehre	FH	14,14	8
Informatik	Uni	14,06	9
Maschinenbau	Uni	13,81	12
Mathematik	Uni	13,71	14
Verwaltungswissenschaften	FH	13,36	17
Maschinenbau	FH	13,28	18
Informatik	FH	12,81	21
Lehramt	Uni	12,19	28
Mathematik	FH	12,02	31
Betriebswirtschaft	bAusb	11,36	35
Öffentliche Sicherheit	bAusb	11,25	36
Marketing und Werbung	bAusb	10,99	40
Chemielaborant	bAusb	9,81	53
Sozialarbeit	Uni	8,90	64
Medien	bAusb	8,72	65
Körperpflege	bAusb	8,47	66
Krankenpflege	bAusb	8,36	67
Hoch-, Tiefbau	bAusb	8,17	68
Sozialarbeit	bAusb	8,16	69

Anmerkung: Uni: Universität, FH: Fachhochschule, bAusb: berufliche Ausbildung; Rang des Stundenlohns innerhalb der 69 analysierten Fächer.

Auf die Differenzierung von Löhnen innerhalb von Bildungsabschlüssen wurde ebenfalls bei der Diskussion des Humankapitalansatzes bereits hingewiesen. Glockner und Storck (2012) haben die Verdienstmöglichkeiten einer Vielzahl von Studien- und Ausbildungsfächern mit Mincer-Einkommensfunktionen auf der Basis der Daten der Mikrozensus der Jahre 2005 bis 2008 geschätzt. Dabei zeigt sich, dass der durchschnittliche Netto-Stundenlohn von Abiturienten nach der Ausbildung über das gesamte Erwerbsleben bei Männern 12 Euro und bei Frauen 9 Euro beträgt.

In der Tabelle 4.2 sind die Netto-Stundenlöhne für die Männer dargestellt. Die höchsten Netto-Stundenlöhne erzielen die Universitätsabschlüsse Zahnmedizin und Medizin, gefolgt von den Universitätsfächern Betriebswirtschaftslehre, Jura, Wirtschaftsingenieurwesen und Volkswirtschaftslehre. Danach kommt der Fachhochschulabschluss in Betriebswirtschaftslehre noch vor den Universitätsabschlüssen in Informatik, Maschinenbau und Mathematik. Mit den Fachhochschulabschlüssen in Verwaltungswissenschaften, Maschinenbau und Informatik sowie der Abschluss eines Lehramtsstudiums erzielen die männlichen Akademiker einen höheren Nettolohn als die Absolventen betrieblicher Berufsabschlüsse in den Bereichen der Betriebswirtschaft, öffentliche Sicherheit, Marketing und Werbung sowie Chemielabor. Den geringsten Netto-Stundenlohn erreichen Männer im Fach Sozialarbeit (Uni) und einigen in der Tabelle nicht mehr dargestellten Fächern.

Tabelle 4.3: Erwarteter Netto-Stundenlohn nach Fächern und Abschluss von Frauen, in Euro (nach Berechnungen von Glockner/Storck 2012) auf der Basis der Daten des Mikrozensus 2005–2008

	Abschluss	Stundenlohn	Rang
Zahnmedizin	Uni	15,50	1
Medizin	Uni	13,36	2
Jura	Uni	12,55	3
Lehramt	Uni	11,51	4
Verwaltungswissenschaften	FH	10,80	5
Betriebswirtschaftslehre	Uni	10,00	8
Mathematik	Uni	9,81	11
Marketing und Werbung	bAusb	9,54	16
Betriebswirtschaftslehre	FH	9,43	18
Volkswirtschaftslehre	Uni	9,41	19
Informatik	Uni	9,32	20
Informatik	FH	9,29	21
Maschinenbau	Uni	9,22	22
Öffentliche Sicherheit	bAusb	8,91	26
Sozialarbeit	Uni	8,10	28
Chemielaborant	bAusb	7,97	40
Betriebswirtschaft	bAusb	7,81	41
Medien	bAusb	7,79	44
Maschinenbau	FH	7,78	45
Mathematik	FH	7,72	46
Architektur	FH	6,71	61
Zahnmedizin	bAusb	6,59	62
Feinwerkmechanik	bAusb	6,53	63
Textil	bAusb	5,99	64
Körperpflege	bAusb	5,55	65

Anmerkung: Uni: Universität, FH: Fachhochschule, bAusb: berufliche Ausbildung; Rang des Stundenlohns innerhalb der 69 analysierten Fächer.

Wie die Tabellen 4.2 und 4.3 zeigen, nehmen bei den Männern wie auch bei den Frauen die Universitätsabsolventinnen in den Fächern Zahnmedizin und Medizin die Plätze mit den höchsten Netto-Stundenlöhnen ein. Danach folgen aber als weitere Universitätsabschlüsse Jura und Lehramt, gefolgt von den Verwaltungswissenschaften (FH), Betriebswirtschaftslehre (Universität), Mathematik (Universität) und dem beruflichen Abschluss im Bereich Marketing und Werbung – noch vor dem Fachhochschulabschluss in der Betriebswirtschaftslehre und den Universitätsabschlüssen in Volkswirtschaftslehre und Informatik. Unter dem Durchschnitt von 8 Euro liegt der Netto-Stundenlohn für die Universitätsabsolventinnen in Sozialarbeit, aber auch für Fachhochschulabsolventinnen in den Fächern Maschinenbau, Mathematik und Architektur. Insofern ergibt sich keine klare Rangfolge bei den Hochschulabschlüssen bei Frauen und Männern. Angesichts der geschlechtsspezifischen Lohnunterschiede überrascht es kaum, dass der Anteil der Männer in der Sozialarbeit gering ist, während Frauen in den Ingenieurwissenschaften noch immer schwach vertreten sind. Außerdem zeigt sich, dass der Vorteil eines akademischen Abschlusses, gemessen an der Bildungsrendite, gegenüber einer abgeschlossenen Berufsausbildung nicht für alle Fachrichtungen gleichermaßen und in einer Reihe von Fächern gar nicht zutrifft, wenn man z. B. bei den Männern die Hochschulabsolventen der Sozialarbeit mit den besser verdienenden Chemielaboranten vergleicht. Gleichwohl verdienen die Hochschulabsolventen der Sozialarbeit im Durchschnitt besser als Altenpfleger.

Mit der Einführung der gestuften Studiengänge Bachelor und Master stellt sich darüber hinaus die Frage, wie sich die Einkommen dieser Absolventengruppen darstellen. Eine Studie von Christoph et al. (2017) auf Basis der Daten der Beschäftigtenhistorik der Bundesagentur für Arbeit berichtet, dass das Einstiegsgehalt von 25-jährigen Bachelorabsolventen in etwa vergleichbar ist mit dem von gleichaltrigen Personen mit einem beruflichen Fortbildungsabschluss wie einem Meister oder Techniker. Master- bzw. Diplomabsolventen erzielen dagegen ein etwas höheres Einkommen. Mit steigendem Alter werden die Einkommensunterschiede zwischen den Qualifikationsgruppen jedoch größer. So können sich Bachelorabsolventen zwar zunehmend von Beschäftigten mit einem beruflichen Fortbildungsabschluss absetzen, müssen ihrerseits aber zunehmende Einkommensnachteile gegenüber Masterbzw. Diplomabsolventen hinnehmen.

Aus einer Absolventenbefragung des DZHW ist zudem bekannt, dass Bachelorabsolventen von Fachhochschulen ein höheres Einkommen erzielen als Bachelorabsolventen von Universitäten. Dies hat zum Teil jedoch auch damit zu tun, dass überproportional viele Fachhochschulabsolventen vor ihrem Studium bereits eine Berufsausbildung absolviert haben. Die Studie zeigt weiter, dass insbesondere ein Uni-Master einen deutlichen Gehaltsgewinn gegenüber einem Uni-Bachelor bringt. Zwischen Fachhochschulabsolventen mit Bachelor- und Masterabschluss sind die Gehaltsunterschiede dagegen kleiner, was jedoch auch mit dem bereits relativ hohen Gehalt von FH-Bachelorabsolventen zu tun hat (Bundesagentur für Arbeit 2018).

4.7 Hochschulabsolventen mit beruflichen Abschlüssen

Der demografische Wandel und die organisatorischen Änderungen haben generell die Bedeutung der Erstausbildung reduziert und die des lebenslangen Lernens erhöht (vgl. z. B. Spitz-Oener 2006). Die Bologna-Reform hat dieser Entwicklung insofern Rechnung getragen, als mit dem Bachelorabschluss der erste berufsqualifizierende Abschluss ein bis zwei Jahre früher als der Diplomabschluss erreicht werden kann. Diese Möglichkeit wird aber von dem großen Teil der Hochschulabsolventen, die einen Bachelorabschluss erworben haben und danach ein Masterstudium beginnen, ebenso konterkariert wie von den Abiturienten, die vor Beginn ihres Studiums eine betriebliche Berufsausbildung absolvieren.

Die Frage der volkswirtschaftlichen Bewertung einer Berufsausbildung vor Beginn eines Hochschulstudiums stellt sich auch insofern, als den höheren individuellen Opportunitätskosten verlängerter Bildungs- und Ausbildungswege niedrigere Einkommen zumindest bei Beginn der Erwerbstätigkeit gegenüberstehen (Büchel/Helberger 1995). Da zudem die individuellen und betrieblichen Investitionen in betriebs- und berufsspezifisches Humankapital bei Aufnahme eines Studiums nach Abschluss einer betrieblichen Berufsausbildung zumindest teilweise verloren gehen, gelangen die Autoren zu der Schlussfolgerung, dass die Entscheidung für eine betriebliche Ausbildung nicht berufsinhaltlich, sondern in starkem Maße durch Risikoüberlegungen bestimmt erfolgt. Entscheidend dafür dürften die Aussichten sein, ein Studium erfolgreich zu beenden.

Auf zutrittsbeschränkten Arbeitsmärkten sorgt der Arbeitsplatzwettbewerb im Sinne des Modells von Thurow (1975) dafür, dass die produktivsten Arbeitsplätze auch mit möglichst produktiven Arbeitskräften, d. h. mit Personen von vergleichsweise hohem Ausbildungsstand und besonderen Fähigkeiten, besetzt werden. Denn Bildung und Ausbildung werden nicht um ihrer selbst willen unternommen, sondern dienen als Verteidigungsstrategie zur Sicherung der eigenen erreichten Position, auch relativ zu potenziellen Konkurrenten. Dieser fortlaufende Prozess des dauernden Vergleichs und des Konkurrenzmoments erklärt die Aufnahme weiterer Ausbildungen im Ausbildungs- und Erwerbsverlauf (Jacob 2001). Gute Abiturnoten können somit zur Beschreibung einer bestimmten sozialen Position dienen, die es mithilfe einer Doppelqualifikation zu verteidigen gilt (Bellmann/Janik 2010). Insofern ist ein positiver Zusammenhang zwischen einer guten Abiturnote und der kumulativen Bildungsstrategie zu erwarten – ganz im Gegensatz zu der These vom Erwerb einer Doppelqualifikation als Versicherungsstrategie.

Tabelle 4.4: Doppelqualifikation von Hochschulabsolventen, in % (nach Bellmann/Stephani 2012) auf der Basis der BIBB/BAuA-Erwerbstätigenbefragung 2006

	Hochschul- und Berufsabschluss	Nur Hochschul- abschluss
Insgesamt	27	73
Frauen	21	79
Männer	32	68
Westdeutschland	26	74
Ostdeutschland	32	68

Wie die in Tabelle 4.4 dargestellten Ergebnisse der Studie von Bellmann/Stephani (2012) zeigen, ist der Anteil von Abiturientinnen, die sowohl einen Berufs- als auch einen Hochschulabschluss erworben haben, 11 Prozentpunkte niedriger als derjenige der Abiturienten. Der entsprechende Anteil ist in Westdeutschland um 6 Prozentpunkte niedriger als in Ostdeutschland.

Die Risikovermeidungshypothese von Büchel und Helberger (1995) und das Arbeitsplatzwettbewerbsmodell von Thurow (1975) können durch den Einfluss der Abiturnote auf die Wahrscheinlichkeit einer Doppelqualifikation überprüft werden. Der Tabelle 4.5 ist zu entnehmen, dass bei den Frauen die Abiturienten mit schlechteren als sehr guten Abiturnoten signifikant höhere Wahrscheinlichkeiten für eine Doppelqualifikation aufweisen als Abiturienten mit sehr guten Abiturnoten. Dagegen ist bei den Männern der Einfluss der Abiturnote insignifikant. Damit können die Überlegungen von Büchel und Helberger (1995) und Thurow (1975) also nur teilweise bestätigt werden.

Tabelle 4.5: Wahrscheinlichkeit des Erwerbs einer Doppelqualifikation und Abiturnote (nach Bellmann/Stephani 2012) auf der Basis der BIBB/BAuA-Erwerbstätigenbefragung 2006

Abiturnote	Mann	Frau
Gut	0.078	0.253**
	(0.126)	(0.124)
Befriedigend/ausreichend	0.202	0.414***
	(0.134)	(0.941)

Anmerkung: In Klammern unter den Regressionskoeffizienten sind Heteroskedastie-konsistente Standardfehler angegeben. Die Referenzkategorie bilden die Abiturienten mit einer sehr guten Abiturnote. Weitere Kontrollvariablen sind Dummys für das Studienfach. **/*** bedeuten signifikant auf dem 5-%-/1-%-Signifikanzniveau.

Die angesprochenen Risikoüberlegungen können auch mit der Schätzung von Einkommensfunktionen vom Mincer-Typ untersucht werden. Die Tabelle 4.6 zeigt, dass der Einfluss der Dummyvariablen für den Einfluss der Doppelqualifikation (1 = vorhanden, 0 = sonst) auf einem konventionellen Signifikanzniveau nicht signifikant ist. Dieses Ergebnis steht wie die zumindest in einigen Studien ermittelten Lohnabschläge bzw. nur geringfügig bessere Entlohnung bei verlängerten Bildungszeiten im Widerspruch zur Humankapitaltheorie und im Einklang mit der Screening- und Signalling-Theorie. Der Einfluss der **Abiturnote** erweist sich übrigens in derselben Regression für die Männer, nicht aber für die Frauen als signifikant: Männer mit einer guten Abiturnote verdienen signifikant weniger und Männer mit einer befriedigenden oder ausreichenden Abiturnote hochsignifikant weniger als Männer mit sehr guter Abiturnote.

Tabelle 4.6: Einkommen von Abiturienten, Doppelqualifikation und Abiturnote (nach Bellmann/Stephani 2012) auf der Basis der BIBB/BAuA-Erwerbstätigenbefragung 2006

	Mann	**Frau**
Doppelqualifikation	−0.024	0.001
(1 = ja, 0 = nein)	(0.020)	(0.030)
Gute Abiturnote	−0.056*	−0.012
(1 = ja, 0 = nein)	(0.033)	(0.033)
Befriedigende oder ausreichende Abiturnote	−0.092**	−0.040
(1 = ja, 0 = nein)	(0.036)	(0.042)

Anmerkung: In Klammern unter den Regressionskoeffizienten sind Heteroskedastie-konsistente Standardfehler angegeben. Die Referenzkategorie bilden die Abiturienten mit einer sehr guten Abiturnote. Weitere Kontrollvariablen sind in der Regression erhalten. */** bedeuten signifikant auf dem 10-%-/5-%-Signifikanzniveau.

Zusätzlich zu den bislang dargestellten Variablen sind in der BIBB/BAuA-Erwerbstätigenbefragung 2012 auch Informationen zum sozialen Hintergrund der Eltern in Form des Internationalen Sozioökonomischen Index des beruflichen Status enthalten. Prümer (2016) zeigt, dass sich die zentralen Ergebnisse nicht ändern – wahrscheinlich auch weil der Einfluss des sozioökonomischen Status der Eltern durch die Abiturnote und die Art des Schulabschlusses hinreichend abgebildet wird.

Schnitzler (2019) hat mit den Daten des Nationalen Bildungspanels 2013/14 Einflussfaktoren identifiziert, die bei Schülerinnen und Schülern der 12. Klasse des Gymnasiums dazu führen, dass sie die Aufnahme einer Berufsausbildung beabsichtigen. Dabei hat die Autorin in die Auswertungsstichprobe nur solche Schülerinnen und Schüler aufgenommen, die zum Erhebungszeitpunkt der Daten ihr Abitur nach der 12. Klasse ablegen hätten können. Für den Bildungsabschluss der Eltern zeigt sich kein zusätzlicher Einfluss auf die Ausbildung. Wenn aber die Jugendlichen bei ihren Eltern den Wunsch nach einer Ausbildung vermuten, steigt die Ausbildungswahrscheinlichkeit. Dies gilt auch, wenn sie der Meinung sind, dass die Ausbildung ihnen eine berufliche Tätigkeit eröffnet, die vom Niveau her ähnlich oder besser als die von den Eltern ausgeübten Berufe ist.

In der Studie von Prümer (2016) ist eine gute oder befriedigende Abiturnote im Vergleich zu einer sehr guten Abiturnote mit einer signifikant höheren Wahrscheinlichkeit einer Doppelqualifikation verbunden. Schnitzler (2019) findet in ihrer Untersuchung, dass ein schlechterer Notendurchschnitt die Wahrscheinlichkeit erhöht, dass die Gymnasiastinnen und Gymnasiasten eine berufliche Ausbildung planen. Zudem schätzen Jugendliche mit Ausbildungsplan ihre Erfolgsaussichten für ein Studium deutlich schlechter ein als solche mit Studierabsicht. Im Unterschied dazu trauen sich die Jugendlichen aus beiden Gruppen gleichermaßen zu, eine Berufsausbildung erfolgreich zu absolvieren.

Schließlich zeigt sich, dass die Signifikanz des Einflusses eines beruflichen und eines akademischen Bildungsabschlusses auf die Zufriedenheit von Hochschulabsolventen nicht nachweisbar ist, wohl aber einzelne Aspekte der Zufriedenheit von weiblichen Hochschulabsolventen wie die Arbeitszeit und die physischen Arbeitsbelastungen signifikant positiv beeinflusst werden. Bei den männlichen Hochschulabsolventen ist die Zufriedenheit im Hinblick auf die Entlohnung, die physischen Arbeitsbedingungen, die Ausrüstung bei der Arbeit, die männliche Umgebung und das Arbeitsklima signifikant höher, wenn eine Doppelqualifikation vorliegt. Aus Sicht der Informationsökonomie kann dieses Ergebnis dahingehend interpretiert werden, dass die betriebliche Berufsausbildung praktische Kenntnisse zu Beginn der Karriere vermittelt, die später durch theoretisches Wissen erweitert werden (Lewin et al. 1996). Die Wahrscheinlichkeit der Passung von individuellen Wünschen und den betrieblichen Erfordernissen erscheint größer, wenn die Suche nach einem „guten Match" möglichst frühzeitig beginnt und die Individuen über die relevanten Informationen verfügen können.

Bereits seit den 1970er-Jahren gibt es erste Berufsakademien in Stuttgart und Mannheim sowie Modellversuche, die 1995 in einem Beschluss der Kultusminister der Länder mündeten, den Bundesländern zu empfehlen, die Absolventen von Berufsakademien wie Fachhochschulabsolventen zu behandeln. Alle Berufsakademien Baden-Württembergs wurden 2009 in die neu geschaffene Duale Hochschule Baden-Württemberg (DHBW) überführt. Damit haben die DHBW-Absolventen einen akademischen Abschluss erhalten. Dies stellt einen weiteren Vorteil für die Studierenden neben den guten Beschäftigungsperspektiven, der Praxisorientierung und der Ausbildungsvergütung dar. Für die Unternehmen geht es um eine praxisnahe Ausbildung des Fachkräftenachwuchses, hochqualifizierte Nachwuchskräfte für das Unternehmen zu gewinnen und zu binden (Boder 2015).

Nach Erhebungen des Bundesinstituts für Berufsbildung war die Entwicklung der Anzahl der Studiengänge, Kooperationsunternehmen und Studierenden im Zeitraum 2004 bis 2016 sehr dynamisch (Hofmann/König 2017): Die Anzahl der dualen Studiengänge hat sich von 512 (2004) auf 1.592 (2016) mehr als verdreifacht. Ähnliches gilt für die Anzahl der Kooperationsunternehmen, die von 18.168 (2004) auf 47.458 (2016) gestiegen ist. Die Zahl der Studierenden erhöhte sich im selben Zeitraum von 40.982 auf 100.739. Von großer Bedeutung ist die Unterscheidung von ausbildungs- und praxisintegrierenden Studienformaten. Liegt ein Ausbildungsvertrag vor, handelt es sich meist um ein ausbildungsintegrierendes Studium. Bei praxisintegrierenden dualen Studiengängen werden Praktika systematisch und in größerem Umfang als bei anderen Studiengängen anerkannt. Etwa die Hälfte der Studiengänge (ohne die DHBW) sind ausbildungsintegrierende Studiengänge, 37 % praxisintegrierende Studiengänge und der Rest Mischformen. Die DHBW bietet traditionell überwiegend praxisintegrierende Studiengänge. Dabei hat die Bedeutung der praxisintegrierenden Studiengänge gegenüber den anderen Studienformen im Zeitraum 2011 bis 2016 gemessen an der Anzahl der angebotenen Studiengänge deutlich zugenommen.

Die meisten Studierenden sind der Fachrichtung Wirtschaftswissenschaften zuzuordnen, gefolgt von den Ingenieurwissenschaften, der Informatik sowie dem Bereich Sozialwissenschaften, Erziehung, Gesundheit und Pflege. Zwei Drittel der Studierenden sind an staatlichen Hochschulen immatrikuliert – davon fast die Hälfte (46 %) an der DHBW. Der größte Teil der Studierenden ist an einer Fachhochschule (47,0 %) und nur relativ wenige an einer Universität (3,5 %) eingeschrieben.

Was die Anzahl der registrierten Studiengänge angeht, gibt es in Bayern die meisten Angebote. Dann folgen Nordrhein-Westfalen, Baden-Württemberg und Hessen. Die meisten Studierenden sind in Baden-Württemberg (36.529), Nordrhein-Westfalen (14.599), Sachsen (6.921) und Bayern (6.473) zu finden. In den anderen Bundesländern haben die Angebote aber auch teilweise deutlich zugenommen.

4.8 Differenzierung nach Hochschularten

Mit der Expansion des Hochschulbereichs ging eine Differenzierung in verschiedene Richtungen einher. Erwähnt wurden bereits der Bologna-Prozess und die Einführung des gestuften Studiensystems, die nicht nur eine internationale Vergleichbarkeit und Transparenz von Studienabschlüssen sicherstellen sollen, sondern auch als Reaktion auf andere Probleme der Hochschulausbildung wie zu geringe Durchlässigkeit, sehr lange Studiendauern und niedrige Absolventenzahlen zu verstehen sind. Von besonderer Bedeutung ist die Differenzierung zwischen Universitäten und Fachhochschulen.

Während die erste Universität in Deutschland 1386 in Heidelberg gegründet wurde, gibt es Fachhochschulen in Deutschland erst seit Ende der 1960er-Jahre. Im Bildungsauftrag für die Fachhochschulen wurde eine besondere Praxisorientierung von Forschung und Lehre festgelegt. Seit 1985 gehört die anwendungsbezogene Forschung sowie der Technologie- und Wissenstransfer zum Aufgabenspektrum der Fachhochschulen. Für die Berufung von Hochschullehrern an den Universitäten ist die wissenschaftliche Qualifikation ausschlaggebend, während für die Berufung von Fachhochschullehrern die längere Praxistätigkeit außerhalb des Hochschulbereichs erforderlich ist. Für die Studierenden ist an den Universitäten meistens die allgemeine Hochschulreife (Abitur) Zugangsvoraussetzung, während diese an der Fach-

hochschule landesspezifisch geregelt ist. Die Fachhochschulreife kann mit dem Über-
tritt in das 11. Schuljahr eines Gymnasiums, aber z. B. auch mit einem Meistertitel
oder einer abgeschlossenen Berufsausbildung plus Berufserfahrung erlangt werden.

Im Zeitraum 2005 bis 2016 hat sich die Gesamtzahl der Studienanfänger fast verdoppelt. Dabei fiel der Anstieg bei den Studienanfängern an den Fachhochschulen
mit einem Zuwachs von 58 % wesentlich stärker aus als bei den Studienanfängern an
den Universitäten mit einem Zuwachs von 27 %. In diesem Zeitraum ist der Anteil der
Studienanfänger an den Fachhochschulen von 31 % auf 39 % – also um 8 Prozentpunkte – gestiegen (s. Abbildung 4.8). Entsprechend ist der Anteil der Studienanfänger an den Universitäten von 66 % auf 57 % gefallen.

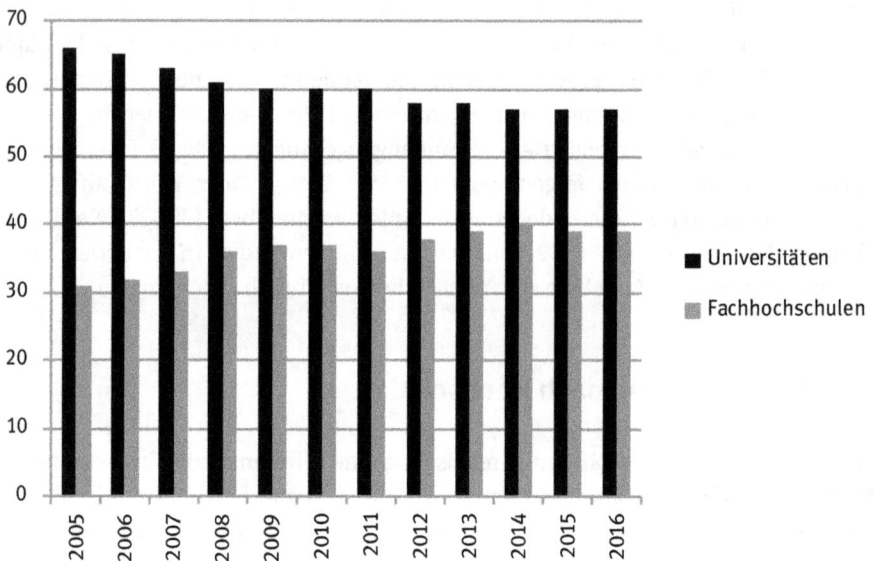

Abbildung 4.8: Anteile der Studienanfänger nach Hochschularten 2005–2016, in % (nach Autorengruppe Bildungsberichterstattung 2018).

Anmerkung: Abweichungen zu 100 % sind darauf zurückzuführen, dass Kunsthochschulen, theologi-
sche Hochschulen und Verwaltungsfachhochschulen nicht berücksichtigt worden sind.

4.9 Zusammenfassung

Das deutsche Hochschulsystem hat sich in der Nachkriegszeit von einer Institution
für die Elitebildung zu einer „Massenuniversität" entwickelt. Gegenwärtig befindet
es sich erneut in einem Reformprozess, der durch die mit dem Bologna-Prozess verbundene Einführung von Bachelor- und Masterabschlüssen, weitreichenden Studien-

reformen und einem stärkeren Wettbewerb zwischen den Hochschulen beschrieben werden kann.

Nicht in allen Jahren, aber im langfristigen Zeitvergleich ist der Anteil der Personen, die in einer Geburtskohorte eine Studienberechtigung erworben haben, deutlich gestiegen. Allerdings sind die Studienanfängerquoten auch aufgrund der alternativen Optionen, die mit dem Abitur verbunden sind, im internationalen Vergleich relativ niedrig. Oftmals erfolgen Studienfachwechsel und Studienabbrüche. Inwieweit die mit dem Bologna-Prozess verbundene Einführung von Bachelor- und Masterabschlüssen die Transparenz des Studienangebots und die Mobilität von Studienabsolventen fördert, bleibt ebenso abzuwarten wie die Entwicklung der Studiendauern.

Für die Deckung des Fachkräftebedarfs ist nicht nur eine Erhöhung der Anzahl der Hochschulabsolventen generell, sondern auch die Entwicklung in bestimmten Bereichen, insbesondere in Mathematik, Ingenieur- und Naturwissenschaften sowie technischen Fächern entscheidend, weil diese Disziplinen die Innovations- und Wettbewerbsfähigkeit der entwickelten Länder bestimmen. Im Fächergruppenranking bei Studienbeginn belegen im Studienjahr 2014/2015 die Ingenieurwissenschaften den 2. Platz und die Mathematik und Naturwissenschaften den 4. Platz.

Sowohl bei den Studienanfängern als auch bei den Studienabsolventen sind die Anteile derjenigen, die eine berufliche Ausbildung abgeschlossen haben, relativ hoch. Dass die Doppelqualifizierten nicht signifikant besser entlohnt werden als andere Studienabsolventen, stellt einen Widerspruch zu den Überlegungen der Humankapitaltheorie dar und kann mit der Screening- und Signalling-Theorie sowie informationsökonomischen Ansätzen erklärt werden.

Die Attraktivität der akademischen Bildung ist nicht nur durch die geringe Arbeitslosigkeit und gute Beschäftigungsperspektiven von Hochschulabsolventen, sondern auch durch ihre höheren Bildungsrenditen gestiegen – auch wenn es große fächerspezifische Unterschiede gibt. Diese Zunahme der Bildungsrenditen und der bereits erwähnte gleichzeitige Anstieg der Zahl der Absolventen spricht für die These, dass die Nachfrage seitens der Unternehmen und Behörden nach Akademikern aufgrund des technisch-organisatorischen Wandels und der Globalisierung deutlich zugenommen hat.

5 Betriebliche Berufsausbildung

In diesem Abschnitt sollen Antworten auf folgende Fragen gegeben werden:

- Wie hat sich die betriebliche Berufsausbildung in Deutschland seit den 1970er-Jahren entwickelt?
- Wovon hängt das betriebliche Angebot von Ausbildungsplätzen ab?
- Was sind die Determinanten der Entscheidung von Betrieben, auszubilden?
- Was sind die wichtigsten Gründe der Betriebe für und gegen die Berufsausbildung im eigenen Haus?
- Wie entwickelt sich die Übernahme von Ausbildungsabsolventen im Ausbildungsbetrieb?
- Welche Erträge stehen den Kosten der betrieblichen Berufsausbildung in Deutschland gegenüber?
- Worin bestehen die Stärken und Schwächen und der Reformbedarf des deutschen Berufsausbildungssystems?

5.1 Einleitung

Das deutsche Ausbildungssystem, insbesondere das duale System der Berufsausbildung, hat sich in den letzten fünf Jahrzehnten fundamental verändert (Baethge/Wolter 2015): Im Zuge des sektoralen Strukturwandels hat der Dienstleistungsbereich zulasten des Produzierenden Gewerbes stark an Bedeutung gewonnen. Zum einen ist die Facharbeiterausbildung sehr eng mit dem deutschen Industrialisierungspfad der diversifizierten Qualitätsproduktion verbunden, gleichsam als dessen qualifikatorisches Rückgrat. Das hat nicht nur dazu geführt, dass der Anteil der Auszubildenden gegenüber dem der Studierenden stark gesunken ist, sondern auch dazu, dass die Rolle der Betriebe und der Sozialpartner, die in der Novellierung des Berufsbildungsgesetzes von 1969 ihren Höhepunkt fand, geringer geworden ist. Weiterhin sind die kognitiven Voraussetzungen für eine berufliche Ausbildung kontinuierlich gestiegen. Darin ist ein wesentlicher Grund für zunehmende Schwierigkeiten bei der Besetzung von Ausbildungsstellen zu sehen. Als Folge daraus ist die Anzahl der Jugendlichen, die sich einer betrieblichen Berufsausbildung unterziehen wollen, aber keinen Ausbildungsplatz in einem Ausbildungsbetrieb oder im Schulberufssystem gefunden haben, gestiegen. Sie sind somit auf das Übergangssystem angewiesen. Dabei handelt es sich meistens um berufsvorbereitende Maßnahmen, die individuelle Kompetenzen vermitteln und somit die Chancen erhöhen, einen Arbeitsplatz zu erhalten.

In diesem Kapitel werden nicht nur diese Entwicklungen, sondern auch die Determinanten der betrieblichen Entscheidung, Ausbildungsplätze anzubieten, die mit der betrieblichen Berufsausbildung verbundenen Kosten und Nutzen sowie die Perspektiven des dualen Systems der Berufsausbildung analysiert.

https://doi.org/10.1515/9783110642315-005

5.2 Die Entwicklung der betrieblichen Berufsausbildung

Im Vergleich zu anderen Teilen des deutschen Bildungssystems nimmt das System der beruflichen Bildung insofern eine Sonderrolle ein, als es im Unterschied zum allgemeinbildenden und zum Hochschul-Bildungssystem gleichzeitig Bestandteil des Beschäftigungssystems und somit abhängig von den durch dieses System gesetzten Rahmenbedingungen ist, z. B. von der Produktionstechnik, Qualifikationsanforderungen, dem Vorhandensein einer Ausbildungstradition, konjunkturellen Schwankungen und strukturellen Entwicklungen. In der Abbildung 5.1 ist für Westdeutschland für den Zeitraum 1950 bis 2015 die Entwicklung der Anzahl der Auszubildenden insgesamt und getrennt für Frauen und Männer für die Industrie, den Handel und das Handwerk dargestellt. Diese Daten liegen in dieser Form leider nicht für alle Wirtschaftsbereiche vor. Dabei zeigt sich nach der Währungsreform 1949 bis zum Jahr 1956 ein starker Anstieg von knapp einer Million Auszubildenden auf 1,44 Millionen. Danach kam es zu einem beispiellosen Rückgang auf etwa 1,13 Millionen Auszubildende. Diese Entwicklung kann durch den starken Bedarf vor allem der Industrie an Beschäftigten ohne abgeschlossene Berufsausbildung erklärt werden. Wie im Kapitel 4 zur Hochschulbildung beschrieben wurde, erreichte die Anzahl der Studienanfänger erst Ende der 1960er-Jahre die Marke von 100.000, womit die Expansion der Hochschulbildung und ihr Abschied von der Elitebildung begannen. Erwähnenswert ist der erneute Anstieg der Anzahl der Auszubildenden um die Mitte der 1960er-Jahre, der sehr starke Rückgang 1968/69 und die danach einsetzende Parallelentwicklung, die Ende der 1970er-Jahre in eine erneute starke Zunahme mündete. 1985 wurde ein Allzeithoch mit 1,56 Millionen erreicht. Danach ging die Anzahl der Auszubildenden bis 1996 auf etwa 1,02 Millionen zurück, um danach zwischenzeitlich wieder etwas höhere Werte zu erreichen. Am aktuellen Rand liegt die Anzahl der Auszubildenden auch wieder bei etwa 1,02 Millionen. Aus der Abbildung geht ebenfalls hervor, dass der Anteil der weiblichen Auszubildenden im Zeitraum 1950 bis 2015 von knapp 26 % auf 32 % angestiegen ist.

Bemerkenswert ist der lediglich geringfügige Rückgang der Neuverträge in der großen Rezession 2008/2009, der entscheidend zum verhaltenen Anstieg der Jugendarbeitslosigkeit in Deutschland beigetragen hat. Der nach internationalen Konventionen berechnete Anstieg der Jugendarbeitslosigkeit lag in Deutschland und Österreich bei 3 Prozentpunkten, während es in anderen Ländern wie Großbritannien, Kanada und den USA um ca. 5 Prozentpunkte größere Veränderungen gab. In Irland und Spanien sowie den baltischen Staaten betrug der Anstieg zwischen 20 und 30 Prozentpunkte (Verrick 2010).

Tiefergehende Analysen von Troltsch und Walden (2007) kommen zum Ergebnis, dass die Betriebe über einen sehr langen Zeitraum auf Entwicklungen beim Angebot an Schulabsolventen reagiert haben. Gleichwohl kam es nicht zu einer „Vollversorgung" der ausbildungswilligen Jugendlichen, denn beispielsweise war der hohe

Stand an Ausbildungsverträgen im Jahr 1984 gleichzeitig mit einem Höchststand an unvermittelten Ausbildungsplatzbewerbern verbunden.

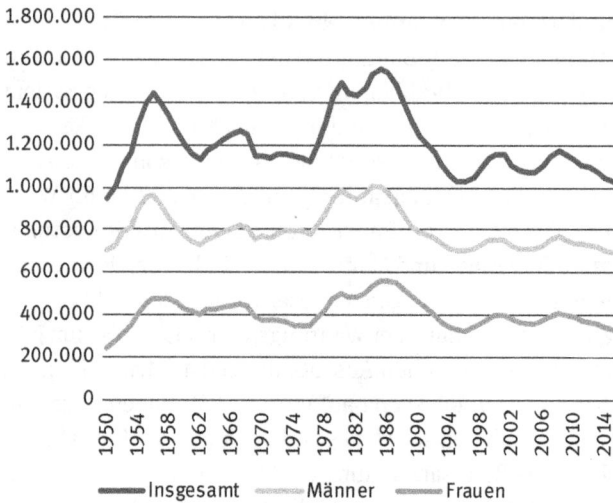

Abbildung 5.1: Entwicklung der Anzahl der Ausbildungsanfänger (Bestand) in Industrie, Handel und Handwerk in Westdeutschland 1950–2015 (eigene Berechnungen mit den Daten des BIBB)

Weiterhin ist der Zeitraum 1960 bis 1984 durch die hohen Bestände an Auszubildenden, Beschäftigten und Erwerbstätigen im Verarbeitenden Gewerbe gekennzeichnet. Die Gruppe der Facharbeiter und Arbeitskräfte ohne formalen Berufsabschluss bildete eindeutig die Mehrheit der Erwerbstätigen. Vergleichsweise geringe Akademikeranteile sprechen für einen verhältnismäßig niedrigen Bedarf der Betriebe an akademisch Qualifizierten.

In der Phase 1985 bis 1996 gingen die Schulabgängerzahlen zurück, was u. a. auch Altbewerbern zugutekam, die Ausbildungsplätze besetzen konnten. Das in diesem Zeitraum erfolgte Beschäftigungswachstum, vor allem im Dienstleistungsbereich, war nicht mit einer entsprechenden Entwicklung bei der Zahl der Ausbildungsverträge verbunden. Dies zeigt, dass es dem dualen System der Berufsausbildung im Dienstleistungsbereich nicht gelang, eine ähnlich starke Stellung wie im Verarbeitenden Gewerbe zu erlangen.

Seit 2001 sieht sich eine wachsende Anzahl von Schulabgängern einem bestenfalls gleichbleibenden Angebot an Ausbildungsplätzen gegenüber. Die günstige konjunkturelle Entwicklung in den letzten Jahren hat allerdings dazu geführt, dass die Anzahl der Ausbildungsplätze wieder leicht angestiegen ist. Für die 1990er-Jahre ist auch in Ostdeutschland eine Parallelentwicklung der Ausbildung zur Anzahl der Schulabgänger zu beobachten. Allerdings subventioniert die öffentliche Hand – beispielsweise im Jahr 2004 mit 110.000 bzw. 31 % – eine große Zahl von außerbetrieblichen Ausbildungsplätzen, um einen Anstieg der Jugendarbeitslosigkeit zu vermeiden.

Tabelle 5.1: Relative Entwicklung der Ausbildung und Beschäftigung im Produzierenden Gewerbe und im Dienstleistungsbereich in Westdeutschland 1980–2011, 1980 = 100 (BIBB 2013)

	1990	2000	2011	1980–2011
Produzierendes Gewerbe				
Anzahl der Beschäftigten	97	81	71	−29
Anzahl der Auszubildenden	84	61	56	−44
Differenz in Prozentpunkten	13	20	15	15
Dienstleistungsbereich				
Anzahl der Beschäftigten	118	147	169	69
Anzahl der Auszubildenden	103	106	113	13
Differenz in Prozentpunkten	15	41	56	56

Tabelle 5.1 zeigt die sektoralen Unterschiede in der Entwicklung der Ausbildungsbeteiligung und der Beschäftigungsentwicklung im Produzierenden Gewerbe und im Dienstleistungsbereich Westdeutschlands im Zeitraum 1980 bis 2011 anhand von Indizes. Danach stieg in diesem Zeitraum die Anzahl der Auszubildenden im Dienstleistungsbereich nur um 13 %, obwohl die Anzahl der Beschäftigten um fast 70 % zugenommen hat. Damit konnte der Rückgang der Anzahl der Auszubildenden im Produzierenden Gewerbe um 44 Prozentpunkte bei einem Abbau der Beschäftigung um 29 Prozentpunkte nicht kompensiert werden. Denn: Die Differenz zwischen der sehr dynamischen Beschäftigungsentwicklung und der Entwicklung der Auszubildenden im Dienstleistungsbereich ist wesentlich größer als im Produzierenden Gewerbe. In der letzten Spalte der Tabelle ist die Entwicklung im Zeitraum 1980 bis 2011 in Prozentwerten dargestellt.

Interessant ist vor dem Hintergrund des sektoralen Strukturwandels und seines Einflusses auf das Beschäftigungs- und Bildungssystem auch die unterschiedliche Berufswahl bei Männern und Frauen. In den Abbildungen 5.2 und 5.3 finden sich die zehn im Jahr 2017 am häufigsten gewählten Berufe. Bei den Männern besetzen die ersten vier Plätze Berufe aus dem Verarbeitenden Gewerbe (Kraftfahrzeugmechatroniker, Industriemechaniker, Elektroniker, Anlagenmechaniker), während bei den Frauen keiner der Berufe aus dem Verarbeitenden Gewerbe unter die ersten zehn kommt. Von den vier Spitzenpositionen bei den Frauen (Kauffrau für Büromanagement, Medizinische Fachangestellte, Zahnmedizinische Fachangestellte, Kauffrau im Einzelhandel) schafft es der Kaufmann im Einzelhandel auch bei den Männern auf die Liste der TOP 10. Auffällig ist die geringe Anzahl der weiblichen Auszubildenden in den von Männern am stärksten besetzten Ausbildungsberufen.

Die Gegenüberstellung des Ausbildungsstellenangebots und der Ausbildungsstellennachfrage ist in Abbildung 5.4 zu finden. Der Grafik ist zu entnehmen, dass die Ausbildungsstellennachfrage das Ausbildungsstellenangebot bis zum Ausbildungsjahr 2006/2007 zeitweise deutlich übertroffen hat. Seitdem hat sich die Situation gedreht: Die Ausbildungsstellennachfrage ist deutlich niedriger als das Ausbildungsstellenangebot. Darauf wird später eingegangen.

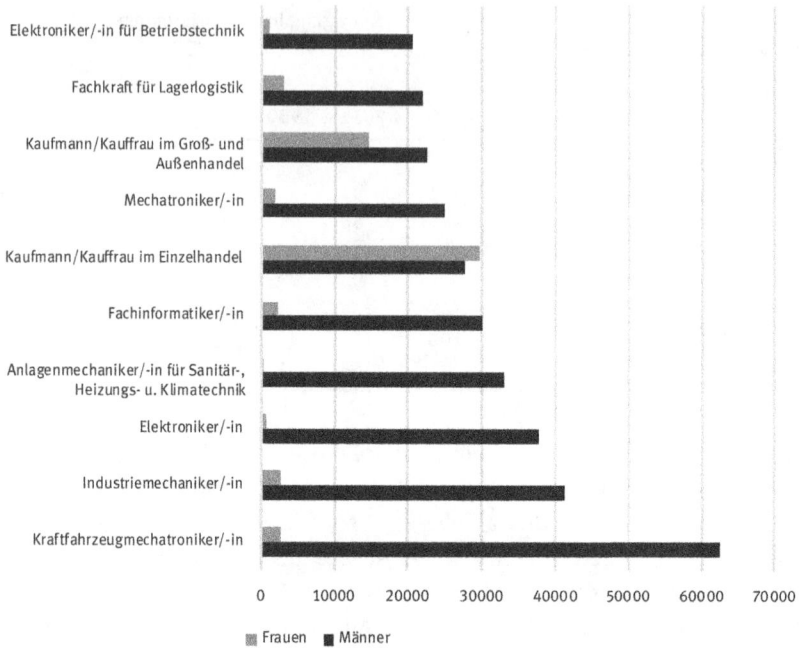

Abbildung 5.2: TOP 10 der von Männern am stärksten besetzten Ausbildungsberufe 2017 (nach Statistisches Bundesamt 2018)

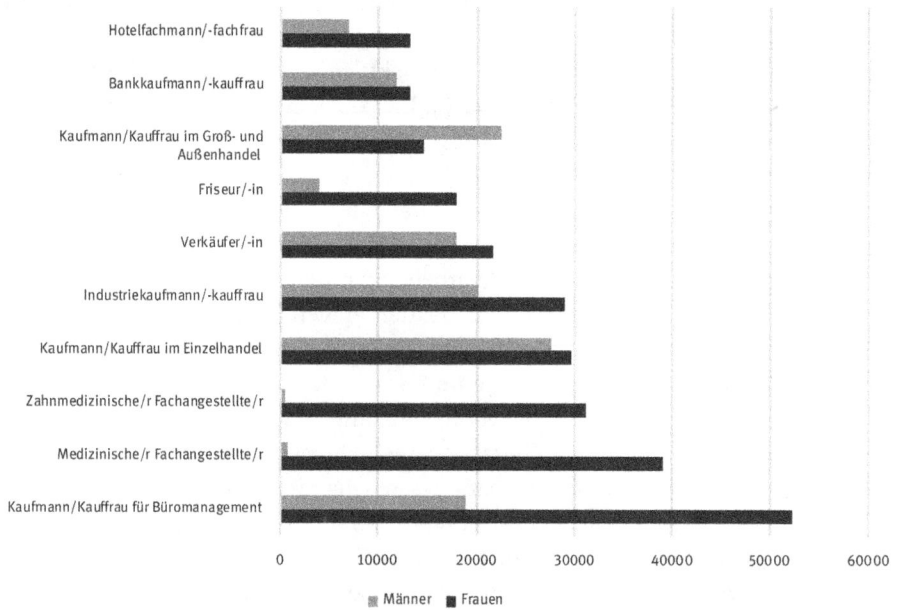

Abbildung 5.3: TOP 10 der von Frauen am stärksten besetzten Ausbildungsberufe 2017 (nach Statistisches Bundesamt 2018)

Die Tabelle 5.2 zeigt, dass neben dem dualen System der Berufsausbildung das Schulberufssystem und das Übergangssystem von erheblicher Bedeutung sind. Am aktuellen Rand finden fast 50 % der Neuzugänge in das berufliche Ausbildungssystem statt, gefolgt vom Übergangssystem mit 29 % und vom Schulberufssystem mit 22 %. Die wichtigsten Bestandteile des Übergangssystems sind der an den Berufsfachschulen stattfindende Unterricht, der keinen beruflichen Abschluss vermittelt, das Berufsvorbereitungsjahr und einjährige Berufseinstiegsklassen sowie berufsvorbereitende Maßnahmen der Bundesagentur für Arbeit. Überrepräsentiert im Übergangssystem sind jugendliche Ausländer. Da die Berufsbildungsstatistik den Migrationshintergrund der Auszubildenden nicht enthält, muss dabei auf die Kategorie der Staatsangehörigkeit als Annäherung zurückgegriffen werden. Im letzten Jahrzehnt hat sich allerdings der Anteil der Ausländer am Übergangssystem verringert. Das Schulberufssystem besteht aus den Schulen des Gesundheitswesens, der Erstausbildung an Fachschulen und Fachakademien sowie aus vollqualifizierenden Berufsfachschulen.

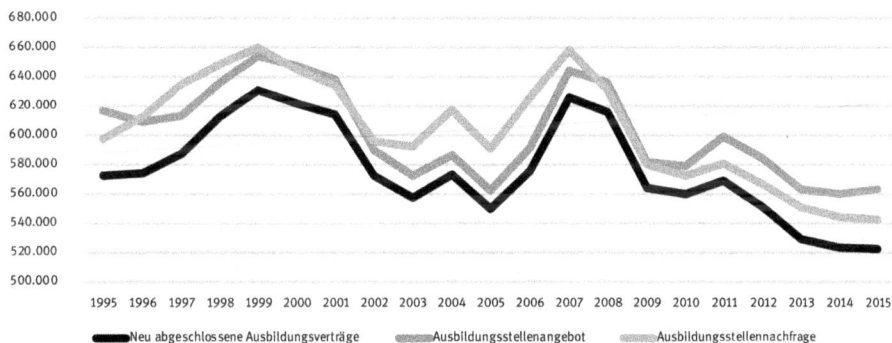

Abbildung 5.4: Neu abgeschlossene Ausbildungsverträge, Ausbildungsstellenangebot und -nachfrage im dualen System 1995–2015 (nach Bildungsbericht 2016)

Tabelle 5.2: Neuzugänge in das berufliche Ausbildungssystem 2017 nach Ausbildungssektoren (nach Bildungsbericht 2018)

	Anzahl	Anteile (in %)
Duales System	490.267	49
Schulberufssystem	214.346	22
Übergangssystem	291.924	29
Insgesamt	996.537	100

Anmerkung: Aufgrund von Rundungen kann es zu Abweichungen bei der Summenbildung kommen.

5.3 Betriebliche Lehrstellenangebote

Nach einer Betrachtung des Ausbildungsstellenangebots und der Ausbildungsstellennachfrage kann in einem zweiten Analyseschritt auf der Ebene der Betriebe untersucht werden, wovon das Ausbildungsstellenangebot abhängt. Für die Untersuchung dieser Frage eignet sich das IAB-Betriebspanel, da es nicht nur Angaben über die betriebliche Beteiligung an der Berufsausbildung enthält, sondern auch solche zur betrieblichen Ausbildungsberechtigung und zur Übernahme von Ausbildungsabsolventen im Ausbildungsbetrieb.

Tabelle 5.3: Verteilung der Auszubildenden auf die Betriebsgrößenklassen 2017, in % (eigene Berechnungen auf der Basis des IAB-Betriebspanels 2017)

1 bis 9 Beschäftigte	12
10 bis 49 Beschäftigte	29
50 bis 499 Beschäftigte	39
500 u. m. Beschäftigte	19

In der Tabelle 5.3 ist die Verteilung der Auszubildenden auf die Betriebsgrößenklassen dargestellt. Es zeigt sich, dass der Großteil der Auszubildenden dem Segment der kleinen und mittleren Betriebe zuzuordnen ist: 12 % der Auszubildenden sind demnach in den Betrieben mit höchstens 9 Beschäftigten zu finden, 29 % in den Betrieben mit 10 bis 49 Beschäftigten und mit 39 % am meisten in der Größenklasse von 50 bis 499 Beschäftigten. Den Betrieben mit 500 und mehr Beschäftigten sind 19 % aller Auszubildenden zuzuordnen. Insgesamt folgt die Verteilung jedoch der Verteilung der Gesamtbeschäftigung in Deutschland, sodass kaum über- oder unterproportionale Ausbildungsleistungen einzelner Betriebsgrößenklassen zu verzeichnen sind; gleichwohl ist der Anteil der Auszubildenden an den Beschäftigten in größeren Betrieben niedriger als derjenige in kleineren Betrieben.

In der Tabelle 5.4 folgt ein Überblick über die Verteilung der Auszubildenden nach Wirtschaftszweigen. Mehr als die Hälfte aller Auszubildenden sind in drei Branchen tätig: im Bereich Handel und Reparatur, im Verarbeitenden Gewerbe und im Gesundheits- und Sozialwesen. Die andere Hälfte der Auszubildenden verteilt sich demnach auf die restlichen der hier abgebildeten Branchen.

Bei der vorgenommenen Deskription beziehen sich die Ergebnisse auf alle Betriebe mit mindestens einem sozialversicherungspflichtig Beschäftigten. Dabei wurde aber nicht berücksichtigt, ob der Betrieb überhaupt zur Ausbildung berechtigt ist und ob er gegebenenfalls überhaupt ausbildet. Ein Betrieb darf in Deutschland nur dann Ausbildungsplätze anbieten, wenn er die gesetzlichen Voraussetzungen zur Berufsausbildung nach dem Berufsbildungsgesetz (BBiG) bzw. der Handwerksordnung (HwO) erfüllt – wenn er also über eine Ausbildungsberechtigung verfügt. Dazu muss der Betrieb nach Art und Einrichtung für die Berufsausbildung geeignet sein sowie über persönlich und fachlich geeignetes Ausbildungspersonal verfügen (vgl. §§ 27, 28 BBiG, § 21 HwO). In einem weiteren Schritt werden die ausbildungsberechtigten Betriebe daraufhin untersucht, ob sie sich auch an der Ausbildung beteiligen.

Tabelle 5.4: Verteilung der Auszubildenden auf einzelne Branchen 2017, in % (eigene Berechnungen auf der Basis des IAB-Betriebspanels 2017)

Land-/Forstwirtschaft	1
Bergbau/Energie/Wasser/Abfall	1
Verarbeitendes Gewerbe	22
Baugewerbe	9
Handel und Kfz-Reparatur	19
Verkehr und Lagerei	4
Information und Kommunikation	2
Gastgewerbe	3
Finanz- und Versicherungsdienstl.	3
Wirtschaftl., wiss. und freiberufl. DL	9
Erziehung und Unterricht	4
Gesundheits- und Sozialwesen	16
Sonstige Dienstleistungen	3
Interessenvertretungen	1
Öffentliche Verwaltung/Sozialversicherung	4

In Tabelle 5.5 wird dargestellt, dass in Westdeutschland 30 % der Betriebe ausbilden. 25 % haben zwar eine Ausbildungsberechtigung, bilden aber dennoch nicht aus. In Ostdeutschland bilden 24 % der Betriebe aus, während ebenfalls 24 % trotz Berechtigung nicht ausbilden. Das heißt, dass in beiden Landesteilen nur etwa jeder zweite an sich zur Ausbildung berechtigte Betrieb auch ausbildet.

Tabelle 5.5: Betriebliche Ausbildungsaktivität nach Region 2015 in % (nach Dummert 2016) auf der Basis des IAB-Betriebspanels 2015

	Gesamt	Westdeutschland	Ostdeutschland
Ausbildungsaktiv	29	30	24
Ausbildungsinaktiv trotz Berechtigung	25	25	24
Keine Ausbildungsberechtigung	47	45	52

Die Abbildung 5.5 zeigt weiterhin, dass es vorwiegend die kleineren Betriebe sind, die sich nicht an der betrieblichen Berufsausbildung beteiligen.

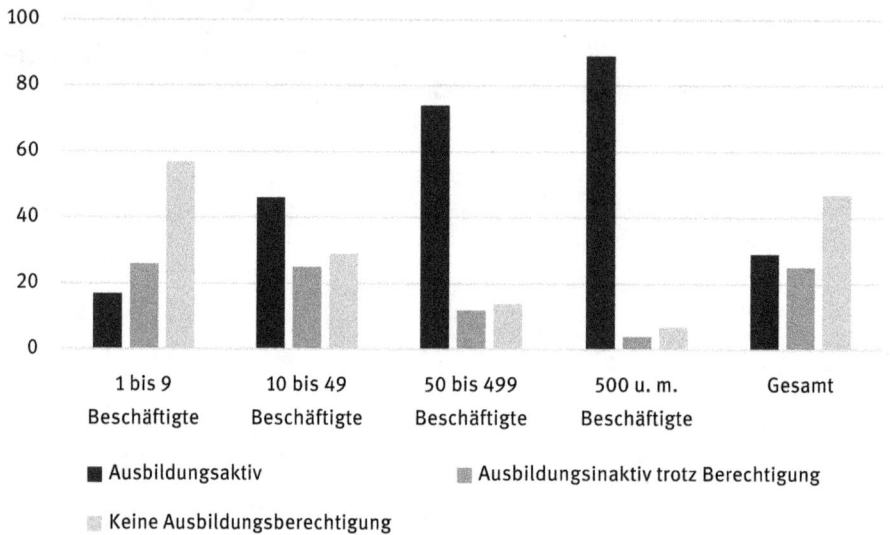

Abbildung 5.5: Betriebliche Ausbildungsbeteiligung nach Betriebsgröße 2017, in % (eigene Berechnungen auf der Basis des IAB-Betriebspanels 2018)

Der große Anteil ausbildungsberechtigter, aber nicht ausbildender Betriebe könnte den Schluss nahelegen, dass die Aktivierung dieser Betriebe zu einer Erhöhung des Ausbildungsplatzangebots beitragen könnte. Sie stellen – zumindest auf den ersten Blick – das Potenzial zur Gewinnung zusätzlicher Ausbildungsplätze dar. Für die Beurteilung ihres Ausbildungspotenzials ist es deshalb hilfreich, neben der durchschnittlichen jährlichen Ausbildungsbeteiligung auch das Ausbildungsverhalten der ausbildungsberechtigten Betriebe auf der betriebsindividuellen Ebene im Zeitverlauf zu betrachten (Dummert et al. 2014). So kann ermittelt werden, wie sich das – zumindest rein rechnerisch erschließbare – Ausbildungspotenzial zusammensetzt, und es kann differenzierter über mögliche Maßnahmen zur Erhöhung des Ausbildungsplatzangebotes diskutiert werden. Im Folgenden werden daher alle Betriebe betrachtet, die in den Jahren 2007 bis 2013, also einem Zeitraum von insgesamt sieben Jahren, ausbildungsberechtigt waren. Diese Betriebe lassen sich in drei Gruppen einteilen:

- **Ausbildungsaktive:** Betriebe, die jedes Jahr im Zeitraum 2007 bis 2013 ausgebildet haben
- **Ausbildungsunterbrecher:** Betriebe, die im Zeitraum 2007 bis 2013 nicht in jedem Jahr ausgebildet haben
- **Ausbildungspassive:** Betriebe, die im gesamten Beobachtungszeitraum nicht ausgebildet haben

Tabelle 5.6: Ausbildungsaktivität von Betrieben mit Ausbildungsberechtigung zwischen 2007 und 2013, nach Betriebsgröße, Anteile in % (nach Dummert et al. 2014) auf der Basis der Daten des IAB-Betriebspanels 2004–2013, längsschnittgewichtet

	Ausbildungsaktive Betriebe	Ausbildungsunter- brecher	Ausbildungspassive Betriebe
1 bis 9 Beschäftigte	25	48	27
10 bis 49 Beschäftigte	58	30	12
50 bis 249 Beschäftigte	86	11	3
250 und mehr Beschäftigte	97	3	0
Gesamt	44	37	19

Im Ergebnis zeigt sich für den beobachteten Zeitraum folgendes Bild: 44 % der Betriebe mit Ausbildungsberechtigung haben von 2007 bis 2013 kontinuierlich ausgebildet, 37 % der ausbildungsberechtigten Betriebe haben mit Unterbrechung ausgebildet und nur ca. ein Fünftel hat sich zu keinem Zeitpunkt an der Ausbildung beteiligt, war also ausbildungspassiv (siehe Tabelle 5.6).

Bei den ausbildungspassiven Betrieben handelt es sich fast ausschließlich um Kleinst- und Kleinbetriebe mit im Durchschnitt acht Beschäftigten. Für diese Betriebe ist es im Vergleich zu größeren Betrieben schwieriger, die personellen, technischen und finanziellen Lasten für ein ständiges Engagement in der Berufsausbildung zu tragen. Gleichzeitig tritt bei vielen kleineren Betrieben nur in größeren Abständen ein Bedarf an Nachwuchskräften auf (Dummert et al. 2014, Frei/Janik 2008). Wie Tabelle 5.6 zeigt, bilden Mittel- und Großbetriebe mit 97 % bzw. 86 % hingegen nahezu permanent aus. Bemerkenswert ist, dass dies auch für 25 % aller ausbildungsberechtigten Kleinstbetriebe gilt. Trotz ihrer vergleichsweise eingeschränkten Möglichkeiten beteiligen sich somit auch zahlreiche Kleinstbetriebe kontinuierlich an der Ausbildung von jungen Frauen und Männern.

Auch zwischen den Branchen zeigen sich bei der Betrachtung im Zeitverlauf deutliche Unterschiede. Während im Produzierenden Gewerbe der Anteil der kontinuierlich ausbildenden Betriebe über und der Anteil nie ausbildender Betriebe unter dem Durchschnitt für alle Betriebe liegt, ist dies im Dienstleistungsbereich genau umgekehrt.

Vergleiche verschiedener Zeitpunkte zeigen zudem, dass der Anteil der unbesetzten an allen Ausbildungsplätzen sich in den letzten Jahren deutlich erhöht hat: Im Jahr 2017 konnten den Daten des IAB-Betriebspanels zufolge 23 % aller angebotenen Ausbildungsplätze nicht besetzt werden und damit fast doppelt so viele wie noch zehn Jahre zuvor (Abbildung 5.6). Dabei sind deutlich mehr Betriebe in Ostdeutschland von Besetzungsproblemen betroffen als solche in Westdeutschland: Im Jahr 2017 konnten die ostdeutschen Betriebe 36% der von ihnen angebotenen Ausbildungsplätze nicht besetzen, wohingegen dies in Westdeutschland nur auf 21% der Ausbildungsplätze zutraf.

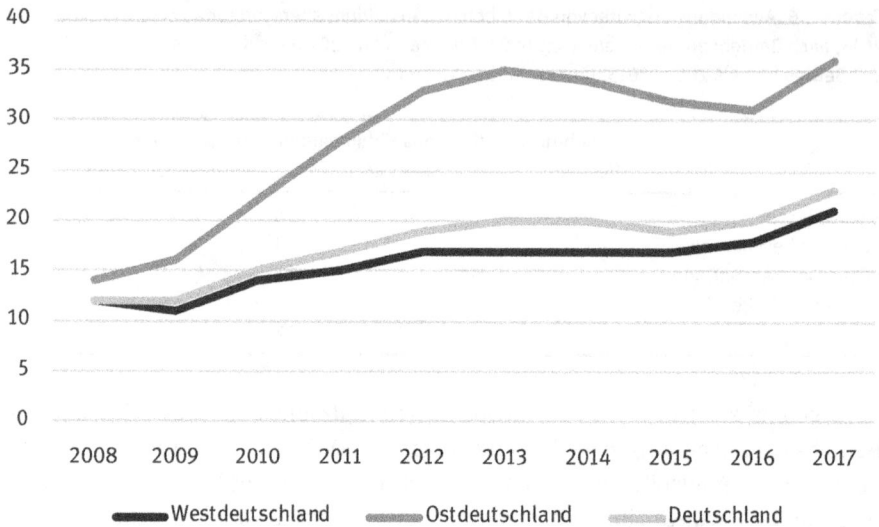

Abbildung 5.6: Anteil der unbesetzten Ausbildungsplätze an allen angebotenen Ausbildungsplätzen 2008–2017, in % (nach Müller et al. 2018) auf Basis des IAB-Betriebspanels

Eine Ursache des starken Anstiegs unbesetzter Ausbildungsstellen in Ostdeutschland liegt in der demografischen Entwicklung: Dort ist aufgrund des Geburtenknicks und der Abwanderung vor allem junger Menschen die Zahl der Schulabgängerinnen und Schulabgänger aus allgemeinbildenden Schulen seit dem Jahr 2000 um etwa die Hälfte zurückgegangen, während sie in den westdeutschen Bundesländern bis 2013 leicht zugenommen hat. Analysen mit den Daten des IAB-Betriebspanels 2013 können Hinweise auf die Gründe für die zunehmende Zahl an unbesetzten Ausbildungsplätzen geben (Abbildung 5.7). Danach sind vor allem Passungsprobleme hierfür verantwortlich: 56 % aller Betriebe in Ost- und 63 % in Westdeutschland mit unbesetzten Ausbildungsstellen gaben an, dass ihnen geeignete Bewerber fehlen. Demgegenüber sagten 28 % der ostdeutschen und 20 % der westdeutschen Betriebe, dass es weniger Bewerber als angebotene Ausbildungsplätze gebe. Oftmals revidieren Bewerber auch ihre getroffenen Entscheidungen so spät, dass es den Betrieben zu Beginn des Ausbildungsjahres nicht mehr gelingt, den Ausbildungsplatz zu besetzen; dies waren im Osten 12 % und in Westen 11 %.

Der Anteil unbesetzter Ausbildungsplätze unterscheidet sich nicht nur zwischen West- und Ostdeutschland, sondern auch zwischen Betrieben verschiedener Größenklassen. So sind kleinere Betriebe deutlich häufiger von Stellenbesetzungsproblemen im Bereich der Ausbildung betroffen als größere Betriebe. Kleinere Betriebe sind aus Sicht mancher Bewerber weniger attraktiv, z. B. weil sie schlechtere Aufstiegs- und Personalentwicklungsmöglichkeiten oder eine geringere Entlohnung bieten. Darüber hinaus setzen kleine Betriebe oftmals auf andere – und weniger – Such- und Rekrutierungswege als große Betriebe. Dies kann dazu führen, dass weniger potenzielle Bewerber über das Ausbildungsplatzangebot in diesem Größensegment überhaupt informiert sind.

Unterschiede im Anteil unbesetzter Ausbildungsplätze bestehen zudem zwischen Betrieben verschiedener Branchen. Besonders hohe Anteile finden sich im Baugewerbe sowie im Bereich Beherbergung und Gastronomie; besonders geringe dagegen in der Öffentlichen Verwaltung und in den Finanz- und Versicherungsdienstleistungen.

Interessant ist auch, dass etwa ein Viertel der Betriebe, die nicht alle Ausbildungsstellen besetzen konnten, Kompromisse eingegangen sind: Abstriche wurden von diesen Betrieben hauptsächlich bei der schulischen Vorbildung der Bewerber gemacht (Dummert et al. 2014). Der gleichwohl bestehende Mangel an Fachkräften wird auch im Kapitel 7 behandelt.

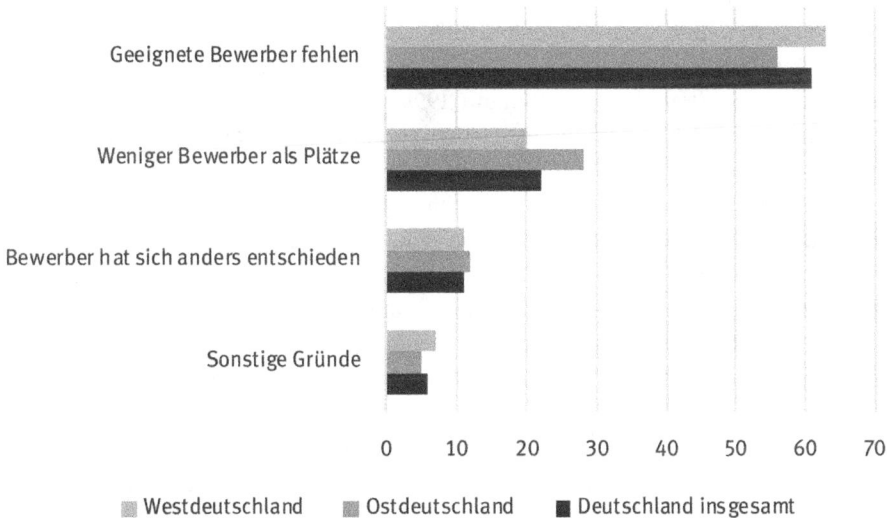

Abbildung 5.7: Gründe für die Nichtbesetzung von Ausbildungsplätzen 2013 (nach Dummert et al. 2014) auf der Basis des IAB-Betriebspanels 2013, hochgerechnete Werte

Anmerkung: Bei Mehrfachnennungen jeweils wichtigster/häufigster Grund, Anteile in %.

5.4 Bestimmungsgründe der betrieblichen Ausbildungsentscheidung

Im Abschnitt über die Humankapitaltheorie und der New Training Literature sowie in der vorangegangenen Deskription des betrieblichen Lehrstellenangebots wurden bereits einige Bestimmungsgründe der betrieblichen Ausbildungsentscheidung identifiziert. Dabei wird es im Weiteren notwendig sein, die Entscheidung eines potenziellen Ausbildungsbetriebs als zweistufigen Entscheidungsprozess zu betrachten, wenn auch in der Realität beide Entscheidungen nicht unabhängig voneinander getroffen werden. Demnach entscheidet ein Betrieb erstens grundsätzlich, ob er sich in der betrieblichen Berufsausbildung engagiert und Ausbildungsplätze regelmäßig oder auch mit Unterbrechungen anbietet. Zweitens ist über den Umfang der Ausbildung, d. h. über die Anzahl der angebotenen Ausbildungsplätze, zu entscheiden.

Diese beiden Entscheidungen der Betriebe haben Czepek et al. (2015) in einer empirischen Studie mit den Daten des IAB-Betriebspanels 2006–2013 untersucht. Für die Analyse der Ausbildungsbeteiligung wird zunächst ein Logitmodell mit gepoolten Daten betrachtet, bei dem die abhängige Indikatorvariable den Wert eins annimmt, wenn ein Betrieb ausbildet, und den Wert null, wenn er dies nicht tut. Auf der zweiten Stufe wird im Rahmen eines Regressionsmodells die Ausbildungsintensität, also der Anteil der Auszubildenden an der Gesamtzahl der Beschäftigten, analysiert. Im OLS-Modell in der zweiten Stufe wurden die nicht ausbildenden Betriebe ausgeschlossen.

Die Ergebnisse der Studie von Czepek et al. (2015) sowie diejenigen weiterer Untersuchungen (Neubäumer/Bellmann 1999, Niederalt 2004, Hartung/Schöngen 2007) zeigen, dass die Ausbildungsbeteiligung mit der **Betriebsgröße** zunimmt. In Übereinstimmung mit Abbildung 5.4 zeigt Tabelle 5.7 in der ersten Spalte, dass im Vergleich zur Referenzgruppe der Betriebe mit weniger als 10 Beschäftigten mit wachsender Beschäftigtenzahl der Anteil der Betriebe, die zur Berufsausbildung berechtigt sind, steigt, weil größere Betriebe eher in der Lage sind, auszubilden. Großbetriebe haben zudem seltener die Abwanderung der ausgebildeten Fachkräfte zu befürchten, da sie wettbewerbsfähige Arbeitsplätze und durch ein ausgeprägtes betriebsinternes Segment attraktive Aufstiegsmöglichkeiten wie auch weitere Vorteile für die Berufsausbildung (wie z. B. vielfältigere Einsatzmöglichkeiten) bieten können. In den Regressionsschätzungen für die Bestimmungsgründe der Ausbildungsintensität, dessen Ergebnisse in der zweiten Spalte der Tabelle 5.7 dargestellt sind, ist der Einfluss der Betriebsgröße dagegen negativ, d. h., größere Ausbildungsbetriebe bilden unterproportional aus und stellen oftmals in kleineren und mittleren Betrieben ausgebildete Fachkräfte ein (Bellmann et al. 2014). Ob ein Betrieb in West- oder Ostdeutschland liegt, wirkt sich bei der Ausbildungsbeteiligung nicht signifikant und bei der Ausbildungsintensität nur auf einem Signifikanzniveau von 10 % aus. In Ostdeutschland ist dennoch die Ausbildungsintensität etwas geringer als in Westdeutschland.

Tabelle 5.7: Gepoolte Regressionsmodelle Ausbildungsbeteiligung und Ausbildungsintensität 2006–2013 (nach Czepek et al. 2015) auf der Basis des IAB-Betriebspanels 2006–2013

	Ausbildungs-Beteiligung (Logit)	Ausbildungs-Intensität (OLS)
10 bis 19 Beschäftigte	1,175***	0,017***
	(0,116)	(0,004)
20 bis 49 Beschäftigte	1,964***	0,018***
	(0,125)	(0,004)
50 bis 249 Beschäftigte	2,675***	0,016***
	(0,169)	(0,005)
250 bis 499 Beschäftigte	3,440***	0,010
	(0,331)	(0,007)
500 und mehr Beschäftigte	3,545***	0,004
	(0,369)	(0,006)
West-/Ostdeutschland	0,246***	0,003
	(0,090)	(0,003)
Anteil qualifizierter Beschäftigter	−0,656***	−0,097***
	(0,242)	(0,011)
Summe der Fachkräfteprobleme	0,142***	0,001
	(0,036)	(0,001)
Anteil befristet Beschäftigter	−0,559	−0,026
	(0,536)	(0,016)
Arbeitskräftefluktuation	−0,330	−0,038***
	(0,264)	(0,008)
Anteil Teilzeitbeschäftigter	−0,425**	−0,077***
	(0,203)	(0,008)
Stand der technischen Ausstattung	−0,067	−0,003*
	(0,058)	(0,002)
Ertragslage im Vorjahr	−0,156***	0,000
	(0,043)	(0,001)
Investitionen in IKT	0,061	0,007**
	(0,099)	(0,003)
Investitionen in Produktionsanlagen	0,229**	0,001
	(0,095)	(0,003)
Tarifbindung	0,196**	0,008**
	(0,098)	(0,003)
Betriebs-/Personalrat	−0,031	−0,005
	(0,151)	(0,004)
Branchendummys	Ja	Ja
Konstante	0,334	0,139***
	(0,324)	(0,015)
Beobachtungen	3.897	3.897
(Pseudo-)R^2	0,243	0,1104

Anmerkung: ***/**/* signifikant auf 1-%-/5-%-/10-%-Niveau; Standardfehler in Klammern.

Je größer der **Anteil qualifizierter Mitarbeiter**, desto kleiner ist die Wahrscheinlichkeit, dass der Betrieb ausbildet, und desto geringer ist auch die Ausbildungsintensität. Ein großer Anteil qualifizierter Mitarbeiter ist als Indiz für eine Strategie der eigenen Ausbildung von benötigten Fachkräften zu betrachten. Ein Grund dafür könnte darin bestehen, dass ein hoher Anteil von qualifizierten Mitarbeitern auf einen hohen Akademikeranteil verweist, der mit vergleichsweise geringeren Ausbildungsanstrengungen verbunden ist.

Im IAB-Betriebspanel werden die Betriebe alle zwei Jahre gebeten, anzugeben, welche Personalprobleme sie in den kommenden zwei Jahren in ihrem Betrieb erwarten. Unter Verwendung des daraus gebildeten Indikators zeigt sich, dass Betriebe, die für die Zukunft Schwierigkeiten erwarten, benötigte **Fachkräfte** auf dem Arbeitsmarkt zu bekommen, eher auf eigene Ausbildungsmaßnahmen zurückgreifen, um ihren Bedarf zu decken.

Da Auszubildende befristet beschäftigt sind und somit nach Abschluss ihrer Ausbildung sofort oder nach einem auf der Ebene von Tarifverträgen vereinbarten Übernahmezeitraum von in der Regel sechs Monaten entlassen werden können, entstehen bei einer Beteiligung an der Ausbildung Flexibilitätserträge. **Beschäftigte mit einem befristeten Arbeitsverhältnis** stellen eine Alternative zu Auszubildenden dar, denn auch sie können bei einem Rückgang der betrieblichen Arbeitsnachfrage freigesetzt werden. Daraus ergibt sich die Hypothese eines negativen Zusammenhangs zwischen dem Anteil an befristet Beschäftigten einerseits und der Ausbildungsbeteiligung und -intensität andererseits. Die negativ signifikanten Schätzergebnisse in beiden Modellen bestätigen diese Hypothese.

Als weitere Variable wurde **Arbeitskräftefluktuation** in die Regressionsmodelle einbezogen. Es lässt sich argumentieren, dass die Erträge aus generellen und betriebsspezifischen Humankapitalinvestitionen bei einer kürzeren Verbleibdauer im Betrieb geringer ausfallen. Im Logitmodell ist der erwähnte Zusammenhang statistisch nicht signifikant, aber im Regressionsmodell mit der Ausbildungsintensität als abhängiger Variable. Ähnlich kann auch ein hoher Anteil von Teilzeitbeschäftigten mit einem geringen Ausbildungsengagement assoziiert sein. Sowohl für die betriebliche Ausbildungsbeteiligung als auch für die betriebliche Ausbildungsintensität findet sich ein hochsignifikant negativer Zusammenhang mit dem Anteil der Teilzeitbeschäftigten.

Der **technische Stand der Anlagen sowie der Betriebs- und Geschäftsausstattung** des im Rahmen des IAB-Betriebspanels befragten Betriebs im Vergleich zu anderen Betrieben in der Branche wird auf einer fünfstufigen Likert-Skala (1 = auf dem neuesten Stand bis 5 = völlig veraltet) erfasst. Die Ergebnisse zeigen, dass ein großer Skalenwert mit einem niedrigeren Ausbildungsengagement verbunden ist, wobei der Zusammenhang hochsignifikant ist. Ähnlich wird die Ertragslage des letzten Geschäftsjahres (1 = sehr gut bis 5 = mangelhaft) erfasst. Auch hier zeigt sich ein negativer Zusammenhang, der allerdings nur für die betriebliche Ausbildungsbeteiligung signifikant ist. Weiterhin wurde die Rolle der betrieblichen **Investitionen in der Informations- und Kommunikationstechnik (IKT)** sowie solche in Produktionsanlagen im Vergleich zu Betrieben, die keine Investitionen vorgenommen haben, untersucht und dabei ermittelt, dass Betriebe mit diesen Investitionsarten ein signifikant stärkeres Ausbildungsengagement aufweisen.

In den **Tarifverträgen** sind häufig Regelungen zur Ausbildungstätigkeit der Betriebe festgeschrieben. Deshalb wäre in tarifgebundenen Betrieben eine größere Ausbildungsbeteiligung als in anderen Betrieben zu erwarten. In beiden Modellen wird diese Erwartung bestätigt. Dagegen führt die Existenz von **Betriebs- oder Personalräten** eher zu einer Reduktion der Ausbildungsbeteiligung. Der hier im Vordergrund stehende Bestandsschutz der Stammbelegschaft könnte durch die Bereitstellung von selbst ausgebildeten Fachkräften mit betriebsinternem Wissen bedroht werden. Die Ergebnisse beider Modelle stehen im Einklang mit dieser Hypothese.

Bereits angesprochen wurden die **wirtschaftszweigspezifischen Einflüsse** auf die Ausbildungsbeteiligung. Hierfür verantwortlich sind u. a. die bei der Ausbildung entstehenden Kosten wie z. B. Ausbildungsvergütungen, die Betriebsspezifität der Ausbildungsinhalte oder auch die Bewerbersituation in Bezug auf die Ausbildungsplätze. Aber auch die Variablen für den technischen Stand der Anlagen und der Betriebs- und Geschäftsausstattung, die sich auf einen Branchenvergleich beziehen, sowie die nach Betriebsgröße und Branchenzugehörigkeit der Betriebe geschichtete Stichprobe machen die Aufnahme von Branchendummys erforderlich (Winship/ Radbill 1994).

Die Regressionsmodelle enthalten weitere in der Tabelle 5.7 nicht dargestellt Variablen. Die Fallzahlen in den Regressionsmodellen und die durch das Bestimmtheitsmaß R^2 bzw. Pseudo-R^2 gemessene Güte des Modells sind als befriedigend anzusehen.

Oftmals verzichten, wie bereits erwähnt, ausbildungsberechtigte Betriebe auf eine betriebliche Berufsausbildung, weil sie keine Möglichkeit der Übernahme von Ausbildungsabsolventen im eigenen Betrieb sehen. Die Übernahmequote des IAB-Betriebspanels gibt an, wie viele der Auszubildenden nach Abschluss ihrer Ausbildung einen Arbeitsplatz in ihrem Ausbildungsbetrieb erhalten.

Die Übernahmequote liegt nach den Angaben des IAB-Betriebspanels im Jahr 2015 bei 68 %. Damit hat sich die Quote seit 2009 jedes Jahr erhöht. Vergleicht man die Angaben, die für Ostdeutschland ermittelt wurden, mit denen für Westdeutschland, zeigt sich, dass sich die Übernahmequote Ostdeutschland stärker erhöht hat: Die Differenz zwischen West- und Ostdeutschland lag 2009 noch bei 10 Prozentpunkten, 2003, 2005 und 2008 betrug der Unterschied jeweils sogar 18 Prozentpunkte.

Tabelle 5.8 gibt die Ergebnisse der Übernahmequote für die Betriebsgrößen wieder. Dabei lässt sich in jedem Jahr beobachten, dass die Übernahmequote positiv mit der Betriebsgröße korreliert. Der Vergleich zwischen West- und Ostdeutschland offenbart jedoch einen erheblichen Unterschied zwischen den zwei Landesteilen. Dabei wird deutlich, dass die positive Korrelation von Übernahmequote und Betriebsgröße auf Westdeutschland zurückzuführen ist, in Ostdeutschland ist dieser Zusammenhang nicht zu finden. Hier sind eher die mittleren Betriebsgrößenklassen durch höhere Übernahmeaktivitäten gekennzeichnet. Die Übernahmequote kann allerdings nicht das gesamte Geschehen an der zweiten Schwelle darstellen, weil Absolventen und Absolventinnen einer Berufsausbildung auch ein Arbeitsplatzangebot in einem anderen Betrieb oder Unternehmen erhalten und annehmen können. Auch der Anteil von Ausbildungsabsolventen, die nach dem erfolgreichen Ausbildungsabschluss ein Studium beginnen, ist nicht zu vernachlässigen (vgl. dazu Kapitel 4.7 dieses Lehrbuchs).

Tabelle 5.8: Übernahmequote nach Betriebsgröße, West- und Ostdeutschland 2009–2016, in % (eigene Berechnungen auf der Basis des IAB-Betriebspanels 2009–2016)

	2009	2010	2011	2012	2013	2014	2015	2016
Westdeutschland								
1 bis 9 Beschäftigte	43	47	59	49	56	57	52	56
10 bis 49 Beschäftigte	57	58	60	65	64	66	66	64
50 bis 499 Beschäftigte	64	67	71	73	70	71	69	70
500 und mehr Beschäftigte	74	77	81	79	79	74	80	78
Gesamt	60	63	68	67	68	68	68	68
Ostdeutschland								
1 bis 9 Beschäftigte	45	50	61	58	48	57	55	77
10 bis 49 Beschäftigte	53	54	60	59	66	60	69	69
50 bis 499 Beschäftigte	47	51	57	57	61	65	67	66
500 und mehr Beschäftigte	58	64	73	77	79	79	81	77
Gesamt	50	53	60	60	63	64	68	70
Bundesgebiet								
1 bis 9 Beschäftigte	44	47	59	50	55	57	53	60
10 bis 49 Beschäftigte	56	57	60	64	65	65	67	65
50 bis 499 Beschäftigte	60	64	68	70	69	70	68	69
500 und mehr Beschäftigte	73	76	80	79	79	75	80	78
Gesamt	58	61	66	66	67	68	68	68

5.5 Kosten und Erträge der betrieblichen Berufsausbildung

Aus ökonomischer Sicht ist für die betriebliche Ausbildungsbereitschaft die Rentabilität der Ausbildung entscheidend. Das BIBB hat von September 2012 bis April 2013 bei einer Gruppe von 3.032 ausbildenden und 913 nicht ausbildenden Betrieben den Nutzen und die Kosten der Ausbildung in insgesamt 52 Ausbildungsbetrieben erhoben (Jansen et al. 2015). Beim **Nutzen der Ausbildung** werden

- die Erträge durch die produktiven Leistungen der Auszubildenden,
- der Nutzen durch die Ausgebildeten (wie z. B. die eingesparten Personalgewinnungskosten, Fehlbesetzungen und Ausfallkosten durch nicht besetzte Fachkräftestellen) und

- die Vorteile, die Betriebe durch ihre Ausbildungsbeteiligung ganz allgemein erzielen (z. B. ein Imagegewinn und die höhere Attraktivität für externe Arbeitskräfte),

unterschieden (Schönfeld et al. 2010, 39).

Ähnlich wie der Nutzen werden auch die **Kosten der Ausbildung** in verschiedene Komponenten zerlegt. Die 18 Kostenarten sind nach vier Hauptkategorien unterteilt (Beicht/Walden 2002, 39 und Schönfeld et al. 2010, 34):
- Personalkosten der Auszubildenden (wie z. B. Ausbildungsvergütungen und gesetzliche Sozialleistungen),
- Personalkosten für die Ausbilder,
- Anlage- und Sachkosten (z. B. für Werkzeug, Übungsmaterial und innerbetrieblichen Unterricht sowie eventuell für eine Lehrwerkstatt) und
- sonstige Kosten (z. B. Prüfungsgebühren, Lehr-/Lernmittel).

In der Abbildung 5.8 sind die Ausbildungserträge und Nettokosten der beruflichen Berufsausbildung für Deutschland sowie nach West- und Ostdeutschland getrennt dargestellt. Im Jahr 2012/13 betrugen die Bruttokosten der betrieblichen Berufsausbildung in Deutschland durchschnittlich 17.933 Euro pro Auszubildenden pro Jahr. Davon entfallen ca. 62 % auf die Personalkosten der Auszubildenden. Berücksichtigt man die Ausbildungserträge von durchschnittlich 12.535 Euro, dann ergeben sich Nettokosten von 5.398 Euro. Ein Drittel der Unternehmen gibt an, dass die Kosten-Nutzen-Bilanz positiv ausfällt: Bei ihnen übersteigen die Ausbildungserträge die Ausbildungskosten.

Die Abbildung 5.8 enthält zudem eine Differenzierung nach sechs Ausbildungsbereichen. Aufgrund der höheren Ausbildungserträge in Westdeutschland sind dort die Nettokosten der betrieblichen Berufsausbildung mit ca. 5.000 Euro um 1.000 Euro niedriger als in Ostdeutschland. Die höchsten Erträge der Berufsausbildung erzielen die Industrie und der Handel, die Landwirtschaft und die freien Berufe. Die Landwirtschaft ist auch der Wirtschaftszweig mit den niedrigsten Nettokosten, gefolgt von den freien Berufen und dem Handwerk.

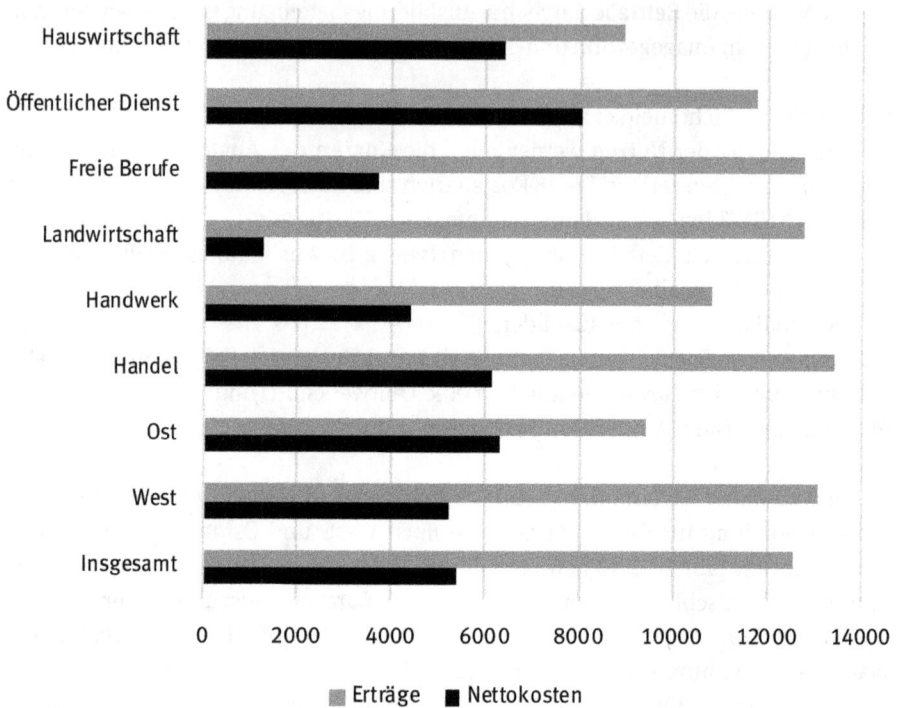

Abbildung 5.8: Erträge und Nettokosten (Vollkosten) der betrieblichen Berufsausbildung insgesamt, in West- und Ostdeutschland sowie nach Ausbildungsbereichen; durchschnittliche Beträge pro Auszubildenden und Jahr in Euro (nach BIBB-Kosten-Nutzen-Erhebung 2012/2013)

Interessant ist auch der Vergleich der Ergebnisse bezüglich der Kosten und Erträge der Jahre 2007 und 2012/13; dies ist möglich, weil die Abfragen in beiden Erhebungen weitgehend unverändert geblieben sind. Um die Vergleichbarkeit zu gewährleisten, wurden die Bruttokosten, Erträge und Nettokosten aus dem Jahr 2007 mit dem Verbraucherpreisindex des Statistischen Bundesamtes preisbereinigt. Die Tabelle 5.9 zeigt, dass die Bruttokosten um 500 Euro gestiegen sind. Da die Erträge um 95 Euro leicht gesunken sind, ist der Anstieg der Bruttokosten auf die Entwicklung der Nettokosten, die sich um 594 Euro erhöht haben, zurückzuführen.

Tabelle 5.9: Deskriptiver Vergleich der Jahre 2007 und 2012/13 – Bruttokosten, Erträge und Netto-kosten pro Auszubildenden und Jahr in 51 ausgewählten Berufen, in Euro in Preisen von 2012 (nach BIBB-Kosten-Nutzen-Erhebungen 2007 und 2012/13)

Jahr	Bruttokosten	Erträge	Nettokosten
2007	17.269	12.622	4.647
	(8.012)	(5.677)	(9.408)
2012	17.769	12.527	5.241
	(7.542)	(4.810)	(8.679)
Differenz	500	−95	594

Eine Neuerung bei der Erhebung der Kosten und Erträge der Berufsausbildung ist eine erweiterte Definition der Personalgewinnungskosten. Im Unterschied zu bisherigen Erhebungen werden dabei nicht nur die Kosten für das Bewerbungsverfahren, die Weiterbildung und anfängliche Produktivitätsunterschiede neuer Fachkräfte berücksichtigt, sondern erstmals auch der Aufwand, der für die anderen Mitarbeitenden im Betrieb bei der Einarbeitung der neuen Kolleginnen und Kollegen entsteht. Eine weitergehende Analyse von Jansen et al. (2015) ergibt, dass die Einarbeitungskosten, vor allem der zeitliche Aufwand der an der Einarbeitung beteiligten Mitarbeitenden, bedeutsam sind, da sie fast die Hälfte der gesamten Personalgewinnungskosten in Höhe von durchschnittlich fast 4.100 Euro ausmachen. Die Höhe der Personalgewinnungskosten gleicht zumindest einen Teil der Ausbildungskosten in Höhe von durchschnittlich knapp 18.000 Euro aus, sofern der Betrieb die selbst ausgebildeten Ausbildungsabsolventen übernimmt.

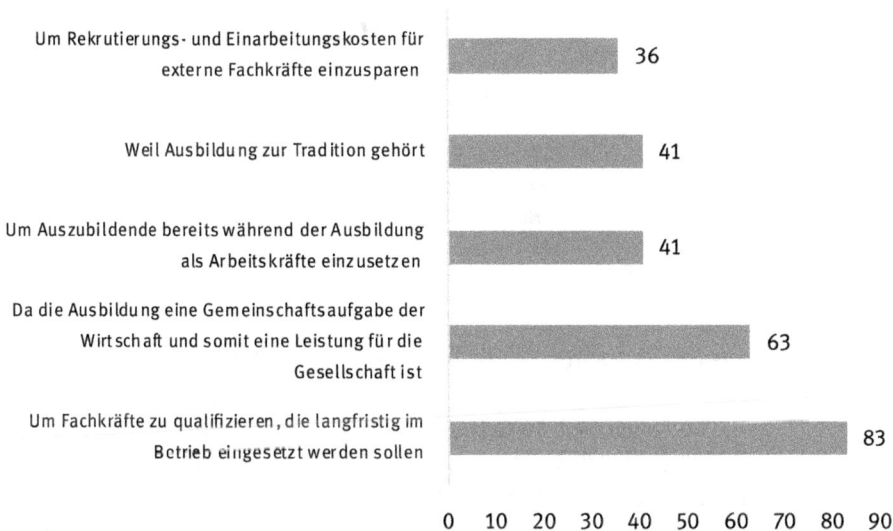

Abbildung 5.9: Der Betrieb bildet aus, ...; sehr wichtige/wichtige Gründe für die eigene Ausbildung, in % der Ausbildungsbetriebe (nach BIBB-Kosten-Nutzen-Erhebung 2012/2013)

Abschließend soll auf die Pros und Cons der in der Erhebung der Kosten und Erträge der Berufsausbildung befragten betrieblichen Experten, die in den Abbildungen 5.9 und 5.10 dargestellt sind, eingegangen werden. Als der mit Abstand wichtigste Grund für die eigene Ausbildung wird von den betrieblichen Experten angeführt, dass Fachkräfte qualifiziert werden, die langfristig im Betrieb eingesetzt werden sollen. Ein weiterer wichtiger Grund besteht für die Betriebe darin, dass die Ausbildung eine Gemeinschaftsaufgabe der Wirtschaft und eine Leistung für die Gesellschaft ist. Bei den nicht ausbildenden Betrieben ist für 39 % der absehbar nicht bestehende Bedarf an Fachkräften ein (sehr) wichtiger Grund, nicht auszubilden. 37 % der Betriebe geben an, dass es keine qualifizierten Bewerber/-innen für Ausbildungsplätze gibt und sie daher nicht ausbilden.

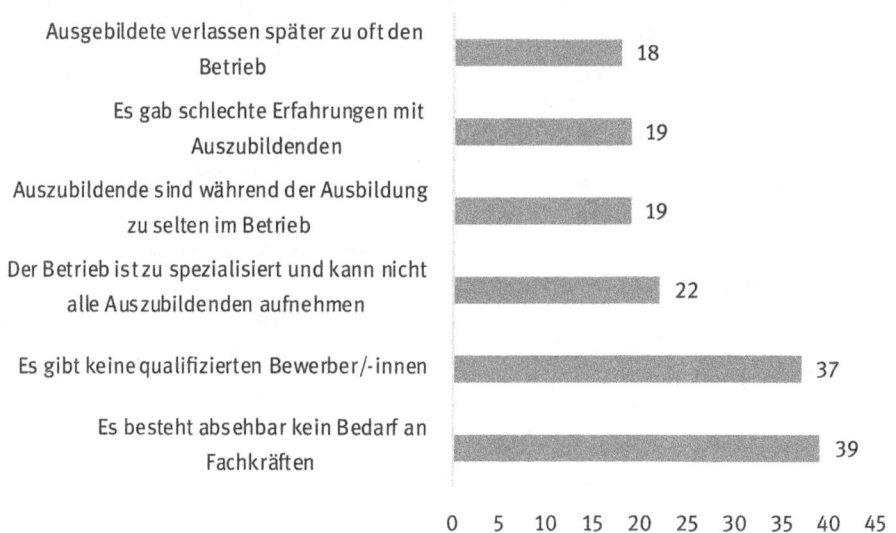

Abbildung 5.10: Der Betrieb bildet nicht selbst aus? Sehr wichtige/wichtige Gründe gegen eine eigene Ausbildung im Betrieb, in % der Nichtausbildungsbetriebe (nach BIBB-Kosten-Nutzen-Erhebung 2012/2013)

5.6 Reformbedarf der betrieblichen Berufsausbildung

In Deutschland, Österreich und der Schweiz ist nach wie vor das System der dualen Berufsausbildung, also die Verbindung von betrieblichen und schulischen Ausbildungsabschnitten, dominierend. Dabei ist die Bereitschaft der Betriebe, Ausbildungsplätze bereitzustellen, in erster Linie von deren Bedarf an Fachkräften bestimmt, doch sind zusätzlich betriebsstrukturelle Merkmale wie die Qualifikationsstruktur, die verwendete Produktionstechnik oder das Vorhandensein einer Ausbildungstradition zu berücksichtigen.

Durch den sektoralen Strukturwandel gerät das System der betrieblichen Berufsausbildung zusätzlich unter Druck. Bellmann und Janik (2007) zeigen mit multivariaten Analysen, dass Unternehmen im Dienstleistungsbereich die Rekrutierung von bereits ausgebildeten Fachkräften der eigenen Ausbildung tendenziell vorziehen, wenn die Personalfluktuation im Betrieb bzw. der Anteil der qualifizierten Beschäftigten vergleichsweise hoch sind. Dienstleistungsbetriebe, deren Belegschaft zu mehr als zwei Drittel aus qualifizierten Mitarbeitern besteht, bevorzugen also die Rekrutierung von Fachkräften gegenüber der eigenen Ausbildung. Hingegen präferieren Betriebe mit einem Anteil von qualifizierten Beschäftigten von weniger als zwei Dritteln die betriebliche Ausbildung.

Nimmt man an, dass mit modernen Produktionstechniken auch der Bedarf an qualifizierten Mitarbeitern zunimmt, erscheint es zudem konsequent, dass diese Betriebe stark in der beruflichen Ausbildung engagiert sind. Geht mit den modernen Produktionstechniken aber ein ständiger Wandel der Produktionstechniken einher und/oder sind die Betriebe in sehr innovativen Bereichen tätig, ist die Verwertung der in der Ausbildung erworbenen Qualifikation fraglich. So kritisiert Heidenreich (1998), dass die industriegesellschaftliche Prägung der Berufsausbildung eine fortschrittliche Anpassung an veränderte Anforderungen verhindert, weil
–   die weitgehend standardisierte Berufsausbildung den unterschiedlichen Lernvoraussetzungen der Jugendlichen und sich ändernden Ausbildungsanforderungen immer weniger gerecht wird,
–   die klassischen funktionalen Qualifikationen den Umgang mit neuen Organisations- und Koordinierungsformen erschweren und
–   das Berufsausbildungssystem seine Monopolstellung bei der Ausbildung für die mittleren betrieblichen Positionen verliert, da immer mehr berufsfachliche mit schulischen Ausbildungsformen konkurrieren.

Ferner sind situative Faktoren zu berücksichtigen. Insbesondere die demografische Entwicklung sowie der Konjunkturverlauf bzw. der einzelbetriebliche Geschäftsverlauf und damit verbundene kurz- und mittelfristig wirkende Anpassungsprozesse erweisen sich hier als zentral (vgl. Dietrich/Gerner 2007). Die öffentlich finanzierte, außerbetrieblich organisierte Berufsausbildung ist bislang nur bedingt in der Lage, dem nicht versorgten Bestand an Ausbildungsplatzbewerbern Angebote zu unterbreiten. Interessant sind Überlegungen, die duale Ausbildung etwa durch eine stärkere Modularisierung oder eine Kombination von Berufsausbildung und Hochschulstudium zu reformieren.

Stehen auf dem externen Arbeitsmarkt nicht genügend Arbeitskräfte zur Verfügung, können sie im Rahmen von Weiterbildungsmaßnahmen selbst „produziert" werden. Dabei kann Weiterbildung zum einen als präventive Strategie zur Versorgung mit dem benötigten Humankapital eingesetzt werden, zum anderen aber auch als

Reaktion auf einen bereits bestehenden Bedarf. An dieser Stelle kann auf Kapitel 6 zur betrieblichen Weiterbildung verwiesen werden.

Besonders soll aber die Verzahnung von betrieblicher Aus- und Weiterbildung betont werden. Moderne Berufsbildungskonzepte sehen eine Beschränkung der Berufsausbildung auf bestimmte Kernbereiche und Wahlmöglichkeiten der Auszubildenden vor, die durch gezielte Weiterbildungsangebote ergänzt werden können. Durch die öffentliche Förderung der beruflichen Weiterbildung sollen die Beschäftigungschancen von Arbeitslosen und durch Arbeitslosigkeit bedrohten Beschäftigten, insbesondere von Gruppen, die ansonsten eine unterproportionale Weiterbildungsbeteiligung zeigen, verbessert werden. Als Fördervarianten sind (a) Maßnahmen zur Qualifikationserweiterung für Arbeitnehmer, die bereits einen Berufsabschluss besitzen, (b) berufliche Weiterbildungen mit einem Abschluss in einem anerkannten Ausbildungsberuf und (c) Maßnahmen in Übungseinrichtungen zu unterscheiden. Während die kürzeren Maßnahmen eher einer Anpassung von bereits bestehenden individuellen Kenntnissen an die aktuellen Anforderungen von Arbeitsplätzen dienen, könnten insbesondere längere Maßnahmen mit einem Abschluss in einem anerkannten Ausbildungsberuf bei gezieltem Einsatz einem Fachkräftemangel entgegenwirken.

5.7 Zusammenfassung

Die betriebliche Berufsausbildung ist sehr eng mit dem deutschen Industrialisierungspfad der diversifizierten Qualitätsproduktion verbunden. Deshalb hat ihre Bedeutung durch den Übergang von der Industrie- zur Dienstleistungsgesellschaft abgenommen. Hinzu kommt die gestiegene Attraktivität der akademischen Bildung aufgrund der größeren Nachfrage nach Akademikern durch den technisch-organisatorischen Wandel und die Globalisierung. Auch durch den Anstieg der kognitiven Voraussetzungen für die betriebliche Berufsausbildung wird es zunehmend schwieriger für die Betriebe, angebotene Ausbildungsplätze auch zu besetzen. Auf der anderen Seite sind viele Jugendliche, die keinen mittleren Schulabschluss oder kein Abitur haben, auf das Übergangssystem angewiesen.

Das duale System der Berufsausbildung, also die Verbindung von betrieblicher und schulischer Berufsausbildung, nimmt gerade deshalb als Bestandteil sowohl des Beschäftigungs- als auch des Bildungssystems eine Sonderrolle ein, die sich vor allem in einem stark schwankenden Angebot an betrieblichen Ausbildungsplätzen niederschlägt. In diesem Zusammenhang können auch weitere Probleme des Systems der betrieblichen Berufsausbildung wie z. B. seine Durchlässigkeit und Transparenz, die Entwicklung von Warteschleifen sowie die mangelnde Anpassungsfähigkeit an die Bedingungen einer hochentwickelten Dienstleistungs- und Wissensgesellschaft genannt werden.

Als wichtigste Determinanten des betrieblichen Ausbildungsengagements sind neben der Zugehörigkeit zu bestimmten Betriebsgrößen und Wirtschaftszweigen der Standort des Ausbildungsbetriebs, seine Personal- und Qualifikationsstruktur sowie der Bedarf an Fachkräften zu nennen. Wichtig ist in diesem Zusammenhang auch die Differenzierung nach Betrieben mit und ohne Ausbildungsberechtigung und solchen, die kontinuierlich, gelegentlich oder niemals ausbildungsaktiv sind.

Die vom Jansen et al. (2015) mit den Daten der BIBB-Kosten-Nutzen-Erhebung 2012/13 vorgenommene Gegenüberstellung von Kosten und Erträgen der betrieblichen Berufsausbildung zeigt, dass neben den Kosten für die Auszubildenden, den Personalkosten der Ausbilder, den Anlage- und Sachkosten und den sonstigen Kosten auch beträchtliche Erträge anfallen. Dabei sind wiederum deutliche Unterschiede für die Wirtschaftsbereiche, Betriebsgrößen sowie West- und Ostdeutschland festzustellen. Oftmals amortisiert sich eine betriebliche Berufsausbildung erst nach ihrem Abschluss. Interessant ist deshalb der seit 2008 kontinuierliche Anstieg der Übernahme von Ausbildungsabsolventen im Ausbildungsbetrieb. Während lange Zeit die Übernahmequoten in Ostdeutschland um ca. 10 Prozentpunkte niedriger waren als in Westdeutschland, wurde ausweislich der Daten des IAB-Betriebspanels im Jahr 2015 ein Gleichstand erreicht.

Reformbedarf kann bei der Verbesserung der Anpassungsfähigkeit des Berufsbildungssystems an veränderte Anforderungen bestehen. Die Verzahnung von betrieblicher Aus- und Weiterbildung, modulare Berufsbildungskonzepte und die Zertifizierung von Teilqualifikationen sind weitere Reformbaustellen.

6 Berufliche Weiterbildung

In diesem Abschnitt sollen Antworten auf folgende Fragen gegeben werden:
- Welche Arten der Weiterbildung lassen sich unterscheiden?
- Durch welche Faktoren kann der Bedeutungszuwachs der Weiterbildung erklärt werden?
- Wie haben sich Angebot und Teilnahme an betrieblicher Weiterbildung entwickelt und was sind die Bestimmungsgründe der Entscheidung von Unternehmen, weiterzubilden?
- Wie stellt sich die Weiterbildungsbeteiligung aus Sicht der Individuen dar und welche Faktoren nehmen Einfluss auf die individuelle Entscheidung, an Weiterbildungsmaßnahmen zu partizipieren?
- Wie gestaltet sich die Finanzierung der Weiterbildung und welche Finanzierungsarrangements lassen sich unterscheiden?

6.1 Einleitung

Vor dem Hintergrund des demografischen Wandels sowie technischer und organisatorischer Neuerungen kommt der Weiterbildung eine zunehmende Bedeutung zu. Aus Sicht der Individuen ist Weiterbildung wichtig, um die Fähigkeiten und Fertigkeiten an veränderte Bedingungen anzupassen und die individuellen Karriere-, Einkommens- und Beschäftigungschancen zu sichern bzw. zu erhöhen. Für Unternehmen ist Weiterbildung ein zentrales Instrument, um ihren Bedarf an Qualifikationen zu decken. Durch Weiterbildung können Qualifikationen, die auf dem externen Arbeitsmarkt nicht verfügbar sind, quasi selbst produziert werden. Das Weiterbildungsengagement der Betriebe kann sich darüber hinaus positiv auf die Motivation und die Produktivität der Beschäftigten auswirken. Auch wenn das Niveau der beruflichen Weiterbildung in Deutschland langfristig gestiegen ist, ist der Zugang zur Weiterbildung nach wie vor ungleich verteilt. Insbesondere Geringqualifizierte, aber z. B. auch ältere Erwerbstätige, nehmen nur unterdurchschnittlich an Maßnahmen der Weiterbildung teil. Zudem wird oftmals von kleinen und mittleren Betrieben berichtet, dass sie weniger häufig in der Weiterbildung aktiv sind als größere.

Das vorliegende Kapitel beschäftigt sich mit der beruflichen Weiterbildung aus Sicht der Unternehmen und der Individuen. Nach der Darstellung wichtiger Grundlagen werden ausgewählte empirische Befunde zum betrieblichen und individuellen Weiterbildungsverhalten präsentiert. Abschließend geht es um Fragen der Finanzierung der beruflichen Weiterbildung.

https://doi.org/10.1515/9783110642315-006

6.2 Grundlagen der Weiterbildung

Welche Arten der Weiterbildung lassen sich unterscheiden und welche Faktoren können den Bedeutungszuwachs der Weiterbildung erklären? Antworten auf diese Fragen werden im Folgenden gegeben.

6.2.1 Arten der Weiterbildung

Auch heute wird zur Klärung des Weiterbildungsbegriffs zumeist noch auf eine Definition des Deutschen Bildungsrates aus dem Jahr 1970 zurückgegriffen, wonach es sich bei Weiterbildung um die Fortsetzung oder Wiederaufnahme von Lernprozessen nach Abschluss der Erstausbildung handelt. Darüber hinaus kann der Begriff der Weiterbildung anhand verschiedener Kriterien abgegrenzt werden (vgl. z. B. Schiersmann 2007):

Anhand des **Lerninhalts** lässt sich zunächst zwischen der allgemeinen und der beruflichen Weiterbildung unterschieden. Die berufliche Weiterbildung hat das Ziel, die beruflichen Kenntnisse zu aktualisieren, zu vertiefen oder zu ergänzen. Die allgemeine Weiterbildung dient im Unterschied dazu der generellen Persönlichkeitsbildung und umfasst solche Lernprozesse, die nicht primär berufsbezogen sind. Eine Zuordnung von Weiterbildungsmaßnahmen zu diesen beiden Formen lässt sich anhand verschiedener Kriterien vornehmen. Zu denken ist in diesem Zusammenhang etwa an die Motivation des Weiterbildungsteilnehmers bzw. den Verwertungszweck einer Bildungsmaßnahme. Oft verwendet werden aber auch die Themen bzw. Inhalte von Bildungsaktivitäten. So wurden z. B. im Berichtssystem Weiterbildung (BSW), das 2007 in den Adult Education Survey (AES) übergegangen ist, u. a. Fragen der Gesundheit und Kindererziehung, Sprachkenntnisse, Wissen auf Gebieten wie Kunst, Literatur, Religion, Geschichte oder Länderkunde sowie Computer- und Internetkenntnisse zur allgemeinen Weiterbildung gezählt. Bereits an dieser Auflistung wird jedoch deutlich, dass sich die allgemeine und die berufliche Weiterbildung in der Praxis nicht immer klar voneinander abgrenzen lassen. So sind etwa Sprachkenntnisse oder der Umgang mit Computer und Internet (auch) in der Arbeitswelt von großer Bedeutung und können somit sowohl berufsbezogen sein als auch der allgemeinen Persönlichkeitsentwicklung dienen. Gegenstand der folgenden Ausführungen ist die berufliche Weiterbildung.

Nach der **Art des Lernens** können die formale, die non-formale und die informelle Weiterbildung unterschieden werden. Nach der „Classification of Learning Activities" (CLA), die z. B. auch Grundlage für den Adult Education Survey (AES) ist, bezeichnet non-formale Weiterbildung organisierte Lernprozesse, die z. B. in Form von Kursen, Lehrgängen oder Seminaren stattfinden. Hier ist ein Anbieter der Veranstaltung identifizierbar, Anfang und Ende der Bildungsmaßnahme sind bestimmt und sie hat ein definiertes Lernziel und ein Curriculum. Im Unterschied dazu ist das informelle

Lernen nicht durch eine solch vorstrukturierte Lehr-/Lernbeziehung gekennzeichnet. Informelles Lernen ist vielmehr als selbstgesteuertes Lernen außerhalb von organisierten Lernstrukturen zu verstehen, dem eine Lernintention zugrunde liegt. Beispielhaft seien hier das Lernen durch Beobachten und Ausprobieren am Arbeitsplatz oder das Lesen von Fachliteratur genannt. Informelle Weiterbildung führt in der Regel nicht zu einer Zertifizierung. Nach der CLA kann des Weiteren die formale Weiterbildung unterschieden werden, die innerhalb des nationalen Bildungssystems stattfindet. Hierzu gehört die abschlussbezogene Weiterbildung, beispielsweise zu einem Meister.

Nach der (hauptsächlichen) **Finanzierung der Weiterbildung** kann zwischen der betrieblichen, der individuellen sowie der durch die Bundesagentur für Arbeit (BA) geförderten Weiterbildung differenziert werden (vgl. hierzu auch die Ausführungen im Abschnitt 6.5 „Finanzierung der Weiterbildung"). Bei der betrieblichen Weiterbildung werden die Lernaktivitäten ganz oder vorwiegend durch den Betrieb bzw. das Unternehmen finanziert. Die Finanzierung durch den Arbeitgeber kann sich dabei auf die direkten Weiterbildungskosten und/oder die indirekten Weiterbildungskosten beziehen. Während die direkten Weiterbildungskosten die Kosten für die Teilnahme an Bildungsveranstaltungen externer Träger und/oder die Bereitstellung eigener Weiterbildungsmaßnahmen umfassen, fallen unter die indirekten Kosten die Kosten für die entgangene Arbeitszeit während der Beteiligung an einer Weiterbildungsmaßnahme. Der Betrieb kann die Weiterbildungskosten vollständig alleine tragen; es kann aber auch zu einer Beteiligung der Arbeitnehmer kommen, indem die Weiterbildungsmaßnahmen ganz oder teilweise während der Freizeit stattfinden (in diesem Fall liegt eine Beteiligung an den indirekten Weiterbildungskosten vor) oder die Arbeitnehmer zumindest einen Teil der Kosten für Lehrgänge tragen (Beteiligung an den direkten Kosten).

Die individuelle Weiterbildung wird dagegen in der Regel durch Eigenmittel der Privatpersonen finanziert, wobei es auch hier zu einer Kostenbeteiligung durch die Betriebe kommen kann. Auch hier fallen neben direkten Kosten, die für Kursgebühren oder den Kauf von Lernmaterial aufgewendet werden, indirekte Kosten in Form des Freizeitverlusts an. Für bestimmte Bereiche gibt es Möglichkeiten der finanziellen Förderung (z. B. im Rahmen des sogenannten Meister-BAföG) oder der bezahlten Freistellung von der Arbeit für Weiterbildung durch Bildungsurlaubsgesetze.

Die Finanzierung von Weiterbildungsmaßnahmen durch die Bundesagentur für Arbeit (BA) wird im Sozialgesetzbuch III (SGB III) geregelt. Gefördert werden insbesondere Weiterbildungsmaßnahmen, um bei Arbeitslosigkeit eine Wiedereingliederung zu erreichen, eine drohende Arbeitslosigkeit abzuwenden oder einen fehlenden Berufsabschluss nachzuholen. Auf der Basis des SGB III können dabei u. a. die Kosten für die Weiterbildungsmaßnahmen, Fahrtkosten, Unterbringungs- und gegebenenfalls Betreuungskosten übernommen werden. Die durch die BA geförderte Weiterbildung wird im Folgenden nur am Rande behandelt.

Eng verwandt mit dem Kriterium der Finanzierung der Weiterbildung ist das der Trägerschaft. Folgende **Träger der Weiterbildung** können unterschieden werden:
- betriebliche Weiterbildungsträger
- öffentlich-rechtliche Träger betrieblicher Weiterbildung: Industrie- und Handelskammern, Handwerks- und Landwirtschaftskammern, Verwaltungs- und Wirtschaftsakademien
- öffentliche Träger: Hochschulen, Fachhochschulen und Fachschulen
- partikular organisierte Träger: gewerkschaftsnah bzw. wirtschaftsnah
- private, kommerzielle und gewerbliche Träger
- Einrichtungen des Fernunterrichts als Orte der besonderen Lernform

Die Frage nach der Trägerschaft wird teilweise verwendet, um Weiterbildungsaktivitäten den drei Segmenten der betrieblichen, individuellen und öffentlichen Weiterbildung zuzuordnen. Dies erscheint jedoch weniger trennscharf als der Aspekt der Finanzierung der Weiterbildung, da z. B. Betriebe ihre Belegschaft bei Bildungsträgern außerbetrieblich weiterbilden lassen können oder im Auftrag der und finanziert durch die Bundesagentur für Arbeit Weiterbildungsmaßnahmen für Arbeitslose bzw. von Arbeitslosigkeit Bedrohte durchführen (vgl. z. B. Behringer 1999).

Nach der **Verwertbarkeit des vermittelten Wissens** schließlich können Weiterbildungsaktivitäten, die der Bildung von allgemeinem Humankapital dienen, von solchen abgegrenzt werden, die spezifisches Humankapital vermitteln. Grundlage hierfür ist der humankapitaltheoretische Ansatz von Becker (1964, vgl. hierzu die Ausführungen in Kapitel 2). Während allgemeines Humankapital die Produktivität der Weiterbildungsteilnehmer sowohl innerhalb als auch außerhalb des bestehenden Beschäftigungsverhältnisses erhöht und damit nicht nur im aktuellen Betrieb, sondern auch bei anderen Arbeitgebern einsetzbar ist, führt die Bildung von spezifischem Humankapital nur im aktuellen Betrieb zu einer Erhöhung der Arbeitsproduktivität und kann bei einem Arbeitsplatzwechsel nicht produktiv verwertet werden. Beispiele für die Bildung von allgemeinem Humankapital sind etwa Sprach- oder Computerkurse; Beispiele für die Bildung von spezifischem Humankapital sind ein Einarbeitungskurs in rein firmenspezifische Produktionsprozesse oder das Erlernen eines betriebsspezifischen EDV-Programms (vgl. Rürup/Kohlmeier 2007).

6.2.2 Zum Bedeutungsgewinn der beruflichen Weiterbildung

Nicht nur in der langfristig gestiegenen Weiterbildungsbeteiligung von Betrieben und Beschäftigten zeigt sich, dass die berufliche Weiterbildung an Bedeutung gewonnen hat. Dieser Bedeutungszuwachs kann mit technischen und organisatorischen Änderungen, der zunehmenden Internationalisierung der Wirtschaft sowie der demografischen Entwicklung begründet werden (vgl. z. B. Berthold/Stettes 2002, Expertenkommission 2002).

Der technische Fortschritt macht eine permanente Anpassung der Qualifikationen erforderlich. Die Einführung neuer Produkte und Produktionsprozesse ver-
kürzt die Halbwertszeit des Wissens. Die Qualifikationen der Beschäftigten müssen
den Neuerungen angepasst werden, der Einzelne muss die Handhabung des Neuen
erlernen und selbst zur Entwicklung von Neuerungen beitragen. Insbesondere durch
die zunehmende Verbreitung von Informations- und Kommunikationstechnologien
sind die Arbeitsprozesse oft abstrakter und komplexer geworden und die Ablauf- und
Entscheidungsprozesse haben sich beschleunigt. Diese Entwicklungen haben Einfluss auf die erforderlichen Fähig- und Fertigkeiten und Kompetenzen. Neben dem
Vermitteln von fachlichen Kenntnissen wie dem Erlernen des Umgangs mit neuen
Maschinen oder Prozessen stehen dabei auch zunehmend Kompetenzen wie Prob-
lemlösefähigkeit, Kreativität sowie die Bereitschaft, die eigene Wissensbasis ständig
zu erweitern, im Mittelpunkt.

Auch wenn die Bedeutung von Weiterbildung im Kontext technischer Neuerungen bereits seit Längerem thematisiert wird, haben diese Überlegungen im Zuge
der Diskussion um die Digitalisierung nochmals an Relevanz gewonnen. So besteht
Einigkeit darin, dass die Einführung moderner Technologien wie cyberphysische
Systeme oder künstliche Intelligenz zu steigenden Anforderungen sowohl an fachliche (digitale) als auch an soziale Kompetenzen führt. Da sich viele Tätigkeiten durch
Digitalisierung verändern oder gar wegfallen werden, wird die Weiterbildung zudem
als ein zentrales Instrument gesehen, um die individuelle Beschäftigungsfähigkeit zu
erhalten und somit die Chancen auf dem Arbeitsmarkt zu erhöhen.

Mit technischen Neuerungen gehen oftmals organisatorische Änderungen einher.
Stark arbeitsteilige und hierarchische Organisationsformen verlieren gegenüber
Dezentralisierung, Selbstorganisation und vernetzter Kooperation an Bedeutung.
Neue Arbeits- und Organisationsformen sind häufig verbunden mit flacheren Hier-
archieebenen und einer Verlagerung von Kompetenzen; es werden selbstorganisierte
Einheiten (z. B. Profit-Center), neue Kooperationsformen wie Gruppenarbeit und neue
Steuerungsformen eingeführt. Dies alles führt zu einer stärkeren Wissensbasierung
der Arbeitstätigkeiten sowie zu einem Bedeutungszuwachs bestimmter Kompetenzen
wie der Fähigkeit zur Selbstorganisation, der Kommunikationsfähigkeit, der Teamfä-
higkeit oder dem Reflexionsvermögen.

In einer internationalisierten Wirtschaft hat gerade ein rohstoffarmes Land wie
Deutschland komparative Vorteile bei der Erstellung wissensbasierter Produkte
und Dienstleistungen, sodass einem hohen Qualifikationsniveau der Beschäftigten
eine herausragende Bedeutung zukommt. Neben dem weltweiten Austausch von
Waren beinhaltet das Phänomen der Globalisierung zunehmend auch weltweit verteilte Wertschöpfungsketten, die mit prozessgebundenen Kooperationen zwischen
Beschäftigten aller Ebenen in verschiedenen Ländern einhergehen. Dies erfordert die
Kompetenz zu internationaler Kooperation, Sprachkenntnisse, Mobilitätsfähigkeit
sowie das Verständnis fremder Kulturen.

Schließlich macht auch die demografische Entwicklung ein lebenslanges Lernen erforderlich. Die steigende Lebenserwartung und sinkende Geburtenzahlen führen nicht nur zu einem Rückgang, sondern auch zu einer Alterung der deutschen Bevölkerung. Diese Entwicklungen haben Konsequenzen für das soziale Sicherungssystem sowie für die Arbeitswelt und den Arbeitsmarkt. Die (längere) Beschäftigung älterer Arbeitnehmer und damit auch der Erhalt und Ausbau ihrer Leistungspotenziale sind ein immer wichtiger werdendes Thema. Dass die Weiterbildung hier neben weiteren Elementen wie der Gesundheitsförderung, der Arbeitsplatz- oder Arbeitszeitgestaltung eine wichtige Rolle spielt, ist unumstritten. Dabei besteht Einigkeit darin, dass Weiterbildung nur langfristig greifen kann: So wird für ein kontinuierliches Lernen über den gesamten Erwerbsprozess hinweg plädiert, da kaum erwartet werden kann, dass eventuell auftretende Qualifizierungsdefizite älterer Arbeitnehmer durch Weiterbildungsaktivitäten, die erst im Alter beginnen, ausgeglichen werden können.

Die dargestellten Entwicklungen können auch Konsequenzen für die Art der Weiterbildung haben. Oftmals wird von einem besonderen Bedeutungszuwachs der informellen Weiterbildung ausgegangen. So kommt es gerade im Kontext sich verändernder Arbeitsstrukturen nicht nur auf fachliche Kenntnisse an, sondern auch auf Sozial- und Methodenkompetenzen wie die Fähigkeit zur Selbstorganisation oder -reflexion, die möglicherweise besser durch informelle Weiterbildung vermittelt werden können. Staudt und Kriegesmann (1999) etwa argumentieren, dass kursförmige Weiterbildung in innovativen Feldern „chronisch verspätet" komme und ein „Lernen auf Vorrat" hier nicht mehr greife.

Darüber hinaus wird oft argumentiert, dass die Zugangsbarrieren bei der informellen Weiterbildung weniger stark ausgeprägt sind als bei der kursförmigen Weiterbildung (z. B. Brussig/Leber 2004). Dies kann damit begründet werden, dass die Entscheidung für oder gegen die Beteiligung an einer Weiterbildungsaktivität bei der informellen Weiterbildung weniger offensichtlich ist. Dies kann zur Folge haben, dass bislang bei der Weiterbildung unterrepräsentierte Gruppen wie Geringqualifizierte, aber auch Ältere, in verstärktem Maße an informellen Lernprozessen teilhaben und die bestehenden Unterschiede in der Weiterbildungsbeteiligung somit verringert werden.

Ähnliche Hoffnungen werden auch an das E-Learning geknüpft, dem zudem eine Reihe weiterer Vorteile zugesprochen werden: So sei es beispielsweise kostengünstiger und flexibler, da das Lernen an jedem Ort und zu jeder Zeit erfolgen könne (z. B. Arnold et al. 2015). Als möglicher Nachteil des E-Learning wird dagegen gesehen, dass diese Form des Lernens oftmals ein gewisses Maß an Selbstdisziplin und -organisation voraussetzt, was manchen Personengruppen schwerer fallen dürfte als anderen. Vielleicht aus diesem Grund deuten erste empirische Ergebnisse darauf hin, dass sich die bekannten Muster der Weiterbildungsbeteiligung auch beim E-Learning fortsetzen (Janssen et al. 2018).

6.3 Weiterbildungsbeteiligung der Betriebe

Das betriebliche Weiterbildungsverhalten steht im Fokus des folgenden Abschnitts. Dabei geht es zunächst um die Entwicklung und Strukturen der betrieblichen Weiterbildung und um die Determinanten betrieblicher Weiterbildungsaktivitäten. Anschließend richtet sich das Augenmerk auf Motive und Barrieren der betrieblichen Weiterbildungsbeteiligung.

6.3.1 Angebot und Teilnahme an betrieblicher Weiterbildung

Informationen zu Umfang und Strukturen der betrieblichen Weiterbildungsaktivitäten lassen sich aus verschiedenen Unternehmens- bzw. Betriebsbefragungen zur Weiterbildung gewinnen. Dabei handelt es sich insbesondere um das IAB-Betriebspanel, das BIBB-Qualifizierungspanel, die europäische Weiterbildungserhebung CVTS (Continuing Vocational Training Survey) sowie die Weiterbildungserhebung des Instituts der deutschen Wirtschaft (IW) (vgl. hierzu auch den methodischen Anhang). Diese Erhebungen unterscheiden sich voneinander im Hinblick auf Befragungszeitraum, Befragungseinheiten, Befragungsmethodik und den verwendeten Weiterbildungsbegriff. Dies hat zur Folge, dass auch ihre Ergebnisse – vor allem, was das Niveau der Weiterbildung betrifft – voneinander abweichen. Nichtsdestotrotz lassen sich bei den Erhebungen übereinstimmende Befunde ausmachen, was die Strukturen der betrieblichen Weiterbildungsaktivitäten anbelangt. Im Folgenden werden einige ausgewählte Ergebnisse zum betrieblichen Weiterbildungsverhalten dargestellt, wobei vor allem auf Ergebnisse des IAB-Betriebspanels zurückgegriffen wird.

Nach dieser Datenbasis hat im Jahr 2017 über die Hälfte (53 %) der Betriebe Weiterbildungsmaßnahmen gefördert, indem sie die Kosten hierfür zumindest teilweise übernommen und/oder Beschäftigte zur Teilnahme an Weiterbildungsmaßnahmen freigestellt haben. In der zeitlichen Entwicklung ist festzustellen, dass der Anteil der weiterbildenden Betriebe seit 2000 deutlich angestiegen ist, in den letzten Jahren aber wieder weitgehend stagniert. Während der Wirtschafts- und Finanzkrise in den Jahren 2009/2010 ist das Angebot an Weiterbildung im Vergleich zu den Vorjahren zurückgegangen (siehe Abbildung 6.1).

Mit der Betriebsgröße steigt das Weiterbildungsangebot merklich an. Förderten im Jahr 2017 nahezu alle Großbetriebe Weiterbildungsmaßnahmen, waren es von den Kleinstbetrieben mit bis zu neun Beschäftigten weniger als die Hälfte (siehe Tabelle 6.1) Dies bedeutet jedoch nicht, dass kleine Betriebe generell „weiterbildungsabstinent" sind. Vielmehr kann auf der Basis von Längsschnittanalysen gezeigt werden, dass bei einer Ausdehnung des Untersuchungszeitraums viele kleinere Betriebe zwar nicht regelmäßig, aber doch zumindest sporadisch, d. h. in einzelnen Jahren, Weiterbildungsmaßnahmen anbieten (Janssen/Leber 2015). Während in den meisten Großbetrieben Weiterbildung ein integraler Bestandteil der Personalentwicklung und -arbeit ist, scheint das Weiterbildungsengagement von Kleinbetrieben stärker von konkreten Anlässen und dem kurzfristigen Bedarf getrieben zu sein (vgl. hierzu auch die Ausführungen im nächsten Abschnitt).

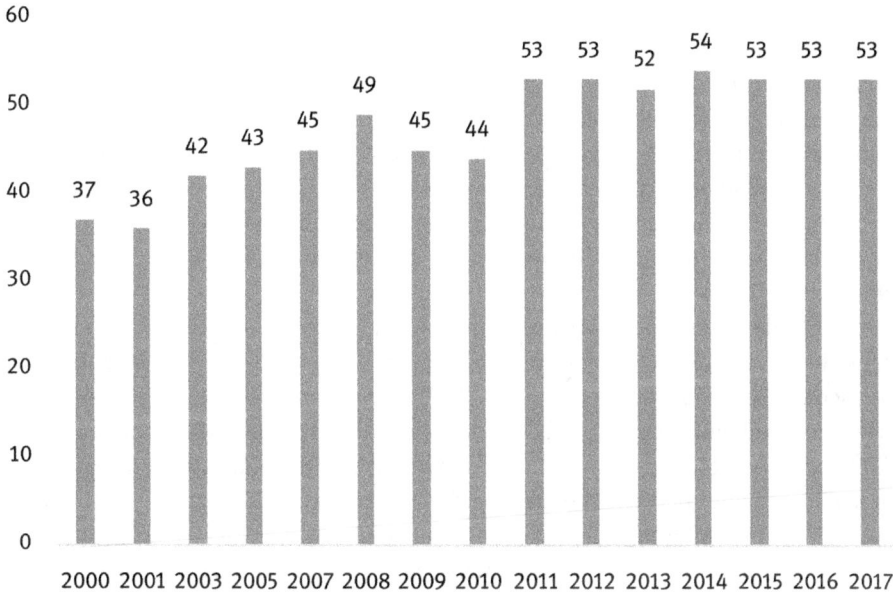

Abbildung 6.1: Angebot an betrieblicher Weiterbildung 2000–2017, Anteil der weiterbildenden Betriebe in % (eigene Berechnungen auf Basis des IAB-Betriebspanels)

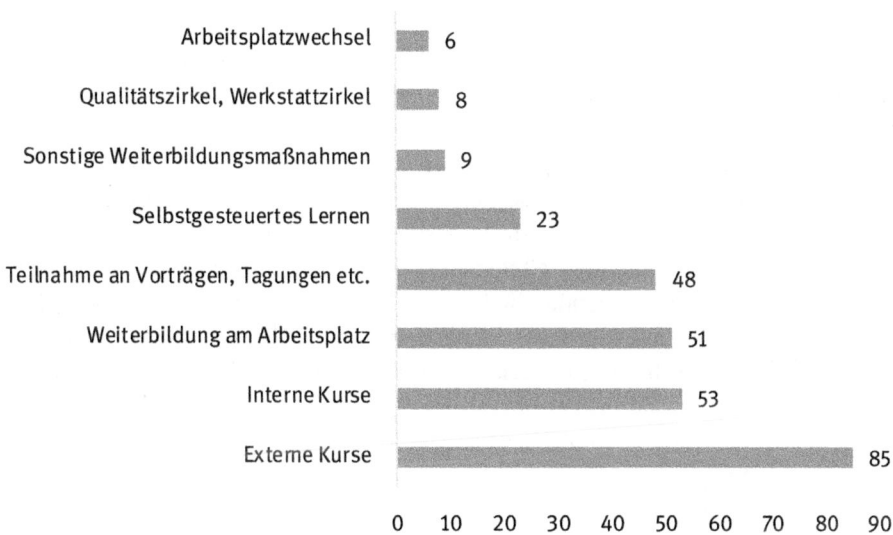

Abbildung 6.2: Verbreitung verschiedener Weiterbildungsformen in den Betrieben mit Weiterbildung 2017 in % (eigene Berechnungen auf der Basis des IAB-Betriebspanels 2015)

Im Hinblick auf die Verbreitung einzelner Weiterbildungsformen zeigen die Ergebnisse des IAB-Betriebspanels, dass externe und interne Weiterbildungskurse am häufigsten eingesetzt werden, gefolgt von der Teilnahme an Vorträgen und der Weiterbildung am Arbeitsplatz (siehe Abbildung 6.2). Die relativ große Bedeutung der kursförmigen Weiterbildung im IAB-Betriebspanel ist zum Teil jedoch auch auf die in dieser Erhebung verwendete Frageformulierung zurückzuführen, die den Fokus auf organisierten Lernformen hat. Andere Erhebungen wie der CVTS oder die Weiterbildungserhebung des IW, die einen weiteren Weiterbildungsbegriff verwenden, ermitteln eine im Vergleich dazu größere Bedeutung nicht kursförmiger, arbeitsintegrierter Lernformen. Zudem ist zu beachten, dass neuere Lernformen wie das E-Learning in den meisten Erhebungen noch untererfasst sind. Zwar sind sie im IAB-Betriebspanel beispielsweise unter dem selbstgesteuerten Lernen subsumiert, doch fehlt bislang eine weitere Differenzierung.

Neben dem Angebot an Weiterbildung ist der Umfang der Beteiligung der Mitarbeiter hieran ein weiterer Indikator für das betriebliche Weiterbildungsengagement. Betrachtet man die Partizipation an Weiterbildungsmaßnahmen, so lassen sich zwei verschiedene Arten von Teilnahmequoten berechnen. Interessiert man sich für die Reichweite der Weiterbildung, so können die Weiterbildungsteilnehmer auf die Beschäftigten aller Betriebe bezogen werden, und zwar unabhängig davon, ob diese überhaupt Weiterbildung anbieten oder nicht. Fragt man dagegen nach der Intensität der Weiterbildung, so erscheint es sinnvoll, nur die Beschäftigten der weiterbildenden Betriebe als Bezugsgröße zu verwenden.

Bezieht man die Weiterbildungsteilnehmer auf alle Beschäftigten (betrachtet man also die Reichweite der Weiterbildung), dann lag die so berechnete Teilnahmequote im 1. Halbjahr 2017 nach den Ergebnissen des IAB-Betriebspanels bei 33 %. Gut jeder dritte Beschäftigte hat demnach im Untersuchungszeitraum an Weiterbildungsaktivitäten teilgenommen. Stellen hingegen die Beschäftigten der Weiterbildungsbetriebe die Bezugsgröße dar, so liegt die Teilnahmequote bei 40 %. Für die Weiterbildungsbeteiligung innerhalb einzelner Betriebsgrößenklassen ist festzustellen, dass die Reichweite der Weiterbildung sich zwischen den einzelnen Klassen nicht stark unterscheidet. Anders hingegen sieht es aus, wenn die Intensität der Weiterbildung betrachtet wird: So ist der Anteil der Weiterbildungsteilnehmer in den weiterbildungsaktiven Kleinbetrieben größer als der entsprechende Anteil in den weiterbildenden Großbetrieben (siehe Tabelle 6.1). Aus diesem Befund lässt sich folgern, dass kleinere Betriebe – sofern sie weiterbilden – vergleichsweise engagiert in der Qualifizierung ihrer Mitarbeiter sind.

Tabelle 6.1: Weiterbildungsangebot und -teilnahme im 1. Halbjahr 2017 nach Größenklassen in %
(eigene Berechnungen auf der Basis des IAB-Betriebspanels 2017)

	Angebot an Weiterbildung	Teilnahmequote (alle Betriebe)	Teilnahmequote (Weiterbildungsbetriebe)
1 bis 9 Beschäftigte	43	29	60
10 bis 49 Beschäftigte	69	35	48
50 bis 499 Beschäftigte	90	35	38
500 u. m. Beschäftigte	97	29	32
Gesamt	53	33	41

Interessant ist nicht nur die Frage nach der Weiterbildungsbeteiligung der Arbeitnehmer insgesamt, sondern auch die nach der Beteiligung einzelner Beschäftigtengruppen. Das IAB-Betriebspanel stellt Informationen zur qualifikations- und geschlechtsspezifischen Weiterbildungsbeteiligung zur Verfügung. Im Hinblick auf die Weiterbildungsbeteiligung von Angehörigen verschiedener Qualifikationsgruppen zeigt sich, dass höher qualifizierte Mitarbeiter eine sehr viel höhere Teilnahmequote aufweisen als geringer qualifizierte Mitarbeiter. Dieses Ergebnis wird auch durch die Befunde anderer Erhebungen bestätigt und oftmals als Matthäus-Prinzip der Weiterbildung („Denn wer da hat, dem wird gegeben") bezeichnet. Zudem zeigt sich, dass Frauen häufiger an betrieblicher Weiterbildung partizipieren als Männer. Im Hinblick auf die geschlechtsspezifische Weiterbildungsbeteiligung ist jedoch festzustellen, dass die Ergebnisse zwischen den einzelnen Erhebungen nicht einheitlich sind.

6.3.2 Determinanten der betrieblichen Weiterbildungsentscheidung

In den vorangegangenen Ausführungen wurde u. a. deutlich, dass sich das Weiterbildungsverhalten von Betrieben verschiedener Größenklassen unterscheidet und dass Unterschiede in der Teilnahmequote in Abhängigkeit von der Personalstruktur (Qualifikation und Geschlecht) bestehen.

Um einen näheren Einblick in die Faktoren zu gewinnen, die in einem Zusammenhang mit den betrieblichen Weiterbildungsaktivitäten stehen, lassen sich multivariate Analysen durchführen. Im Folgenden werden einige ausgewählte Ergebnisse einer empirischen Studie von Czepek et al. (2015) vorgestellt, die sich mit den Befunden weiterer Untersuchungen (z. B. Bellmann/Düll/Leber 2001 oder Gerlach/Jirjahn 2001) decken. Darin wird anhand gepoolter Daten des IAB-Betriebspanels 2006–2013 zunächst ein Logitmodell zur Analyse des Weiterbildungsangebots (ja – nein) durchgeführt; anschließend wird im Rahmen eines Regressionsmodells die Teilnahmequote, also der Anteil der Weiterbildungsteilnehmer an der Gesamtzahl der Beschäftigten, analysiert (Tabelle 6.2).

Der Effekt der **Betriebsgröße** auf die Weiterbildung wird in der Studie von Czepek et al. (2015) durch die Aufnahme von Betriebsgrößendummys berücksichtigt. Dabei zeigt sich, dass das Angebot an Weiterbildung mit der Betriebsgröße ansteigt, wohingegen die Weiterbildungsbeteiligung der Beschäftigten (in den weiterbildenden Betrieben) mit zunehmender Beschäftigtenzahl sinkt. Die oben dargestellten deskriptiven Befunde bestätigen sich also auch in den multivariaten Analysen. Dass kleinere Betriebe nur unterdurchschnittlich häufig Weiterbildung anbieten, wird in der Literatur wie folgt begründet (vgl. z. B. Bellmann/Leber 2006):

- Das Angebot an internen Weiterbildungsveranstaltungen ist erst ab einer bestimmten Beschäftigtenzahl organisatorisch durchführbar bzw. wirtschaftlich vertretbar. Insofern macht es für kleinere Betriebe oftmals keinen Sinn, eigene Qualifizierungsaktivitäten durchzuführen.
- Eine Alternative sind externe Weiterbildungsveranstaltungen. Wie Untersuchungen zeigen, sind die Unternehmen über externe Angebote aber oftmals nicht oder nur unzureichend informiert. Dies gilt gerade für kleine Unternehmen, die häufig nicht über eine eigene Personalabteilung bzw. -arbeit verfügen und somit schlechtere Möglichkeiten der Informationsbeschaffung haben.
- Die fehlende Personalentwicklung in kleineren Betrieben kann auch dazu führen, dass der Qualifikationsbedarf nicht bekannt ist und Weiterbildung in der Folge nicht als nötig erachtet wird.
- In kleineren Unternehmen stellt sich die Freistellung von Mitarbeitern zum Zwecke der Teilnahme an Weiterbildungsveranstaltungen schwieriger dar als in größeren Betrieben.
- Größeren Betrieben fällt es oftmals leichter, weitergebildete Mitarbeiter an sich zu binden. Dies erhöht den Anreiz, Weiterbildungsmaßnahmen zu finanzieren, da die Realisierung der Bildungserträge mit einer größeren Sicherheit verbunden ist. So werden etwa Rückzahlungsklauseln sehr viel häufiger von Groß- als von Kleinbetrieben eingesetzt. Für das Angebot an Sozialleistungen wie die betriebliche Altersvorsorge ist ebenfalls ein Größeneffekt festzustellen.

Auch **Merkmale der Personalstruktur** erweisen sich als relevant für die Erklärung des betrieblichen Weiterbildungsverhaltens. Zum einen steigen Angebot und Beteiligung an Weiterbildung mit dem Anteil qualifizierter Mitarbeiter. Höher qualifizierte Beschäftigte üben in der Regel komplexere Tätigkeiten aus, die einen größeren Weiterbildungsbedarf induzieren. Denkbar ist aber auch, dass Betriebe bei qualifizierten Mitarbeitern von höheren Weiterbildungserträgen ausgehen, da sich diese bereits in der Vergangenheit als lernfähig und -bereit erwiesen haben.

Je höher der Anteil befristet Beschäftigter und Teilzeitbeschäftigter, umso geringer ist die Teilnahmequote der Mitarbeiter, wohingegen sich auf das Weiterbildungsangebot der Betriebe nur beim Teilzeitanteil ein signifikant negativer Effekt ergibt. Bei beiden Beschäftigtengruppen ist die vergleichsweise kurze Auszahlungsperiode der Weiterbildungserträge zu beachten, aber auch der Umstand, dass sie möglicherweise nicht zur Stammbelegschaft eines Betriebs gehören. Grundsätzlich werden Unternehmen eher dazu tendieren, jenen Mitarbeitern Weiterbildungen anzubieten, die zum Kern der Belegschaft zählen und voraussichtlich lange im Betrieb verbleiben.

Betriebe, die **Investitionen in die Produktionsanlagen oder in Informations- und Kommunikationstechnologie (IKT)** getätigt haben, bieten mit einer größeren Wahrscheinlichkeit Weiterbildung an und beziehen auch mehr Mitarbeiter in die entsprechenden Aktivitäten ein. Investitionen bedeuten oftmals technische Neuerungen, die häufig einen Qualifikationsbedarf und entsprechende Weiterbildungsaktivitäten nach sich ziehen. Zudem führen neue Arbeits- und Organisationsformen oft zu einer stärkeren Wissensbasierung der Tätigkeiten und erfordern zusätzliche Kompetenzen, die durch Weiterbildungsmaßnahmen vermittelt werden können.

Das betriebliche Weiterbildungsangebot sowie dessen Nutzungsintensität werden weiter auch dadurch beeinflusst, ob und inwieweit die Rekrutierung auf dem externen Arbeitsmarkt ein funktionales Äquivalent zur Deckung des Qualifikationsbedarfs darstellt. Dabei zeigen die vorliegenden Befunde, dass Betriebe vor allem dann durch die Förderung von Weiterbildungsmaßnahmen in die Fähig- und Fertigkeiten ihrer Mitarbeiter investieren, wenn **Qualifikationsengpässe** vorliegen bzw. Schwierigkeiten bestehen, geeignete Fachkräfte auf dem externen Arbeitsmarkt zu finden. Weiterbildung kann dabei zum einen proaktiv – zur Vorbeugung eines Qualifikationsbedarfs –, zum anderen aber auch reaktiv auf bereits bestehende Engpässe eingesetzt werden.

Als bedeutsam erweist sich schließlich der **Kontext der Arbeitsbeziehungen**: In manchen Tarifverträgen (z. B. in der Metall- und Elektroindustrie) werden Weiterbildungsansprüche der Beschäftigten formuliert, die sich etwa auf die Durchführung von Qualifikationsbedarfsanalysen oder die Einrichtung von Bildungsinstitutionen beziehen. Darüber hinaus räumt das Betriebsverfassungsgesetz (insbesondere seit der Novellierung im Jahr 2001) dem Betriebsrat Mitbestimmungs- und Mitwirkungsrechte im Bereich der Weiterbildung ein. Die Existenz eines Betriebsrats bzw. eines Tarifvertrags können somit das Engagement im Bereich der Weiterbildung erhöhen, was sich in den hier dargestellten Analysen auch empirisch bestätigt.

Tabelle 6.2: Gepoolte Regressionsmodelle: Weiterbildungsbeteiligung und Weiterbildungsintensität 2006–2013 (nach Czepek et al. [2015]; Berechnungen auf der Basis der Daten des IAB-Betriebspanels 2006–2013)

	Weiterbildungs-beteiligung (Logit)	Weiterbildungs-intensität (OLS)
Fachkräfteproblem	0,310***	0,035***
	(0,037)	(0,005)
West-/Ostdeutschland	−0,105**	−0,038***
	(0,041)	(0,006)
10 bis 19 Beschäftigte	0,441***	−0,020***
	(0,049)	(0,007)
20 bis 49 Beschäftigte	0,829***	−0,046***
	(0,052)	(0,007)
50 bis 249 Beschäftigte	1,275***	−0,094***
	(0,068)	(0,009)
250 bis 499 Beschäftigte	2,057***	−0,139***
	(0,154)	(0,013)
500 und mehr Beschäftigte	2,686***	−0,149***
	(0,213)	(0,014)
Anteil qual. Beschäftigter	1,337***	0,156***
	(0,072)	(0,009)
Anteil befristet Beschäftigter	−0,159	−0,045**
	(0,155)	(0,021)
Anteil Teilzeitbeschäftigter	−0,347***	−0,025**
	(0,080)	(0,012)
Arbeitskräftefluktuation	−0,411***	−0,046***
	(0,078)	(0,010)
Stand der technischen Ausstattung	−0,329***	−0,047***
	(0,022)	(0,003)
Verbund	0,408***	0,081***
	(0,052)	(0,007)
Ertragslage im Vorjahr	−0,084***	−0,013***
	(0,015)	(0,002)
Investitionen in IKT	0,693***	0,064***
	(0,033)	(0,005)
Investitionen in Produktionsanlagen	0,376***	0,023***
	(0,032)	(0,004)
Betriebs-/Personalrat	0,572***	0,054***
	(0,066)	(0,008)
Tarifbindung	0,195***	0,019***
	(0,040)	(0,005)
Branchendummys	Ja	Ja
Jahresdummys	Ja	Ja
Konstante	−0,396***	0,279***
	(0,134)	(0,016)
Beobachtungen	46.899	46.284
(Pseudo-)R²	0,249	0,132

Anmerkung: ***/**/* signifikant auf 1-%-/5-%-/10-%-Niveau; Standardfehler in Klammern.

6.3.3 Motive und Barrieren der betrieblichen Weiterbildungsbeteiligung

Warum bilden Betriebe ihre Mitarbeiter weiter und warum beteiligen sich manche Betriebe nicht an der Weiterbildung? In der Literatur wird auf eine Vielzahl von positiven Effekten hingewiesen, die sich für Unternehmen durch Weiterbildung bzw. qualifizierte Mitarbeiter ergeben können. Neben monetären Aspekten wie der Steigerung der Produktivität oder des Umsatzes werden dabei auch nicht monetäre Aspekte wie eine erhöhte Mitarbeitermotivation oder eine geringere Fluktuation thematisiert (für einen Überblick vgl. z. B. Hummelsheim 2010). Zudem wird der Weiterbildung gerade vor dem Hintergrund eines bestehenden bzw. zu erwartenden Fachkräftemangels eine wichtige Bedeutung beigemessen, da sie dazu beitragen kann, bestehenden Engpässen entgegenzuwirken, indem durch sie die benötigten Qualifikationen quasi selbst „produziert" werden. Schließlich ist die Weiterbildung ein zentrales Instrument, um mit den Herausforderungen des technologischen Wandels umzugehen. Da das Wissen in sich rasant verändernden Arbeitswelten immer schneller veraltet, reicht es heute nicht mehr aus, allein auf die in der Erstausbildung erworbenen Fähig- und Fertigkeiten zu setzen. Vielmehr sind eine permanente Anpassung bzw. Erweiterung von Qualifikationen über das ganze Erwerbsleben hinweg erforderlich, um den Neuerungen zu begegnen bzw. diese vorantreiben zu können.

In der Weiterbildungserhebung des IW wird regelmäßig nach den Motiven zur Durchführung von betrieblicher Weiterbildung gefragt. Dabei zeigt sich für das Jahr 2016, dass 86 % der Unternehmen durch Weiterbildung die Motivation und Arbeitszufriedenheit der Mitarbeiter erhöhen und ebenso viele die Qualifikation der Mitarbeiter an neue Technologien oder die veränderte Arbeitsorganisation anpassen möchten. Weiterbildung wird zudem genutzt, um die Produktivität und die Innovationsfähigkeit zu erhöhen, den Fachkräftebedarf zu sichern und überfachliche Kompetenzen zu fördern (Seyda/Placke 2017).

Tabelle 6.3: Motive für betriebliche Weiterbildung; Anteil der weiterbildenden Betriebe, aus deren Sicht das Motiv zutrifft, in % (Mehrfachantworten möglich) (nach Seyda/Placke 2017) auf der Basis der IW-Weiterbildungserhebung 2016

Anteil der weiterbildenden Betriebe, die dem Motiv ganz oder eher zustimmen, in %	
Motivation und Arbeitszufriedenheit erhöhen	86
Qualifikation der Mitarbeiter an neue Technologien/veränderte Arbeitsorganisation anpassen	85
Produktivität erhöhen	84
Weiterbildung dient der Fachkräftesicherung	82
Überfachliche Kompetenzen fördern	82
Sozialer Verantwortung gerecht werden	82
Innovationsfähigkeit der Mitarbeiter fördern	80
Weiterbildung günstiger als externe Rekrutierung	76
Attraktivität des Unternehmens erhöhen	72

Mittlerweile führt der Großteil der Betriebe in Deutschland Weiterbildungsmaßnahmen durch, doch trifft dies nicht auf alle zu. Oben wurde gezeigt, dass vor allem kleinere Betriebe nicht (regelmäßig) Weiterbildung anbieten. Aufschluss über mögliche Barrieren der Weiterbildungsbeteiligung gibt ebenfalls die Weiterbildungserhebung des IW (siehe Abbildung 6.3). Danach bilden die meisten nicht weiterbildenden Betriebe deswegen nicht weiter, weil sie keinen Qualifizierungsbedarf haben oder weil die Mitarbeiter nur ein geringes Interesse an (mehr) Weiterbildung äußern. Darüber hinaus verzichten viele Betriebe aber auch deshalb auf Weiterbildung, weil sie ihre Mitarbeiter aus zeitlichen Gründen nicht freistellen können. Zu hohe Kosten bzw. fehlende Budgets spielen dagegen eine weniger bedeutsame Rolle. Der Faktor Zeit scheint folglich eine größere Restriktion für die Qualifizierung darzustellen als der Faktor Geld (Seyda/Placke 2017).

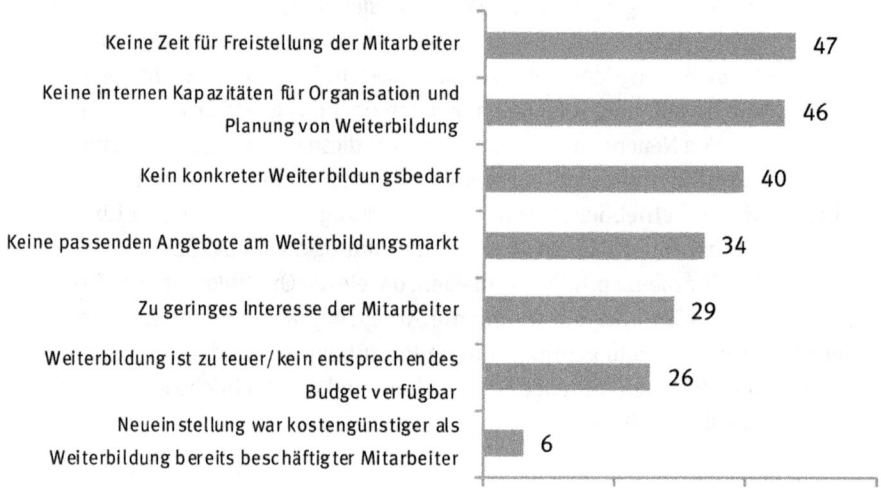

Abbildung 6.3: Gründe für die Weiterbildungsabstinenz von Unternehmen, Mehrfachantworten möglich (nach Seyda/Placke 2017); Berechnungen auf Basis der IW-Weiterbildungserhebung 2016

6.4 Individuelle Weiterbildungsbeteiligung

Weiterbildungsforschung wird nicht nur aus der Perspektive der Betriebe, sondern auch aus derjenigen der Individuen als potenzielle Weiterbildungsteilnehmer betrieben. Grundlage der entsprechenden empirischen Analysen sind verschiedene Personenbefragungen mit Weiterbildungsinformationen. Hierzu gehören insbesondere der Adult Education Survey (AES), das Nationale Bildungspanel (NEPS), der Mikrozensus oder das Sozio-ökonomische Panel (SOEP). Ebenso wie für die betriebliche Weiterbildung gilt auch für die individuelle Weiterbildung, dass die Ergebnisse zwischen den einzelnen Erhebungen voneinander abweichen. Aufgrund von unterschiedlichen Fragestellungen oder Untersuchungszeiträumen unterscheidet sich insbesondere das auf der Basis der einzelnen Befragungen ausgewiesene Niveau der Weiterbildung. Weitgehende Übereinstimmung gibt es aber auch hier, was die Strukturen der Weiterbildungsbeteiligung betrifft.

Im Folgenden werden einige ausgewählte Ergebnisse der individuellen Weiterbildungsforschung präsentiert. Analog zum Vorgehen im vorangegangenen Abschnitt werden zunächst einige deskriptive Befunde zu den Strukturen der Weiterbildungsbeteiligung vorgestellt, danach die Determinanten der Weiterbildungsentscheidung der Individuen. Anschließend geht es auch hier um Motive und Barrieren der Weiterbildungsbeteiligung. Die folgenden Ausführungen beruhen im Wesentlichen auf den Daten des AES.

6.4.1 Individuelle Beteiligung an Weiterbildung

Den Daten des AES zufolge, der 2007 aus dem Berichtssystem Weiterbildung (BSW) hervorging, ist die individuelle Beteiligung an Weiterbildung langfristig gestiegen (siehe Abbildung 6.4). Dabei lassen sich drei Phasen des Trendverlaufs unterscheiden: Während für den Zeitraum von 1991 bis 1997 ein deutlicher Anstieg der Weiterbildungsbeteiligung festzustellen ist, sank die Weiterbildungsquote ab dem Jahr 1997 und bewegte sich bis zum Jahr 2010 auf einem konstanten Niveau. In der jüngeren Vergangenheit ist die Teilnahmequote an Weiterbildung wieder angestiegen und lag im Jahr 2016 bei 50 % (Bilger/Strauß 2017).

Nach der zeitlichen Lage der Weiterbildung in der Arbeitszeit oder Freizeit, der Finanzierung der Weiterbildung durch das Individuum oder den Betrieb sowie dem Teilnahmegrund (beruflich vs. privat) wird die Weiterbildung im AES des Weiteren in die betriebliche, die individuelle berufsbezogene sowie die nicht berufsbezogene Weiterbildung untergliedert. 71 % der Weiterbildungsaktivitäten entfielen dabei im Jahr 2016 auf die betriebliche Weiterbildung, 20 % auf die nicht berufsbezogene und 10 % auf die individuelle berufsbezogene Weiterbildung. Die betriebliche Weiterbildung macht demnach den Großteil der Weiterbildungsaktivitäten aus (Bilger/Strauß 2017).

Auch wenn die Weiterbildungsbeteiligung der Bevölkerung insgesamt angestiegen ist, bestehen nach wie vor deutliche Unterschiede in der Teilhabe verschiedener Personengruppen. Wie sich die Teilnahmequote der Weiterbildung in Abhängigkeit verschiedener soziodemografischer Merkmale darstellt, ist in Tabelle 6.4 dargestellt. Auch hier wird zwischen den verschiedenen Segmenten der Weiterbildung (betrieblich, individuell berufsbezogen, nicht berufsbezogen) differenziert. Unter anderem zeigt sich, dass die Teilnahme an allen Formen der Weiterbildung mit dem schulischen und beruflichen Qualifikationsniveau ansteigt. Eine Ausnahme stellt die nicht berufsbezogene Weiterbildung dar, an der auch Personen ohne beruflichen Abschluss vergleichsweise häufig partizipieren. Erkennbar sind zudem Unterschiede zwischen Deutschen und Ausländern, zwischen Angehörigen verschiedener Altersgruppen sowie in Abhängigkeit von der

beruflichen Stellung. Auf mögliche Ursachen für die unterschiedliche Weiterbildungsbeteiligung der einzelnen Personengruppen wird im folgenden Abschnitt eingegangen.

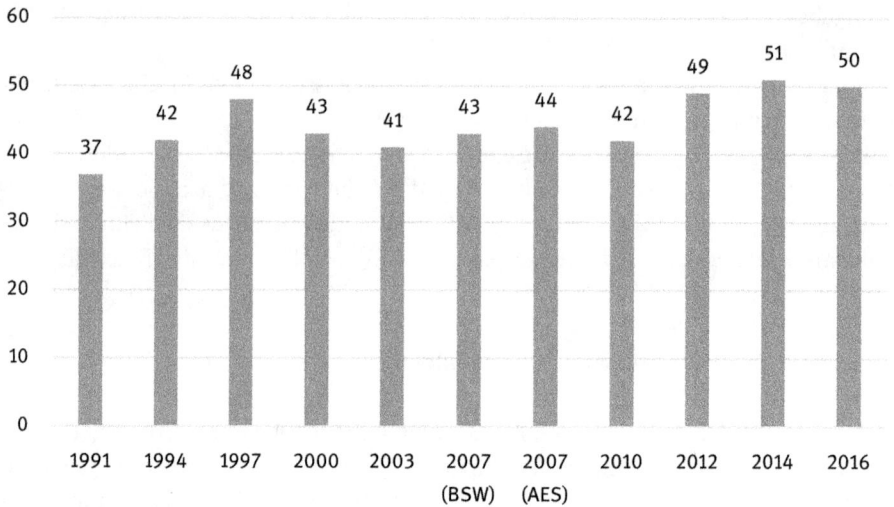

Abbildung 6.4: Beteiligung an Weiterbildung 1991–2016 (nach Bilger/Strauß 2017)
Anmerkung: bis 2007 Berichtssystem Weiterbildung (BSW), seit 2007 (parallele Erhebung im Jahr
2007) Adult Education Survey (AES).

6.4.2 Determinanten der individuellen Weiterbildungsentscheidung

Eben wurde gezeigt, dass sich die Weiterbildungsbeteiligung zwischen verschiedenen soziodemografischen Gruppen deutlich unterscheidet. So weisen insbesondere
Geringqualifizierte, aber auch Ältere oder Personen mit Migrationshintergrund eine
nur unterdurchschnittliche Teilnahmequote an Weiterbildung auf. Bei der Interpretation der dargestellten deskriptiven Befunde ist jedoch zu beachten, dass sich einzelne
Effekte überlagern können. So kann z. B. nicht beurteilt werden, ob ausländische
Staatsangehörige per se weniger weiterbildungsaktiv sind als deutsche Staatsangehörige oder ob ihre geringere Weiterbildungsbeteiligung vorrangig darauf zurückzuführen ist, dass sie sich von Deutschen z. B. im Hinblick auf das Qualifikationsniveau
oder die berufliche Stellung unterscheiden. Um den isolierten Effekt einzelner Merkmale zu ermitteln, können multivariate Analysen durchgeführt werden, bei denen
weitere Charakteristika kontrolliert werden.

Tabelle 6.4: Weiterbildungsbeteiligung verschiedener Personengruppen 2016 (nach Bilger/Strauß 2017), in %

	Weiterbildung gesamt	Betriebliche Weiterbildung	Individuelle berufsbezogene Weiterbildung	Nicht-berufs-bezogene Weiterbildung
Erwerbstatus:				
Erwerbstätige	56	47	5	11
Arbeitslose	27	5	16	8
Personen in schulischer/beruflicher Bildung	42	15	11	21
Sonstige Nicht-Erwerbstätige	29	7	6	19
Schulabschluss:				
Niedrig	35	25	4	9
Mittel	52	40	6	11
hoch	6	43	10	17
Beruflicher Abschluss:				
Kein Berufsabschluss	34	18	7	14
Lehre/Berufsfachschule	46	35	5	11
Meister/Fachschule	64	54	7	12
(Fach-)Hochschule	68	52	11	17
Geschlecht:				
Männer	49	39	5	10
Frauen	50	34	8	16
Alter:				
18/19–24 Jahre	46	22	9	22
25–29 Jahre	48	33	7	13
30–34 Jahre	54	40	7	13
35–39 Jahre	54	39	10	10
40–44 Jahre	54	44	7	10
45–49 Jahre	56	44	5	12
50–54 Jahre	48	41	6	9
55–59 Jahre	49	37	5	12
60–64 Jahre	38	24	4	14
Migrationshintergrund:				
Deutsch ohne Migrationshintergrund	51	39	6	13
Deutsch mit Migrationshintergrund	43	28	7	10
Ausländer	40	19	10	15

Derartige Untersuchungen liegen auf der Basis verschiedener Datengrundlagen vor (z. B. Kuper et al. 2013 auf der Basis des Adult Education Survey (AES), Behringer 1999 auf der Basis des Sozio-ökonomischen Panels (SOEP) oder Leber/Möller 2007 auf der

Basis des Mikrozensus). In diesen Analysen stellt die individuelle Beteiligung an Weiterbildung die zu erklärende abhängige Variable dar; als erklärende Faktoren werden insbesondere die eben diskutierten soziodemografischen Charakteristika der (Nicht-) Weiterbildungsteilnehmer, aber auch Merkmale des Arbeitgebers oder des Wohnortes berücksichtigt. Im Folgenden werden einige ausgewählte Ergebnisse dieser Untersuchungen vorgestellt.

Schulischer/beruflicher Bildungsabschluss: Wie oben bereits angemerkt wurde, steigt die Weiterbildungsbeteiligung mit dem Qualifikationsniveau an. Dies gilt sowohl im Hinblick auf die schulische als auch auf die berufliche Bildung. Ursachen für die unterdurchschnittliche Weiterbildungsbeteiligung Geringqualifizierter sind zum einen im betrieblichen Verhalten zu sehen (vgl. hierzu die Ausführungen im vorangegangenen Abschnitt). Danach sind Betriebe möglicherweise eher dazu bereit, höher qualifizierte Mitarbeiter in Weiterbildung einzubeziehen. Zum anderen kann aber auch das Verhalten der gering qualifizierten Individuen selbst ihre geringe Weiterbildungsbeteiligung erklären. So können bei Angehörigen dieser Personengruppe beispielsweise Lernhemmungen oder eine Lernentwöhnung vorliegen, die die Schwellen der Weiterbildungsteilnahme erhöhen. Darüber hinaus dürften auch Merkmale der ausgeübten Tätigkeit, und hier insbesondere deren Komplexität, eine Rolle bei der Entscheidung über die Teilnahme an einer Weiterbildungsmaßnahme spielen.

Alter: In mittleren Altersgruppen steigt die Weiterbildungsbeteiligung zunächst an, nimmt dann mit zunehmendem Alter aber wieder ab. Der Befund, dass ältere Individuen weniger häufig an Weiterbildung teilnehmen als jüngere, lässt sich ebenfalls mit dem Verhalten der Betriebe sowie dem der Individuen selbst erklären (vgl. zu einem Überblick verschiedener Forschungsergebnisse Bellmann/Leber 2008). Dabei spielen folgende Faktoren eine Rolle:
–   Sowohl für die individuelle als auch die betriebliche Weiterbildungsentscheidung ist der Zeithorizont der Beschäftigung von Bedeutung. Gehen Betriebe bzw. Individuen davon aus, dass in der verbleibenden Erwerbszeit kein hinreichender Nutzen aus der Weiterbildung mehr gezogen werden kann, kann dies den Weiterbildungsanreiz entsprechend verringern.
–   Gerade wenn ältere Beschäftigte längere Zeit nicht mehr gelernt haben, kann sich eine gewisse Lernentwöhnung einstellen. Diese kann sich beispielsweise darin äußern, dass die eigene Lernfähigkeit als gering eingeschätzt wird, aber auch darin, dass bestimmte Fertig- und Fähigkeiten durch Nichtgebrauch abhandengekommen sind. Die Angst vor dem Lernen an sich, vor Misserfolg oder auch dem Einsatz bestimmter Medien können die Folge sein – und die Bereitschaft, an Weiterbildungsmaßnahmen teilzunehmen, entsprechend abnehmen. Wie vorliegende Studien zeigen, hängt die Lernkompetenz auch wesentlich von der Lernförderlichkeit der Arbeitsumgebung ab. Insbesondere wenn Arbeitnehmer über eine lange Zeit die gleiche monotone Tätigkeit ausgeübt haben, wird es für sie immer schwieriger, Neues zu erlernen.

- Untersuchungen zeigen zudem, dass mit zunehmendem Alter oftmals eine gewisse Beharrungstendenz einsetzt. Danach sinkt die Fluktuationsneigung und wächst die Zufriedenheit mit dem bislang Erreichten. Die Bemühungen um berufliches Fortkommen werden zurückgefahren. Dies kann auch entsprechende Konsequenzen für die Motivation, sich weiterzubilden, haben.

Geschlecht/familiärer Kontext: Im vorangegangenen Abschnitt wurde erwähnt, dass die vorliegenden Befunde der betrieblichen Weiterbildungsforschung zur Weiterbildungsbeteiligung von Männern und Frauen nicht eindeutig sind. Die Weiterbildungsforschung auf der Basis von Individualdaten macht in diesem Zusammenhang auf die Bedeutung weiterer Faktoren wie des familiären Kontexts und der Art des Beschäftigungsverhältnisses aufmerksam, zu denen Betriebsdaten keine Informationen zur Verfügung stellen. Danach ist die geringere Weiterbildungsbeteiligung der Frauen, wie sie sich aus manchen Studien ergibt, vor allem auf die Rahmenbedingungen ihrer Beschäftigungssituation zurückzuführen. Frauen partizipieren vor allem dann weniger häufig an Weiterbildung, wenn sie betreuungsbedürftige Kinder im Haushalt haben und – oftmals im Zusammenhang damit – eine Teilzeitbeschäftigung ausüben. Eine Weiterbildungsbeteiligung ist in diesem Fall organisatorisch schwieriger durchzuführen oder mit höheren Kosten (für Kinderbetreuung) verbunden. Betrachtet man dagegen Männer und Frauen innerhalb vergleichbarer Subgruppen (also z. B. Männer und Frauen ohne Kinder, Männer und Frauen mit einer Vollzeitbeschäftigung), so sind die Frauen weiterbildungsaktiver als die Männer (Leber/Möller 2007).

Merkmale des Beschäftigungsverhältnisses: Nicht nur das Ausüben einer Teilzeitbeschäftigung, sondern auch das Vorliegen eines befristeten Beschäftigungsverhältnisses wirkt sich negativ auf die individuelle Weiterbildungsbeteiligung aus. Aus betrieblicher Sicht kann dieser Zusammenhang mit der vergleichsweise kurzen verbleibenden Beschäftigungsdauer befristet Beschäftigter erklärt werden (vgl. hierzu die Ausführungen im vorangegangenen Abschnitt). Aus Perspektive der befristet Beschäftigten ist die Wirkungsrichtung dagegen nicht eindeutig und dürfte stark mit der Art der vermittelten Qualifikationen zusammenhängen: Während nur ein geringer Anreiz bestehen dürfte, in Fähig- und Fertigkeiten zu investieren, die nur beim gegenwärtigen Arbeitgeber einsetzbar sind, dürfte durchaus ein Interesse vorliegen, in allgemeine, übertragbare Qualifikationen zu investieren, da dies die Beschäftigungschancen bei anderen Betrieben erhöhen dürfte.

Migrationshintergrund: In verschiedenen empirischen Untersuchungen wurde gezeigt, dass Ausländer bzw. Personen mit Migrationshintergrund weniger häufig an Maßnahmen der beruflichen Weiterbildung teilnehmen als Deutsche bzw. Personen ohne Migrationserfahrung. Dabei hängt die Weiterbildungsbeteiligung u. a. stark mit den Sprachkenntnissen zusammen. Je besser sich diese darstellen, umso höher ist die Wahrscheinlichkeit, dass ein Ausländer an Weiterbildung teilnimmt (z. B. Öztürk 2012).

6.4.3 Motive und Barrieren der individuellen Weiterbildungsbeteiligung

Der Humankapitaltheorie zufolge nehmen Individuen dann an Weiterbildung teil, wenn der damit verbundene Nutzen größer ist als die Weiterbildungskosten. Dabei sind auf der Nutzenseite der Weiterbildung neben monetären Erträgen in Form eines höheren Einkommens auch nicht monetäre Erträge wie beispielsweise eine höhere Arbeits- und Lebenszufriedenheit oder eine gestiegene Motivation zu berücksichtigen. Vorliegenden empirischen Studien zufolge hat eine Weiterbildungsbeteiligung keine nennenswerten monetären Auswirkungen, wirkt sich aber in bestimmten Fällen förderlich auf nicht monetäre Aspekte wie die Arbeitszufriedenheit aus (Burgard und Görlitz 2014, Bellmann et al. 2018).

Näheren Aufschluss über die Motive von Weiterbildungsteilnehmern geben die Daten des AES 2016. Wie aus Abb. 6.5 ersichtlich wird, steht dabei die bessere Ausübung der beruflichen Tätigkeit an erster Stelle. Vergleichsweise viele Weiterbildungsteilnehmer sagen demnach aber auch, dass sie an Weiterbildung partizipieren, um ihr Wissen bzw. ihre Fähigkeiten zu einem interessierenden Thema zu erweitern oder um Kenntnisse bzw. Fähigkeiten zu erwerben, die sie im Alltag nutzen können (Behringer/Schönfeld 2017).

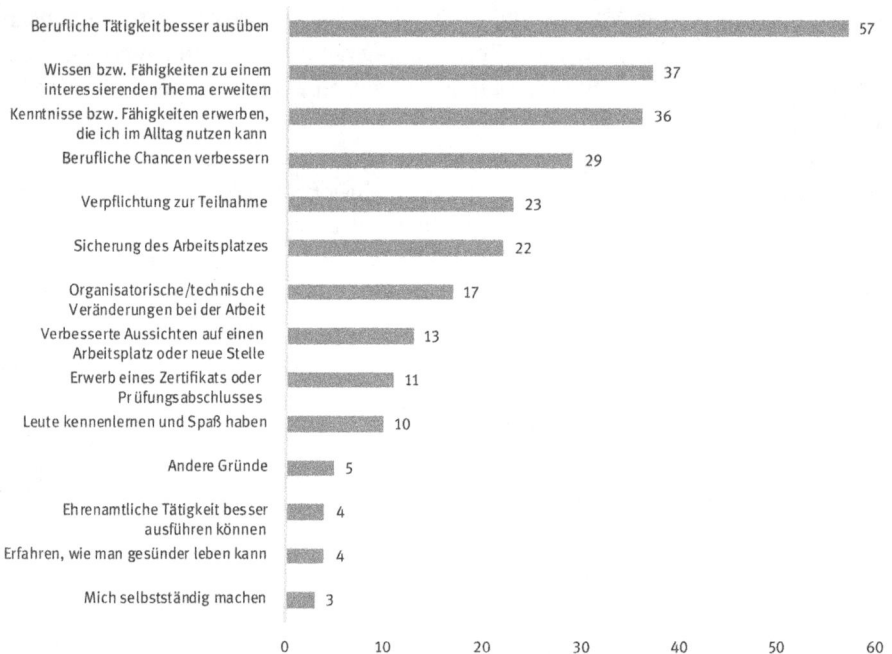

Abbildung 6.5: Motive für die Weiterbildungsteilnahme im Jahr 2016 (nach Behringer/Schönfeld 2017) auf der Basis der Daten des Adult Education Surveys 2016

Gefragt nach möglichen Weiterbildungsbarrieren, zeigt sich im AES 2012, dass viele Personen deswegen nicht an Weiterbildung teilnehmen, weil sie privat oder beruflich keinen Bedarf hierzu sehen (Tabelle 6.5). Eine nicht unbeachtliche Rolle spielen aber auch zeitliche und finanzielle Restriktionen. So sagt jeweils etwa ein Fünftel der Befragten, dass sie aufgrund von familiären oder beruflichen Verpflichtungen keine Zeit für Weiterbildung hatten. Rund 14 % äußerten hingegen, dass sie gerne etwas gemacht hätten, ihnen die Qualifizierung aber zu teuer gewesen sei (Kuwan/Seidel 2013).

Tabelle 6.5: Einschätzungen zu Weiterbildungsbarrieren (nach Kuwan/Seidel 2013) auf der Basis der Daten des Adult Education Survey 2012

Privat hatte ich keinen Bedarf an Weiterbildung	58
Ich benötige keine Weiterbildung für meinen Beruf	44
Meine familiären Verpflichtungen haben mir für Weiterbildung keine Zeit gelassen	21
Meine beruflichen Termine haben mir für Weiterbildung keine Zeit gelassen	20
Ich hätte gerne etwas gemacht, aber es war mir zu teuer	14
Ich bräuchte eine Beratung, um zu wissen, welche Weiterbildung für mich infrage käme	12
Ich hätte gerne an einer Weiterbildung teilgenommen, aber es gab keine geeigneten Angebote	10
Der Arbeitgeber unterstützte meine Weiterbildungsabsichten nicht	10
Ich konnte mich nicht damit anfreunden, wieder wie in der Schule zu lernen	9
In meinem Alter lohnt sich Weiterbildung nicht mehr	8
Ich hätte gerne etwas gemacht, hatte jedoch nicht die Teilnahmevoraussetzungen	7
Ich glaube nicht, dass ich es schaffen würde, die Anforderungen in einer Weiterbildung zu erfüllen	6
Die Entfernung zum Weiterbildungsanbieter war zu groß	6
Meine Gesundheit erlaubt mir solche Aktivitäten nicht	5
Ich hätte gerne an einem Fernlernangebot teilgenommen, hatte aber keinen Computer/Internetzugang	2
Sonstige Gründe	6
Kein Grund zutreffend	9

6.5 Finanzierung der beruflichen Weiterbildung

Wie in den vorangegangenen Ausführungen gezeigt wurde, beteiligen sich manche Betriebe wie auch Individuen deswegen nicht an Weiterbildung, weil ihnen die damit verbundenen Kosten zu hoch sind. Vor diesem Hintergrund verfolgt der folgende Abschnitt das Anliegen, einen Überblick über die Finanzierungsstrukturen der Weiterbildung sowie empirische Befunde hierzu zu geben. Zudem wird auf ausgewählte Fördermöglichkeiten der Weiterbildung in Deutschland eingegangen.

6.5.1 Grundzüge der Weiterbildungsfinanzierung

Zu Beginn dieses Kapitels wurde bereits erwähnt, dass an der Finanzierung der beruflichen Weiterbildung verschiedene Akteure (öffentliche Hand, Bundesagentur für Arbeit (BA), Betriebe und Individuen) beteiligt sind. Zudem wurde darauf hingewiesen, dass die Finanzierung von Weiterbildung neben der Ressource Geld (direkte Weiterbildungskosten, z. B. in Form von Lehrgangsgebühren) auch die Ressource Zeit (indirekte Weiterbildungskosten, insbesondere in Form der entgangenen Arbeits- bzw. Freizeit während der Zeit der Weiterbildungsbeteiligung) umfasst.

Um sich einen Überblick über die Finanzierungsstrukturen der Weiterbildung zu verschaffen, ist es weiterhin erforderlich, zwischen der Zahler- und der Kostenträgerebene zu unterscheiden (Expertenkommission 2002, Hummelsheim 2010). In diesem Zusammenhang wird oftmals auch von der Vor- und der Refinanzierung der Weiterbildung gesprochen. Diese Abgrenzung ist bedeutsam, da sich die Weiterbildungsfinanziers, d. h. die Zahler, auf verschiedene Art und Weise refinanzieren können, indem sie sich ihre Ausgaben von anderen Akteuren ganz oder teilweise ersetzen lassen. Interessiert man sich für die tatsächlichen Belastungen, die durch die Weiterbildung entstehen, so ist auf die Refinanzierungs- oder die Kostenträgerebene abzustellen.

Auf der **Zahlerebene** sind zunächst die **Betriebe** als (Vor-)Finanziers der Weiterbildung zu betrachten. Neben den direkten Weiterbildungskosten fallen in den Betrieben auch indirekte Weiterbildungskosten an. Diese entstehen dadurch, dass Beschäftigte während der Arbeitszeit an Weiterbildungsmaßnahmen teilnehmen und in dieser Zeit ihren Lohn erhalten, ohne produktiv tätig zu sein. Betriebe können zum einen die von ihnen angebotenen Weiterbildungsmaßnahmen allein finanzieren; es kann aber auch zu einer Mischfinanzierung kommen, indem die Weiterbildungsteilnehmer, d. h. die Beschäftigten, oder auch staatliche bzw. parafiskalische Akteure wie die BA an den Weiterbildungskosten beteiligt werden.

Eine **Beteiligung der Arbeitnehmer** kann dabei sowohl an den direkten als auch an den indirekten Weiterbildungskosten erfolgen: Zu einer Beteiligung an den indirekten Kosten kommt es dann, wenn Qualifizierungsmaßnahmen zumindest teilweise von der Arbeits- in die Freizeit verlagert werden, sodass sich die Lohnausfallkosten aus Sicht der Arbeitgeber verringern. Darüber hinaus liegt eine weitere Möglichkeit, Freizeitanteile in die Weiterbildung einzubringen, in der Nutzung von Arbeitszeitkonten für Lernzwecke: Bei diesem auch als **„Lernzeitkonto"** bezeichneten Instrument wird ein vorhandenes Zeitguthaben für Weiterbildung genutzt und ein erworbener Freizeitanspruch somit in Arbeits- bzw. Lernzeit umgewandelt (Bellmann/Leber 2005 sowie Schiersmann 2007).

Übernehmen die Arbeitnehmer einen Teil der Aufwendungen für Weiterbildungsveranstaltungen, so kommt es zu einer Beteiligung an den direkten Kosten. In manchen Fällen ist die Beteiligung der Beschäftigten an den direkten Weiterbildungskosten an bestimmte Bedingungen geknüpft: So verpflichten sich etwa die Weiterbildungsteilnehmer im Falle sogenannter **Rückzahlungsklauseln**, einen Teil der vom

Arbeitgeber übernommenen Kosten für den Fall zurückzuzahlen, dass sie den Betrieb vor Ablauf einer vertraglich festgelegten Frist aus einem von ihnen zu vertretenden Grund verlassen. Durch die Vereinbarung von Rückzahlungsklauseln soll sicherge-stellt werden, dass die Weiterbildungserträge auch tatsächlich dem finanzierenden Betrieb und nicht einem anderen Arbeitgeber oder dem Weiterbildungsteilnehmer selbst zugutekommen (Alewell 1997, Leber 2000, Dohmen 2013).

Neben den Betrieben treten die **Individuen** als (Vor-)Finanziers der Weiter-bildung auf. Auch sie haben direkte Weiterbildungskosten z. B. für Kursgebühren, sowie indirekte Weiterbildungskosten in Form des Freizeitverlusts zu tragen. Wie die betriebliche Weiterbildungsfinanzierung kann auch die individuelle Finanzierung eine Mischfinanzierung sein, an der Betriebe oder (para-)fiskalische Akteure betei-ligt sind

Der **Staat** (Bund, Länder, Gemeinden) ist ein weiterer Vorfinanzier der Weiter-bildung. Die entsprechenden Instanzen fördern unter gewissen Voraussetzungen Bildungsanbieter sowie Betriebe und Individuen, indem sie z. B. Zuschüsse zu den Weiterbildungskosten zahlen. In Abschnitt 6.5.3 wird ein näherer Überblick über der-artige Fördermöglichkeiten im Bereich der Weiterbildung gegeben.

Die Finanzierung der SGB-III-geförderten Weiterbildung schließlich erfolgt durch die **BA**. Sie fördert insbesondere Qualifizierungsmaßnahmen für Arbeitslose und von Arbeitslosigkeit Bedrohte, indem sie z. B. die Lehrgangsgebühren finanziert sowie für weitere Kosten der Weiterbildung wie Fahrt, Unterbringung oder Kinderbetreuung aufkommt.

Wie oben erwähnt, können unter Refinanzierung alle Möglichkeiten verstanden werden, die sich einem Weiterbildungsfinanzier bieten, um die von ihm vorfinanzierte Kostenlast zu verringern (Expertenkommission 2002, Hummelsheim 2010). Refinan-zierungsmöglichkeiten ergeben sich zum einen durch rechtliche Bestimmungen, insbesondere solche des Steuerrechts. Zum anderen unterscheiden sich Zahler- und **Kostenträgerebene** der Weiterbildung aber auch dadurch, dass Überwälzungen stattfinden und weiterbildungsbedingte Erträge anfallen.

Das deutsche Steuerrecht ermöglicht es weiterbildungsaktiven Individuen und Betrieben, die durch die Weiterbildung entstandenen Kosten **steuerlich geltend** zu machen. So stellen Weiterbildungsaufwendungen für Unternehmen abzugsfä-hige Betriebsausgaben dar, die die Bemessungsgrundlage verringern. Individuen können Aufwendungen für Weiterbildungsmaßnahmen im aufgewendeten Beruf als Werbungskosten geltend machen. Nach Maßgabe des jeweiligen Grenzsteuersatzes beteiligt sich der Fiskus damit an den Weiterbildungsaufwendungen des jeweiligen Steuerpflichtigen, sodass eine Verlagerung der privaten Kosten auf die Allgemeinheit der Steuerzahler stattfindet.

In manchen Fällen können Unternehmen die nach Steuer verbleibenden Wei-terbildungsaufwendungen **überwälzen**. Dabei ist zwischen der Vor-, der Rück- und der Schrägwälzung zu unterscheiden. Während im Falle der Vorwälzung die Weiter-bildungskosten in Form höherer Absatzpreise an den Käufer weitergegeben werden, kommt es im Falle der Rückwälzung zu einer Überwälzung auf die Faktorpreise. Träger (zumindest eines Teils) der Weiterbildungskosten sind hier also etwa die Arbeitnehmer, die einen geringeren Lohn erhalten, oder die Zulieferer von Vorprodukten, wenn sie einen geringeren Preis für ihre Waren erzielen. Schräg- oder Querwälzung schließlich bedeutet eine Überwälzung auf andere betriebliche Kosten.

Refinanzierungsmöglichkeiten ergeben sich für Betriebe darüber hinaus auch dann, wenn sie die **Erträge der Weiterbildung** (z. B. Produktionszuwächse infolge gestiegener Produktivität) **internalisieren** können.

Ebenso können Individuen einen Teil der oder die gesamten Weiterbildungsaufwendungen wieder einholen, wenn sie infolge der Weiterbildung ein **höheres Einkommen erzielen**.

6.5.2 Empirische Befunde zur Weiterbildungsfinanzierung

Die empirische Erfassung der Aufwendungen für Weiterbildung stellt sich vergleichsweise schwierig dar (vgl. Hummelsheim 2010 oder Schiersmann 2007). So existiert in Deutschland keine übergreifende Weiterbildungsfinanzstatistik – vielmehr liegen Teilstatistiken vor, die Informationen zu den Weiterbildungskosten bzw. -ausgaben einzelner Akteure (Betriebe, Individuen, Staat, BA) bereitstellen. Während die Ausgaben der öffentlichen Hand bzw. der BA in der amtlichen Statistik bzw. in Geschäftsberichten vergleichsweise gut dokumentiert sind, beruhen die vorliegenden Informationen zu den Weiterbildungskosten der Betriebe und Individuen auf Befragungsdaten, die oftmals mit Schätzungen verbunden sind. Dabei ist zu beachten, dass die vorhandenen Statistiken nur Auskunft über die Vorfinanzierung der Weiterbildung geben. Die Refinanzierungsebene der Weiterbildung dagegen entzieht sich weitgehend einem empirischen Zugriff und kann allenfalls in ihrer Wirkungsrichtung anhand von Plausibilitätsüberlegungen abgeschätzt werden.

Unter Berücksichtigung dieser Einschränkungen werden im Folgenden einige ausgewählte Befunde zu den Kosten der Weiterbildung in Deutschland dargestellt. Dabei stehen wiederum die individuelle sowie die betriebliche Weiterbildung im Mittelpunkt des Interesses.

Informationen zu den **Kosten der betrieblichen Weiterbildung** liegen aus zwei Unternehmensbefragungen vor: der Weiterbildungserhebung des IW sowie der europäischen Weiterbildungserhebung CVTS. Beiden Studien ist gemein, dass sie die Höhe der direkten Weiterbildungskosten, also beispielsweise die Kosten für externe Weiterbildungsveranstaltungen oder eigenes Weiterbildungspersonal, von den Unternehmen direkt erfragen. Die indirekten Kosten der Weiterbildung, d. h. die Personalausfallkosten, werden dagegen geschätzt, da Angaben hierzu von den Unternehmen nur schwer gemacht werden können. Hierzu werden die Teilnahmestunden der Weiterbildung (die während der Arbeitszeit stattfinden) mit den durchschnittlichen Arbeitskosten multipliziert.

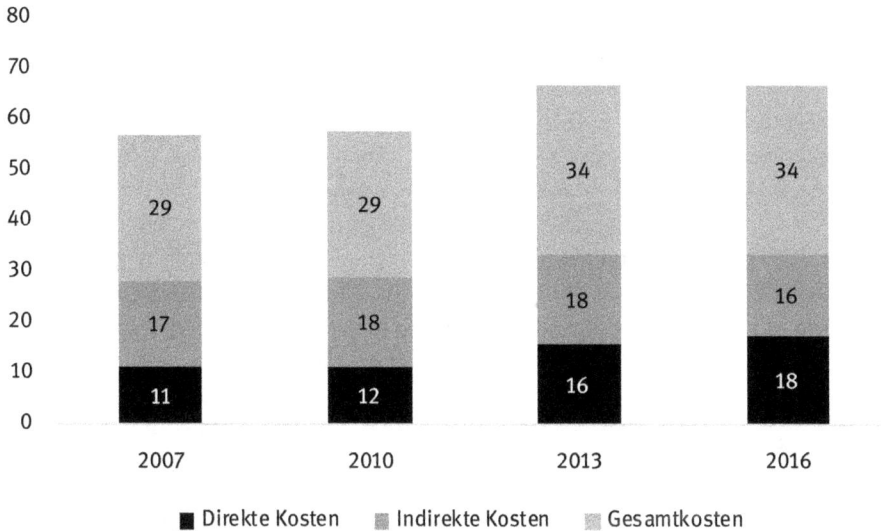

Abbildung 6.6: Entwicklung der Kosten der betrieblichen Weiterbildung in Milliarden Euro (nach Seyda/Placke 2017) auf Basis der IW-Weiterbildungserhebungen 2007–2016

Nach der Weiterbildungserhebung des IW beliefen sich die Kosten der Weiterbildung je Mitarbeiter im Jahr 2016 auf 1.067 Euro. Davon entfielen 561 Euro auf die direkten Kosten und 506 Euro auf die indirekten Kosten. Im Vergleich zur vorhergehenden Erhebung aus dem Jahr 2013 haben sich die direkten Kosten der Weiterbildung erhöht, wohingegen die indirekten Weiterbildungskosten gesunken sind (siehe Abbildung 6.6). Werden die Weiterbildungsaufwendungen auf alle (sozialversicherungspflichtig) Beschäftigten in Deutschland hochgerechnet, so ergibt sich dieser Studie zufolge ein gesamtwirtschaftliches Investitionsvolumen in Höhe von 33,5 Milliarden Euro (Seyda/Placke 2017).

Legt man die Daten des CVTS zugrunde, so lagen die Weiterbildungskosten im Jahr 2015 auf einem niedrigeren Niveau, und zwar bei 683 Euro je Beschäftigten bzw. bei 1.793 Euro je Teilnehmer. Die direkten Kosten der Weiterbildung machen hiernach etwas mehr von den Gesamtkosten aus als die Personalausfallkosten. Differenziert nach der Unternehmensgröße zeigt sich, dass große Unternehmen deutlich mehr für die Weiterbildung aufwenden als kleinere Unternehmen. Dies wird damit begründet, dass Großunternehmen oftmals eine aufwendige (und entsprechend teure) Weiterbildungsinfrastruktur wie z. B. eigenes Weiterbildungspersonal unterhalten, wohingegen kleinere Unternehmen verstärkt auf externe Lehrveranstaltungen setzen. Unterschiede bestehen zudem zwischen Betrieben verschiedener Branchen, wobei die Weiterbildung im Bereich Finanz- und Versicherungsdienstleistungen im Jahr 2010 am teuersten war (Statistisches Bundesamt 2017).

Vergleichsweise aktuelle Informationen zu den **individuellen Weiterbildungs-kosten** liegen auf der Basis der Daten des AES 2016 vor. Diese Erhebung konzentriert sich auf die Erfassung der direkten Weiterbildungskosten, da indirekte Weiterbil-dungskosten in Form des entgangenen Einkommens, das während der Teilnahme-zeit hätte erzielt werden können, nur relativ schwer abgefragt werden können. Die teilnehmenden Individuen werden u. a. danach gefragt, ob (und in welcher Höhe) ihnen Kosten z. B. für Kursgebühren oder Lernmaterialien entstanden sind und ob diese voll oder teilweise von ihnen selbst getragen wurden. Insgesamt zeigt sich, dass bei über der Hälfte der Weiterbildungsaktivitäten für die Teilnehmer Kosten etwa für Teilnahmegebühren oder Lernmaterial entstanden sind, die jedoch nur zu einem Teil vollständig von den Teilnehmern allein getragen wurden. Im Durchschnitt lagen die Kosten je Teilnahmefall danach bei 613 Euro, wenn nur die Fälle berücksichtigt werden, in denen die Teilnehmer zumindest anteilig die Kosten getragen haben. Werden die Kosten hingegen auf alle Teilnahmefälle bezogen (also auch auf solche, in denen die Kostenübernahme vollständig durch den Betrieb erfolgte), ergibt sich eine durchschnittliche Kostenbeteiligung der Individuen für jede Weiterbildung in Höhe von 150 Euro (Thiele/Behringer/Schönfeld 2017).

6.5.3 Fördermöglichkeiten im Bereich der Weiterbildung

Viele Personen oder Unternehmen beteiligen sich deswegen nicht an Weiterbildung, weil die damit verbundenen Kosten für sie eine Hürde darstellen. In Deutschland bestehen jedoch sowohl für Unternehmen als auch für teilnehmende Individuen ver-schiedene Möglichkeiten, eine staatliche Förderung der Weiterbildungsmaßnahmen zu erhalten. Einige besonders bedeutsame Instrumente werden im Folgenden knapp skizziert (vgl. hierzu auch Bellmann/Dummert 2016).

Im Rahmen des Programms **WeGebAU** (Weiterbildung Geringqualifizierter und älterer Arbeitnehmer in Unternehmen) fördert die BA zum einen Qualifizierungen von Beschäftigten in kleinen und mittleren Unternehmen (KMU) und zum anderen abschlussbezogene Weiterbildungen geringqualifizierter Beschäftigter. Dabei werden (teilweise) die Lehrgangskosten übernommen und Zuschüsse zum Arbeitsentgelt gezahlt. Die Förderung soll eine Anschubfinanzierung darstellen und dazu beitragen, die oftmals geringe Weiterbildungsbeteiligung von KMU und geringqualifizierten und älteren Beschäftigten zu erhöhen.

Beim Programm WeGebAU hat sich seit dem Jahr 2010 die Anzahl der Neuzu-gänge auf etwa 14.000 Personen pro Jahr eingependelt, während vor und nach der Großen Rezession die Teilnehmerzahlen wesentlich höher waren (Dauth 2017a).

Beide Fördervarianten wurden evaluiert. Danach führte die Förderung von Perso-nen ohne verwertbaren Abschluss, die im Zeitraum 2007 bis 2010 gefördert wurden, zu einer etwa 23 Tage längeren Beschäftigungsdauer, wenn sie aufgrund einer höheren regionalen Förderintensität ihrer lokalen Arbeitsagentur ihre Förderung in Anspruch nehmen können (Dauth 2017b). Für einzelne Teilnehmergruppen wurden günstigere Ergebnisse ermittelt.

In der anderen Fördervariante konnten die berufliche Weiterbildung von Beschäftigten ab 45 Jahren in kleinen und mittleren Betrieben gefördert werden. Für die Gruppe der Teilnehmenden, die in den Jahren 2007 und 2008 in das Programm aufgenommen worden sind, ergab sich eine um 2,7 Prozentpunkte höhere Beschäftigungsdauer als in der Vergleichsgruppe (Dauth/Toomet 2016). Wiederum zeigten sich günstigere Ergebnisse für einzelne Teilnehmergruppen wie Teilzeitbeschäftigte oder Personen, die über 55 Jahre alt sind und an mindestens zwei Monaten dauernden Weiterbildungsmaßnahmen teilnahmen. Ähnlich wie bei der anderen Fördervariante zeigen sich keine Effekte auf die kumulierte Dauer der Arbeitslosigkeit und das kumulierte Einkommen.

Van den Berg et al. (2018) haben in einer Broschüre potenziell anspruchsberechtigte Beschäftigte in kleinen und mittleren Betrieben über die Fördermöglichkeiten des WeGebAU-Programms informiert. Ihren Ergebnissen zufolge veränderte sich zwar durch diese Information die Wahrscheinlichkeit der Teilnahme am WeGebAu-Programm nicht. Im Unterschied dazu erhöhte sich bei Beschäftigten im Alter von 45 Jahren und jünger aber die Wahrscheinlichkeit der Teilnahme an anderen Weiterbildungsmaßnahmen – auch nicht geförderten.

Ein weiteres Instrument der BA zur Förderung der beruflichen Weiterbildung ist der **Bildungsgutschein**. Hierdurch gefördert werden Weiterbildungsteilnahmen, die erforderlich sind, um Personen dauerhaft beruflich (wieder)einzugliedern, eine konkret drohende Arbeitslosigkeit abzuwenden oder einen fehlenden Berufsabschluss nachzuholen. Der Bildungsgutschein wird nach einer Beratung durch die Arbeitsagentur ausgehändigt; er enthält u. a. Angaben zum Bildungsziel sowie zum regionalen Geltungsbereich. Die Empfänger des Gutscheins können diesen dann bei einem frei wählbaren, für die Förderung zugelassenen Träger einlösen. Die Arbeitsagentur übernimmt alle anfallenden Kosten der Weiterbildung wie z. B. Kursgebühren oder Unterbringungskosten.

Die Förderung der beruflichen Bildung durch die BA ist seit Anfang 2003 unter anderem durch die Einführung von Bildungsgutscheinen neu geregelt worden (Bernhard et al. 2017, Kruppe 2017). Damit wurde die Zuweisung von Arbeitslosen oder durch Arbeitslosigkeit bedrohte Beschäftigte durch die Mitarbeiter der Arbeitsagenturen in Weiterbildungsmaßnahmen beendet. Mit dem „Ersten Gesetz für moderne Dienstleistungen am Arbeitsmarkt" (Hartz I) wurde ein Gutscheinsystem eingeführt: Die Kundinnen und Kunden der Arbeitsagentur oder des Jobcenters erhalten diese Gutscheine, mit denen sie einen ihrem Bildungsziel entsprechenden Kurs aussuchen können, für den dann die Kosten von der den Gutschein ausstellenden Stelle übernommen wird. Außerdem wurde eine Beschränkung des potenziellen Teilnehmerkreises vorgenommen: Es sollten nur solche Personen einen Bildungsgutschein erhalten, von denen mit hinreichender Sicherheit zu erwarten war, dass sie sechs

Monate nach Abschluss der Weiterbildungsmaßnahme sozialversicherungspflichtig beschäftigt sind. Als Ziel wurde eine Beschäftigungsquote von 70 % festgelegt.

In den Jahren nach der Einführung des Gutscheinsystems ging die Anzahl der Zugänge deutlich zurück, z. B. im Vergleich der Jahre 2002 und 2004 um mehr als die Hälfte. Auch die danach durch die Einführung der Grundsicherung für Arbeitssuchende (Sozialgesetzbuch II) stiegen die Zugangszahlen wieder deutlich und erreichten während der Großen Rezession 2008/2009 und im Folgejahr auch höhere Werte als 2002.

Im Jahr 2009 beliefen sich die Ausgaben der Bundesagentur für Arbeit in der Arbeitslosenversicherung (Sozialgesetzbuch III) für die Durchführung von Bildungsmaßnahmen auf 2.3 Milliarden Euro. Die Kosten für die einzelnen Maßnahmen differieren, je nachdem ob sie zu einem anerkannten Bildungsabschluss führen und deshalb länger dauern oder nicht. Der Anteil dieser längeren Maßnahmen liegt seit 2005 zwischen 6 und 16 Prozent, in den fünf Jahren zuvor betrug ihr Anteil durchschnittlich 27 Prozent (Bernhard et al. 2017, 146).

Wegen dieser hohen direkten Kosten der geförderten beruflichen Weiterbildung und der Opportunitätskosten für die Maßnahmeteilnehmer ist es notwendig, die Wirkung von Weiterbildungsmaßnahmen zu untersuchen. Die grundsätzliche Herausforderung bei der Evaluation von arbeitsmarktpolitischen Maßnahmen besteht darin, dass eine Person nicht sowohl an einer Maßnahme teilnehmen als auch nicht daran teilnehmen kann. Deshalb können nur „statistische Zwillinge" gebildet werden. Es werden dabei möglichst identische Personen miteinander verglichen, die sich nur darin unterscheiden, dass nur einer der beiden Maßnahmeteilnehmer war. Dann können die Unterschiede bei den Arbeitsmarktergebnissen (z. B. Beschäftigung, Entlohnung, Zufriedenheit) zwischen den beiden Gruppen als Wirkung der Maßnahme interpretiert werden.

Kruppe und Lang (2018) haben die Teilnehmer an Maßnahmen der beruflichen Weiterbildung und Umschulungen, die im Zeitraum von Februar bis April 2005 begonnen wurden, und geeignete Vergleichsgruppen untersucht. Dabei hat sich gezeigt, dass die Beschäftigungsquote in den ersten 20 Monaten nach Beginn der Weiterbildung nur langsam ansteigt, aber nach 27 Monaten sich gleich viele Männer und nach 33 Monaten gleich viele Frauen in einem sozialversicherungspflichtigen Beschäftigungsverhältnis befinden. Im verbleibenden, insgesamt 80 Monate umfassenden Beobachtungszeitraum liegt die Beschäftigungsquote der Gruppe der Maßnahmeteilnehmer immer (teilweise deutlich) über der der Vergleichsgruppe. Die ermittelten Fördereffekte sind besonders groß bei Weiterbildungsmaßnahmen, die in einem anerkannten Berufsabschluss münden (Bernhard 2016). Zudem lassen sich auch Lohneffekte der Förderung nachweisen, die einem ähnlichen zeitlichen Verlauf wie die Beschäftigungseffekte folgen.

Auch die Einführung des Systems der Bildungsgutscheine und der Beschränkung der Maßnahmeteilnahme auf solche Personen, für die eine Wahrscheinlichkeit von 70 % und mehr prognostiziert werden kann, wurde evaluiert. Durch die Einführung von Bildungsgutscheinen sollte den Teilnehmern die Möglichkeit gegeben werden, ein für sie passendes Bildungsangebot zu finden. Diese Wahlfreiheit sollte auch dazu führen, dass die Motivation bei der Kursteilnahme gesteigert wird. Zudem sollte dadurch der Wettbewerb unter den Weiterbildungsträgern gestärkt und damit die Qualität der Träger und der angebotenen Kurse verbessert werden. Die durchgeführten Evaluationsstudien finden aber keine Hinweise darauf, dass sich durch die Einführung von Bildungsgutscheinen die Effektivität der Weiterbildungsmaßnahmen gesteigert hat (Doerr/Strittmatter 2014). Allerdings zeigt sich auch, dass im Unterschied zu sonstigen Maßnahmen der Förderung beruflicher Weiterbildung bei Umschulungen positive Beschäftigungseffekte auftreten (Doerr et al. 2017). Zudem werden bei Geringqualifizierten, deren Teilnahmewahrscheinlichkeit mit der Einführung von Bildungsgutscheinen unverändert niedrig geblieben ist, als einziger Gruppe sowohl bei längeren als auch bei anderen Weiterbildungsmaßnahmen positive Lohneffekte ermittelt (Kruppe 2009).

Das Bundesministerium für Bildung und Forschung (BMBF) unterstützt durch das Programm Bildungsprämie die Weiterbildungsbeteiligung insbesondere von Personen mit niedrigem Einkommen. Gefördert werden hier Beratungsleistungen durch ausgewählte Beratungsstellen, zudem wird die Hälfte der Kurs- oder Prüfungsgebühren übernommen. Antragsberechtigt sind Arbeitnehmer und Selbstständige, deren Jahreseinkommen 20.000 Euro nicht übersteigt. Ein weiterer Baustein des Programms, das sogenannte **Weiterbildungssparen**, ermöglicht es darüber hinaus Arbeitnehmern, die über den Betrieb vermögenswirksame Leistungen angespart haben, dieses Geld für Weiterbildungszwecke zu verausgaben, ohne dass die Arbeitnehmersparzulage verloren geht.

Im Rahmen des sogenannten **Meister-BAföGs** erhalten Teilnehmer an beruflichen Aufstiegsfortbildungen (z. B. an Meisterkursen) Zuschüsse zu den Maßnahmekosten sowie – bei Bedarf – zu den Kosten des Lebensunterhalts. Die Antragsteller müssen bereits über einen Berufsabschluss verfügen.

Für besonders talentierte und leistungsbereite Fachkräfte unter 25 Jahren bietet das BMBF gemeinsam mit der Stiftung Begabtenförderung berufliche Bildung die Möglichkeit, ein **Weiterbildungsstipendium** zu erhalten. Hierdurch sollen neue berufliche Perspektiven erschlossen und der Weg in die Selbstständigkeit eröffnet werden. Speziell an Personen, die bereits eine berufliche Ausbildung absolviert und ein (berufsbegleitendes) Studium absolvieren wollen, richtet sich das **Aufstiegsstipendium**. Dieses soll die Durchlässigkeit zwischen beruflicher und akademischer Bildung erhöhen und Fachkräften Perspektiven zur Weiterentwicklung bieten.

Werden die bislang vorgestellten Instrumente bundesweit eingesetzt, existieren darüber hinaus auch auf Ebene der Bundesländer verschiedene Förderinstrumente, die in Tabelle 6.6 überblicksartig dargestellt werden. Zusätzlich gewähren zwölf Bundesländer Bildungsfreistellungen bzw. Bildungsurlaub.

Tabelle 6.6: Weiterbildungsförderung in den Bundesländern (nach Bellmann/Dummert 2016)

Bundesland (Förderprogramm)	Was wird gefördert?	Wer wird gefördert?
Baden-Württemberg (Förderprogramm für Fachkurse)	Teilnahmegebühr von Fachkursen der beruflichen Weiterbildung	Beschäftigte aus KMU, Unternehmer, Freiberufler, Existenzgründer, Gründungswillige, Wiedereinsteiger (Wohn- oder Arbeitsort in Baden-Württemberg)
Bayern (Qualifizierungen von Erwerbstätigen)	Berufliche Fortbildung oder Vermittlung beruflicher Fähigkeiten	Erwerbstätige, Unternehmer (Wohn- oder Arbeitsort in Bayern)
Brandenburg (Bildungsscheck)	Berufliche Weiterbildung	Sozialversicherungspflichtig Beschäftigte (Hauptwohnsitz in Brandenburg)
Hamburg (Weiterbildungsbonus)	Berufliche Weiterbildung bzw. Coaching	Arbeitnehmer in KMU, Personalverantwortliche und Selbstständige, Aufstocker, Arbeitnehmer im „Hamburger Modell" (Wohnsitz oder Arbeitsort in Hamburg)
Hessen (Qualifizierungsscheck)	Qualifizierungen, die zu einem Berufsabschluss führen	Beschäftigte, die keinen Berufsabschluss haben oder ihren erlernten Beruf seit mindestens vier Jahren nicht mehr ausüben (Hauptwohnsitz in Hessen)
Nordrhein-Westfalen (Bildungsscheck)	Berufliche Weiterbildung (fachliche Kompetenzen oder Schlüsselqualifikationen)	Arbeitnehmer in KMU mit einem zu versteuernden Jahreseinkommen von max. 30.000 Euro (gemeinsam Veranlagte: 60.000 Euro), An- und Ungelernte, Beschäftigte ohne Berufsabschluss, Zugewanderte, Berufsrückkehrer (Arbeitsort in Nordrhein-Westfalen)
Rheinland-Pfalz (QualiScheck)	Berufliche Weiterbildung (Fach-, Methoden- oder Sozialkompetenzen)	Abhängig Beschäftigte mit einem zu versteuernden Jahreseinkommen von mehr als 20.000 Euro (gemeinsam Veranlagte: 40.000 Euro) bzw. abhängig Beschäftigte mit einem geringeren Einkommen, wenn die Weiterbildung mehr als 1.000 Euro kostet (Hauptwohnsitz in Rheinland-Pfalz)

Bundesland (Förderprogramm)	Was wird gefördert?	Wer wird gefördert?
Bremen (Weiterbildungsscheck)	Kursgebühren	Betriebe mit bis zu 50 Beschäftigten mit Unternehmenssitz in Bremen; Beschäftigte ohne Ausbildung bzw. mit veraltetem Berufsabschluss, Personen im SGB-II-Bezug, Personen mit im Ausland erworbenen Abschlüssen, Personen mit einem nachträglichen Erwerb eines Berufsabschlusses
Sachsen (Weiterbildungsscheck)	Berufliche Weiterbildung	Beschäftigte, Auszubildende, Berufsfachschüler über 18 Jahre, andere Personengruppen, die (wieder) in das Erwerbsleben eintreten wollen (Hauptwohnsitz in Sachsen)
Sachsen-Anhalt (Weiterbildung direkt)	Berufliche Weiterbildung und Zusatzqualifikationen	Arbeitnehmer mit einem durchschnittlichen monatlichen Bruttogehalt unter 4.575 Euro, Arbeitslose ohne Anspruch auf Leistungen, Auszubildende, Berufsfachschüler über 18 Jahre (Hauptwohnsitz in Sachsen-Anhalt)
Niedersachsen (Weiterbildung)	Lehrgangs- bzw. Prüfungsgebühren	Beschäftigte, Betriebsinhaber von Unternehmen mit weniger als 50 Beschäftigten (Arbeitsort/ Unternehmenssitz in Niedersachsen)
Schleswig-Holstein (Weiterbildungsbonus)	Seminarkosten der beruflichen Weiterbildung	Beschäftigte, Auszubildende, Inhaber von Kleinstbetrieben, Freiberufler (Wohn- oder Arbeitsort in Schleswig-Holstein)
Thüringen (Weiterbildungsscheck)	Berufliche Weiterbildung	Selbstständige und sozialversicherungspflichtig Beschäftigte mit einem zu versteuernden Jahreseinkommen zwischen 20.000 und 40.000 Euro (gemeinsam Veranlagte: 40.000 bis 80.000 Euro), ohne Beschäftigte des öffentlichen Dienstes (Arbeitsort in Thüringen)

6.6 Fazit

Der beruflichen Weiterbildung kommt vor dem Hintergrund des technischen und organisatorischen Wandels sowie der demografischen Entwicklung eine wachsende Bedeutung zu. Im Zeitverlauf ist die Beteiligung an beruflicher Weiterbildung gestie-

gen. Dennoch gibt es nach wie vor Bereiche, die nur unterdurchschnittlich an Weiterbildungsaktivitäten teilhaben. Auf der Ebene der Betriebe sind dies vor allem kleine
und mittlere Betriebe. Allerdings kann gezeigt werden, dass kleinere Betriebe zwar
seltener Weiterbildungsmaßnahmen anbieten als größere, dass sie aber – sofern sie
sich zur Durchführung von Weiterbildung entschieden haben – vergleichsweise viele
Mitarbeiter hierin einbeziehen. Unterschiede bestehen zudem in der Weiterbildungsbeteiligung verschiedener Personengruppen. Insbesondere gering qualifizierte und
ältere Personen, aber auch Personen mit Migrationshintergrund und teilzeitbeschäftigte Frauen mit betreuungsbedürftigen Kindern nehmen nur unterdurchschnittlich
an Weiterbildung teil.

Fragt man nach den Gründen für die geringe Weiterbildungsbeteiligung einzelner
Gruppen, so lassen sich hierfür sowohl betriebliche als auch individuelle Faktoren
identifizieren. So konzentrieren Unternehmen beispielsweise ihre Weiterbildungsbemühungen oftmals auf jene Mitarbeiter, bei denen entsprechende Investitionen
besonders lohnend erscheinen. Individuen nehmen u. a. deswegen nicht an Weiterbildung teil, weil sie gewisse Lernhemmungen haben oder eine Weiterbildungsbeteiligung aus organisatorischen Gründen nur schwer möglich ist. Auf beiden Seiten
kommt zudem dem Informationsstand über Angebote und Nutzen der Weiterbildung
eine wichtige Bedeutung zu. So wissen viele Betriebe und Individuen gar nicht um
bestehende Bildungsangebote, Fördermöglichkeiten oder auch den Nutzen der Weiterbildung. Relevant sind zudem finanzielle Aspekte. Die mit der Weiterbildung verbundenen (direkten und indirekten) Kosten stellen für viele Betriebe und Personen
eine Teilnahmehürde dar.

Um die Weiterbildungsbeteiligung zu erhöhen, bieten sich vor diesem Hintergrund verschiedene Möglichkeiten an. Wichtig erscheint zum einen eine Beratung,
in der die betreffenden Akteure über verschiedene Aspekte der Weiterbildung informiert werden. Zum anderen kann über finanzielle Anreize versucht werden, mehr
Menschen bzw. Unternehmen zur Beteiligung an Weiterbildung zu bewegen. Hierzu
existieren in Deutschland sowohl auf Länder- als auch auf Bundesebene verschiedene Fördermöglichkeiten.

7 Fachkräftebedarf der Wirtschaft

In diesem Abschnitt sollen Antworten auf folgende Fragen gegeben werden:
– Was ist unter Fachkräftebedarf zu verstehen?
– Welche Indikatoren können zur Messung des Fachkräftebedarfs herangezogen werden?
– Gibt es gegenwärtig Mangel- bzw. Engpasssituationen am Arbeitsmarkt? Wenn ja, in welchen Regionen und Berufsgruppen?
– Wie wird sich die Fachkräftesituation in der Zukunft entwickeln?
– Mit welchen Strategien kann dem Bedarf an qualifizierten Arbeitskräften begegnet werden? Bei welchen Personengruppen bestehen noch Potenziale zur besseren Ausschöpfung?

Der demografische Wandel und die gute Beschäftigungsentwicklung der letzten Jahre haben das Augenmerk verstärkt auf die Fachkräftesituation gelenkt. Die Einschätzungen über den Umfang des derzeitigen und zu erwartenden Fachkräftemangels fallen zum Teil jedoch deutlich auseinander. Während manche von einer mehr oder weniger umfassenden Mangelsituation am deutschen Arbeitsmarkt ausgehen, berichten andere, dass allenfalls partielle Engpässe vorliegen bzw. für die Zukunft zu erwarten sind. Der Grund für diese unterschiedlichen Aussagen ist u. a. darin zu sehen, dass es eine allumfassende Kennzahl zur Messung von Mängeln bzw. Engpässen nicht gibt. Vielmehr ziehen einzelne Studien verschiedene Indikatoren heran und kommen daher zum Teil zu unterschiedlichen Ergebnissen.

Im Folgenden geht es zunächst um Hintergründe und mögliche Ursachen des Fachkräftebedarfs. Sodann werden ausgewählte Befunde zu gegenwärtigen Engpässen am Arbeitsmarkt präsentiert und Prognosen der zukünftigen Entwicklung skizziert. Abschließend erfolgt die Diskussion verschiedene Strategien zur Begegnung des Fachkräftebedarfs. Dabei wird auf die Potenziale von Älteren, Frauen und Geringqualifizierten ebenso eingegangen wie auf die Möglichkeit der Deckung des Fachkräftebedarfs durch Zuwanderung.

7.1 Hintergrund

In der traditionellen neoklassischen Theorie vollkommener Märkte dürfte es auf dem Arbeitsmarkt keine Ungleichgewichte geben. Vielmehr würde der Lohnsatz als Preis der Arbeit das individuelle Arbeitsangebot und die betriebliche Arbeitsnachfrage zum Ausgleich bringen. Gibt man jedoch die rigiden Annahmen dieses Modells auf, gerät die neoklassische Vollbeschäftigungshypothese ins Wanken. Wird realistischerweise von unvollkommener Information auf beiden Seiten des Arbeitsmarktes ausgegangen, so ist zu folgern, dass das erfolgreiche Zusammentreffen (Matching) von offenen Stellen und Arbeitssuchenden eine gewisse Zeit benötigt bzw. Kosten verursacht.

https://doi.org/10.1515/9783110642315-007

Auf diese Weise können auf der Arbeitsnachfrageseite offene Stellen bzw. Vakanzzeiten und auf der Arbeitsangebotsseite Sucharbeitslosigkeit entstehen.

Friktionen gibt es jedoch nicht nur aufgrund derartiger Informationsunvollkommenheiten, die das Zusammenfinden von Arbeitgebern und Arbeitnehmern verhindern oder erschweren. Darüber hinaus können Arbeitsangebot und -nachfrage auch zwischen Regionen, Berufen und Qualifikationen ungleich verteilt sein. Somit sind folgende Arten eines Mismatch denkbar:

- Arbeitsangebot und Arbeitsnachfrage fallen regional auseinander und finden wegen mangelnder Mobilität nicht zusammen (**räumlicher Mismatch**).
- Die Qualifikationen der Arbeitskräfte weichen von den Qualifikationsanforderungen der Betriebe ab (**qualifikatorischer Mismatch**). Dabei geht es neben der formalen Qualifikation, z. B. in Form eines bestimmten Berufsabschlusses, auch um Faktoren wie Berufserfahrung, soziale Kompetenzen oder Spezialwissen.
- Schließlich können auch unterschiedliche Vorstellungen über die allgemeinen Arbeitsbedingungen (beispielsweise im Hinblick auf Entlohnung, Urlaub oder Arbeitszeitvorstellungen) den Abschluss eines Arbeitsvertrags verhindern.

Liegen derartige Passungsprobleme am Arbeitsmarkt vor, so werden diese zunächst in den Betrieben sichtbar, wenn Stellen nur verzögert, mit großem Aufwand oder gar nicht besetzt werden können. Sind die Stellenbesetzungsschwierigkeiten temporärer Natur, so wird dies zumeist als Engpasssituation bezeichnet. Betriebe können versuchen, solchen Engpässen durch eine intensivere Personalsuche, eine erhöhte Kompromissbereitschaft oder eine Verbesserung der Arbeits- und Lohnbedingungen zu begegnen. Erst wenn Stellen über einen langen Zeitraum hinweg unbesetzt bleiben, kann man von einem langfristigen Nachfrageüberhang auf dem Arbeitsmarkt und einem Mangel sprechen. Unternehmen werden in einer solchen Situation mit entsprechenden personaltechnischen oder organisatorischen Maßnahmen reagieren, um das Fehlen von Arbeitskräften zu kompensieren. Dabei kann es im Extremfall dazu kommen, dass Aufträge nicht erfüllt und Dienstleistungen nicht erbracht werden können. Dies wiederum kann das Schließen von Betrieben oder Betriebsteilen bzw. die Abwanderung von Betrieben zur Folge haben (Czepek et al. 2015).

Das gleichzeitige Auftreten von offenen Stellen auf der einen und Arbeitslosigkeit auf der anderen Seite ist somit grundsätzlich ein normaler Bestandteil des Arbeitsmarktes. Erst wenn Engpässe sich verfestigen, kann es problematisch werden. In vielen Fällen gelingt es den Unternehmen, durch Maßnahmen wie eine Lohnanpassung oder eine intensivere Personalsuche ihre Stellenbesetzungsprobleme zu beheben. Schwieriger ist jedoch dem qualifikatorischen Mismatch zu begegnen, da der Erwerb der gesuchten Qualifikationen in der Regel eine gewisse Zeit in Anspruch nimmt. Dieser Umstand ist besonders relevant, da qualitative Unterschiede zwischen beiden Marktseiten in einer hochtechnisierten Volkswirtschaft mit zunehmend komplexeren Arbeitsabläufen die bedeutendste Hürde für das erfolgreiche Funktionieren der Ausgleichsprozesse am Arbeitsmarkt sind (Dietz et al. 2012)

Da sich Vakanzen somit nicht vermeiden lassen, ist es schwierig, Engpass- oder Mangelsituationen zu identifizieren. Es existiert kein allgemeiner Grenzwert dafür, ab wann der Arbeitsmarkt so angespannt ist, dass auftretende Probleme nicht mehr Teil des normalen Ausgleichsprozesses sind, sondern auf schwerwiegende Mängel hinweisen. Aufgrund dessen wird die Situation am Arbeitsmarkt oftmals ganz unterschiedlich eingeschätzt – auch in Abhängigkeit davon, welche Daten bzw. Informationen zur Beurteilung herangezogen werden. Im Folgenden werden ausgewählte Befunde zu möglichen gegenwärtigen und zukünftigen Engpass- bzw. Mangelsituationen am Arbeitsmarkt vorgestellt.

7.2 Empirische Befunde zum Fachkräftebedarf

Regelmäßige Angaben zu gegenwärtigen Engpässen am Arbeitsmarkt werden zunächst von der Bundesagentur für Arbeit (BA) bereitgestellt. In ihrer Engpassanalyse verwendet die BA statistische Informationen zu offenen Stellen, Vakanzzeiten und Arbeitslosen. Aus der Relation von Arbeitslosen und offenen Stellen sowie der Dauer der Stellenbesetzung werden hier für Regionen und Berufe Hinweise auf Engpass- oder Mangelsituationen abgeleitet. Nach der aktuellen Engpassanalyse ist festzustelllen, dass es aktuell einen flächendeckenden Fachkräftemangel in Deutschland nicht gibt. Allerdings sind in einzelnen Berufsgruppen und Regionen Mangelsituationen bzw. Engpässe zu beobachten. So zeigt sich ein Fachkräftemangel in einzelnen technischen Berufsfeldern sowie in Gesundheits- und Pflegeberufen. Dabei bestehen in beiden Berufsgruppen Besetzungsschwierigkeiten sowohl auf der Ebene der Experten (die in der Regel ein abgeschlossenes Hochschulstudium erfordern, z. B. Ingenieure oder Humanmediziner) als auch der nicht akademischen Fachkräfte (z. B. examinierte Krankenpflegefachkräfte).

Differenziert nach Regionen zeigen sich teilweise deutliche Unterschiede zwischen den Bundesländern. Ein bundesweiter Fachkräftemangel ist für die Altenpflegefachkräfte auszumachen. Hier standen im Jahr 2018 in keinem Bundesland ausreichend arbeitslose Bewerber zur Verfügung, um die gemeldeten Stellen zu besetzen. Bei den Experten Softwareentwicklung und Programmierung waren Mangelsituationen in den meisten westdeutschen Bundesländern festzustellen, wohingegen in Berlin und Mecklenburg-Vorpommern in diesem Berufsfeld noch Fachkräftepotenziale vorhanden waren (Bundesagentur für Arbeit 2018).

Abbildung 7.1 stellt exemplarisch die durchschnittliche Vakanzzeit von Arbeitsstellen in ausgewählten akademischen Berufen als eine weitere Kennzahl zur Beschreibung von Engpässen am Arbeitsmarkt dar. Im Durchschnitt waren im Jahr 2017 Stellen für akademische Experten 92 Tage vakant. Besonders hohe Vakanzzeiten finden sich danach in Medizin, Informatik und in Ingenieurberufen.

Lehrkräfte	52
Geistes-, Gesellschaftswiss., Publizismus	55
Verwaltung, Bibliothek	61
Naturwissenschaften	65
Sozialwesen	67
Psychologie	71
Mediengestaltung, Werbung, Marketing	83
Rechtswissenschaften	84
Experten/Expertinnen insgesamt	92
Wirtschaftswissenschaften	98
Bau und Architektur	103
Technisches Ingenieurwesen	116
Informatik	120
Medizin, Pharmazie	131

Abbildung 7.1: Durchschnittliche Vakanzzeit gemeldeter Arbeitsstellen in Tagen 2017; ausgewählte akademische Berufe (nach Statistik der Bundesagentur für Arbeit 2018)

Bei der Interpretation der Daten der BA ist zu beachten, dass hier nur jene offenen Stellen berücksichtigt werden, die die Betriebe den Arbeitsagenturen als zu besetzend melden. Hierbei handelt es sich nur um etwa die Hälfte aller vakanten Stellen (Bundesagentur für Arbeit 2015, Czepek et al. 2015). Um ein vollständiges Bild von der Situation am Arbeitsmarkt zu zeichnen, bietet es sich daher an, zusätzlich auf Daten aus Betriebs- bzw. Unternehmensbefragungen zurückzugreifen. Insbesondere die IAB-Stellenerhebung, aber auch das IAB-Betriebspanel stellen Informationen zu betrieblichen Stellenbesetzungsprozessen zur Verfügung. Dabei werden nicht nur Angaben zur Anzahl der offenen Stellen und zur Dauer der Stellenbesetzung erhoben, sondern z. B. auch zu Schwierigkeiten bei der Besetzung oder zur Kompromissbereitschaft der Betriebe bei der Einstellung von neuem Personal.

In einer umfassenden Analyse verschiedener Kennzahlen zeigen Czepek et al. (2015), dass die betriebliche Arbeitsnachfrage seit einigen Jahren kontinuierlich angewachsen ist und Probleme bei der Deckung des Fachkräftebedarfs aus Sicht der Unternehmen zunehmend an Bedeutung gewinnen (siehe Tabelle 7.1). Auch wenn die betrachteten Indikatoren nicht auf einen flächendeckenden Fachkräftemangel hinweisen, ist die Arbeitsmarktanspannung in einzelnen Teilsegmenten des Arbeitsmarktes hoch. In regionaler Hinsicht zeigen sich danach Engpässe vor allem im süddeutschen Raum; im Branchenvergleich sind Hinweise auf Engpässe vornehmlich in einzelnen Dienstleistungsbereichen wie dem Informations- und Kommunikationssektor auszumachen. Differenziert nach Berufen werden verfestigte Engpässe bei den Elektro- und technischen Berufen ermittelt, aber auch bei Berufen des Gesundheits- und Pflegebereichs.

Tabelle 7.1: Personalprobleme aus Sicht der Betriebe (eigene Berechnungen auf der Basis des IAB-Betriebspanels)

	2008	2010	2012	2014	2016
Betrieb erwartet Personalprobleme	**39**	**43**	**45**	**46**	**50**
Davon:					
Zu hoher Personalbestand	8	8	5	5	4
Hohe Fluktuation	6	6	8	9	8
Schwierigkeiten, Fachkräfte zu bekommen	**49**	**59**	**64**	**64**	**70**
Personalmangel	11	15	19	20	24
Überalterung	10	14	15	17	16
Qualifizierungsbedarf	17	18	18	18	15

Anmerkung: Anteil der Betriebe, die für die kommenden zwei Jahre Personalprobleme erwarten, in %.

Die Daten der IAB-Stellenerhebung geben auch Auskunft über die Gründe für Probleme bei der betrieblichen Stellenbesetzung. Dabei zeigt sich, dass Betriebe ihre Stellen deswegen oftmals nicht besetzen können, weil es zu wenige Bewerbungen gibt. Neben derartigen quantitativen Engpässen spielen aber auch qualitative Aspekte bei der Stellenbesetzung eine Rolle. So stellen sich viele Rekrutierungen schwierig dar, weil die Bewerber nur über unzureichende Qualifikationen verfügen.

Tabelle 7.2: Gründe für Stellenbesetzungsschwierigkeiten in Prozent aller Neueinstellungen (IAB-Stellenerhebung, https://www.iab.de/de/befragungen/stellenangebot/aktuelle-ergebnisse.aspx, letzter Aufruf: 10.4.2019)

	Unzureichende berufliche Qualifikation der Bewerber	Zu hohe Lohnforderungen	Fehlende Bereitschaft, die Arbeitsbedingungen zu erfüllen	Zu wenige Bewerber
2010	17	10	10	14
2011	19	10	12	18
2012	18	11	10	21
2013	21	11	11	22
2014	18	9	11	22
2015	20	14	15	23
2016	18	12	12	24
2017	23	15	15	31

Auch wenn demnach gegenwärtig kein allgemeiner Fachkräftemangel besteht, sondern Engpässe nur in bestimmten Segmenten des Arbeitsmarktes vorliegen, wird davon ausgegangen, dass sich die Situation in der Zukunft verschärfen wird. Vorliegenden Projektionen des IAB zufolge wird die Zahl der erwerbsfähigen Menschen aufgrund der demografischen Entwicklung langfristig zurückgehen. Fuchs et al. (2017) prognostizieren für das Erwerbspersonenpotenzial, d. h. die Summe aus Erwerbstätigen, Erwerbslosen und Stiller Reserve, einen massiven Rückgang in den kommenden Jahrzehnten. Wird eine jährliche Nettozuwanderung in Höhe von 200.000 Personen unterstellt, wird das Erwerbspersonenpotenzial von 45,8 Millionen im Jahr 2015 auf 44,5 Millionen im Jahr 2030 und auf 38,9 Millionen im Jahr 2060 sinken.

Besonders stark schlägt dabei der demografische Effekt zu Buche: So ergibt sich allein aufgrund von Bevölkerungsrückgang und Alterung eine Reduktion des Erwerbspersonenpotenzials bis zum Jahr 2060 um rund 18 Millionen. Abgeschwächt wird dieser Effekt durch die Zuwanderung. Wie jedoch nicht zuletzt die Entwicklungen in der jüngsten Vergangenheit zeigen, ist die Höhe der Zuwanderung anders als die demografische Komponente schwierig zu prognostizieren. Deswegen werden für die Wanderung zumeist verschiedene Szenarien unterstellt. Bei einem jährlichen Wanderungssaldo von 200.000 Personen würde bis 2060 ein zusätzliches Plus von rund 8,3 Millionen potenziellen Erwerbspersonen aufgebaut, bei einem Wanderungssaldo von 300.000 Personen ein Plus von rund 11,6 Millionen (siehe Abbildung 7.2).

Relevant für die Entwicklung des Erwerbspersonenpotenzials ist schließlich auch die sogenannte Verhaltenskomponente, die die Erwerbsneigung verschiedener Personengruppen widerspiegelt. Wird von einer steigenden Frauenerwerbsbeteiligung sowie einer längeren Lebensarbeitszeit ausgegangen, ergibt sich den IAB-Projektionen zufolge ein weiteres Plus des Erwerbspersonenpotenzials von 1,8 Millionen bis zum Jahr 2050. Dass dieser Effekt vergleichsweise moderat ausfällt, begründen die Autoren damit, dass sich die Erwerbsbeteiligung der Frauen aktuell bereits auf einem hohen Niveau bewegt und zusätzliche Steigerungsmöglichkeiten somit begrenzt sind (Fuchs et al. 2011).

Aus dem Rückgang des Erwerbspersonenpotenzials allein kann jedoch noch nicht auf etwaige Mangelsituationen am Arbeitsmarkt geschlossen werden. Vielmehr ist es hierzu erforderlich, auch die Arbeitsnachfrageseite der Unternehmen zu berücksichtigen. Um zudem Hinweise auf Engpässe in bestimmten Segmenten des Arbeitsmarktes zu gewinnen, müssen Arbeitsangebot und -bedarf in einer entsprechenden Differenziertheit betrachtet werden. Derartige Analysen werden im Rahmen der BIBB-IAB-Qualifikations- und Berufsfeldprojektionen durchgeführt. Aus aktuellen Modellrechnungen ergeben sich dabei Hinweise, dass langfristig mit Engpässen vor allem im mittleren Qualifikationssegment zu rechnen ist. Die Studie von Zika et al. (2015) unterstellt für diese Qualifikationsgruppe zwar einen Nachfragerückgang, doch werde dieser geringer ausfallen als der Rückgang auf der Angebotsseite. Für den tertiären Bereich dagegen rechnen die Autoren tendenziell mit einem Nachfrageüberhang. So wird zwar von einem weiter steigenden Bedarf an Akademikern ausgegangen, dem jedoch aufgrund der fortschreitenden Akademisierung auch ein steigendes Angebot an Personen mit (Fach-)Hochschulausbildung bzw. mit Meister-, Techniker- und Fachschulabschlüssen gegenüberstehe. Ob dieses in allen Regionen

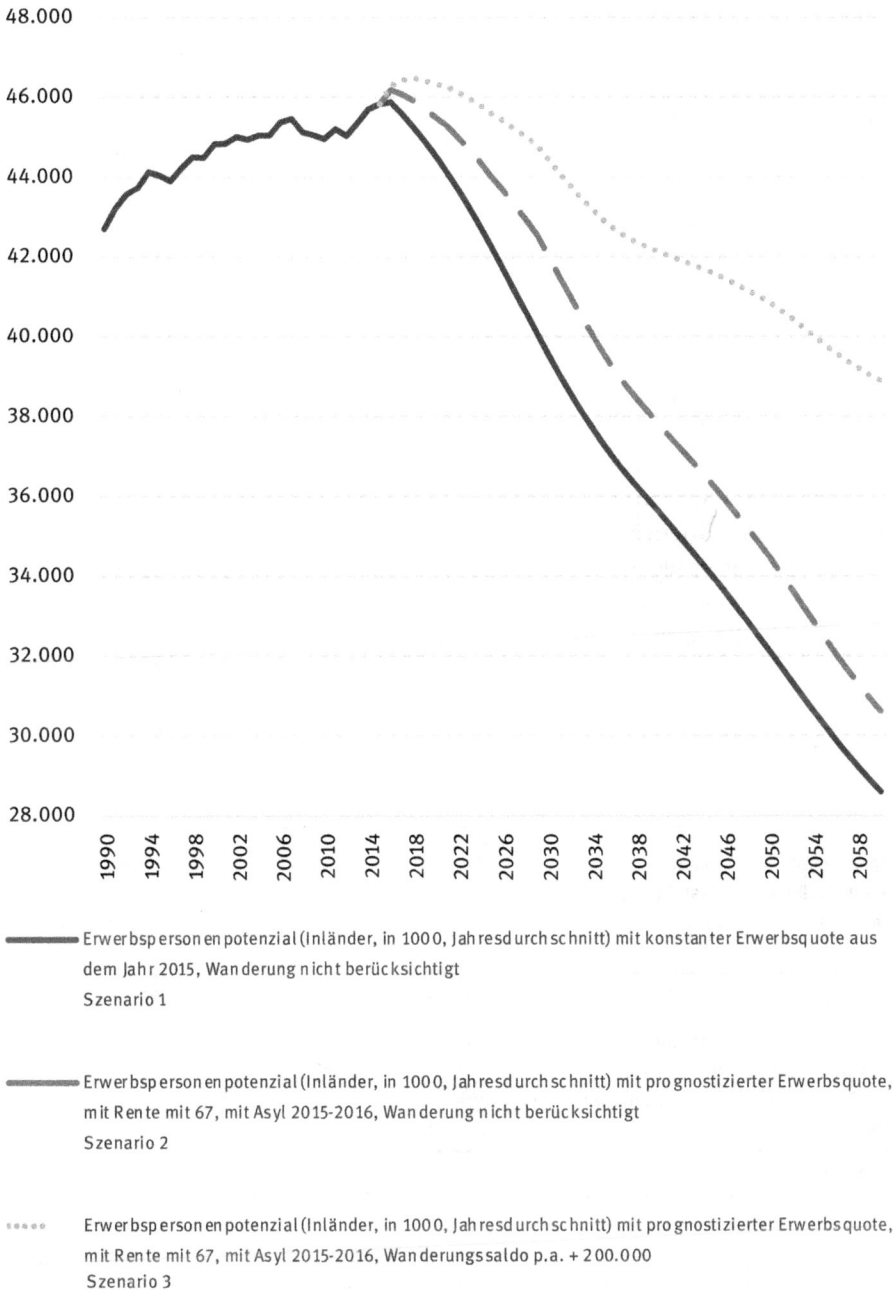

Erwerbspersonenpotenzial (Inländer, in 1000, Jahresdurchschnitt) mit konstanter Erwerbsquote aus dem Jahr 2015, Wanderung nicht berücksichtigt
Szenario 1

Erwerbspersonenpotenzial (Inländer, in 1000, Jahresdurchschnitt) mit prognostizierter Erwerbsquote, mit Rente mit 67, mit Asyl 2015-2016, Wanderung nicht berücksichtigt
Szenario 2

Erwerbspersonenpotenzial (Inländer, in 1000, Jahresdurchschnitt) mit prognostizierter Erwerbsquote, mit Rente mit 67, mit Asyl 2015-2016, Wanderungssaldo p.a. + 200.000
Szenario 3

Abbildung 7.2: Szenarien zur Entwicklung des Erwerbspersonenpotenzials bis 2050, in 1000 Personen (nach Fuchs et al. 2011)

qualifikationsadäquat vom Arbeitsmarkt aufgenommen werden kann, wird als fraglich angesehen. Für Personen ohne abgeschlossene Berufsausbildung schließlich ermittelt die Untersuchung eine weitere Verschlechterung der Arbeitsmarktsituation. Aufgrund des zurückgehenden Bedarfs und des nahezu gleichbleibenden bzw. nur geringfügig sinkenden Angebots werden in diesem Segment besonders hohe Erwerbslosenquoten erwartet. Differenziert nach Berufen wird von Engpässen vor allem in den technischen Berufen, aber auch in den Gesundheitsberufen ausgegangen.

7.3 Strategien zur Begegnung des Fachkräftebedarfs

Nach den Ausführungen des vorangegangenen Abschnitts liegen gegenwärtig in einzelnen Segmenten des Arbeitsmarktes Engpass- bzw. Mangelsituationen vor. Betroffen hiervon ist vor allem die Nachfrage nach technischen Berufen sowie Berufen des Gesundheitswesens. Für diese beiden Berufsgruppen werden auch für die Zukunft Rekrutierungsschwierigkeiten erwartet. Aufgrund der demografischen Entwicklung und der Zusammensetzung von Arbeitsangebot und -nachfrage wird dabei von Engpässen insbesondere im mittleren Qualifikationsbereich, d. h. der beruflich ausgebildeten Fachkräfte, ausgegangen.

Tabelle 7.3: Handlungsfelder zur Steigerung des Fachkräfteangebots und dadurch bis zum Jahr 2030 erschließbare Potenziale in Tsd. Personen (Vollzeitäquivalente) (nach Bundesagentur für Arbeit 2016)

Handlungsfeld 1: Schulabgänge ohne Abschluss reduzieren	Handlungsfeld 2: Ausbildungsabbrüche reduzieren	Handlungsfeld 3: Studienabbrüche reduzieren	Handlungsfeld 4: Erwerbsbeteiligung Älterer (55+) erhöhen	Handlungsfeld 5: Erwerbsbeteiligung von Frauen erhöhen
75–150	70–140	80–160	285–570	255–510
Handlungsfeld 6: Einwanderung von Fachkräften steuern	Handlungsfeld 7: Arbeitszeitvolumen Vollzeit erhöhen	Handlungsfeld 8: Aus- und Weiterbildung vorantreiben	Handlungsfeld 9: Arbeitsmarkt-transparenz erhöhen	Handlungsfeld 10: Steuer- und Transfersysteme weiterentwickeln
450–900	300–600	320–640	–	–

Um den geschilderten gegenwärtigen Knappheiten am Arbeitsmarkt zu begegnen und zukünftigen Problemen vorzubeugen, können verschiedene Maßnahmen ergriffen werden. In der Literatur sowie in der öffentlichen und politischen Diskussion werden in diesem Kontext unterschiedliche Strategien diskutiert, sowohl im Hinblick auf staatliches Handeln als auch in Bezug auf Aktivitäten von Unternehmen.

Im Rahmen ihres Programms „BA 2020" identifiziert die BA zehn Handlungsfelder, die dazu beitragen können, das Fachkräfteangebot in Deutschland zu steigern (siehe Tabelle 7.3). Es wird deutlich, dass es sich hierbei um einen breiten Maßnahmenmix handelt, der quantitative Ansatzpunkte (Erhöhung des Arbeitsvolumens) ebenso wie qualitative (Höherqualifizierung der Bevölkerung) umfasst. Angesprochen werden auch institutionelle Aspekte wie die Ausgestaltung der Steuer- und Transfersysteme. Die BA schätzt für die einzelnen Maßnahmen auch mögliche Effekte auf das Fachkräfteangebot. So würde ihren Berechnungen zufolge z. B. eine Verringerung der Schulabbrecherquote um 20 bis 40 % bis zum Jahr 2030 positiv mit zusätzlichen 75.000 bis 150.000 zusätzlichen Fachkräften zu Buche schlagen. Diese recht breite Spanne macht exemplarisch deutlich, dass solche Schätzungen mit erheblichen Unsicherheiten behaftet sind, da niemand weiß, inwieweit das Bildungssystem dieses Ziel in Zukunft tatsächlich erreichen kann. Das größte Potenzial wird im Handlungsfeld „Einwanderung von Fachkräften" gesehen, wo ein Plus an zusätzlichen Fachkräften von 450.000 bis 900.000 angenommen wird (Bundesagentur für Arbeit 2016).

In den einzelnen Kapiteln dieses Buches wurden einige dieser Handlungsfelder bereits angesprochen. Im Folgenden soll der Fokus nun auf der Nutzung des Potenzials von Älteren, Frauen und Geringqualifizierten sowie der Zuwanderung nach Deutschland liegen.

7.3.1 Nutzung des Potenzials von Älteren

Eine erste Strategie, um mehr Fachkräfte zu gewinnen, liegt in der Nutzung des Potenzials von Älteren. Die Erwerbsbeteiligung Älterer bewegte sich in Deutschland im europäischen Vergleich lange Zeit nur im Mittelfeld. In den letzten Jahren hat sie allerdings deutlich zugenommen. So lag die Erwerbstätigenquote der 60- bis unter 65-Jährigen im Jahr 2017 bei 58 %, womit die Bundesrepublik innerhalb der EU Platz 2 hinter Schweden einnahm. Hat die Erwerbstätigenquote der 15- bis unter 65-Jährigen zwischen 2007 und 2017 um 10 Prozentpunkte zugenommen, ist sie bei den Älteren wesentlich stärker angestiegen. So ist in der Altersgruppe der 55- bis unter 60-Jährigen seit 2005 ein Zuwachs um 17 Prozentpunkte auszumachen und in der Altersgruppe der 60- bis unter 65-Jährigen ein Anstieg um 30 Prozentpunkte (siehe Abb. 7.3). Aufgrund der Anhebung des Rentenalters ist darüber hinaus auch ein Anstieg der Erwerbsbeteiligung der Menschen festzustellen, die 65 Jahre und älter sind.

Verglichen mit jüngeren Personen sind ältere stärker von Arbeitslosigkeit betroffen. Während die Arbeitslosenquote der über 55-Jährigen im Jahr 2017 bei 6 % lag, bewegte sich die Arbeitslosenquote über alle Altersklassen hinweg auf einem Niveau von 6 % (Bundesagentur für Arbeit 2018). Dabei war die Gruppe der 60- bis unter 65-Jährigen stärker von Arbeitslosigkeit betroffen als die Gruppe der jüngeren Älteren zwischen 55 und 60 Jahren. Ältere Beschäftigte haben zwar im Vergleich zum Durchschnitt über alle Altersklassen hinweg ein geringeres Risiko, aus einer Beschäftigung heraus arbeitslos zu werden. Haben sie jedoch einmal ihre Stelle verloren, so haben sie auch deutlich geringere Chancen, ihre Arbeitslosigkeit durch Aufnahme einer Beschäftigung wieder zu beenden. Dies führt zu einer längeren Dauer der Arbeitslosigkeit und einem entsprechend hohen Anteil an Langzeitarbeitslosen, d. h. von Personen, die länger als zwölf Monate arbeitslos waren. War im Jahr 2017 im Durchschnitt aller Altersgruppen gut ein Drittel aller Arbeitslosen bereits seit einem Jahr arbeitslos, traf dies bei den 55- bis unter 65-Jährigen auf knapp die Hälfte aller Arbeitslosen zu (Bundesagentur für Arbeit 2018).

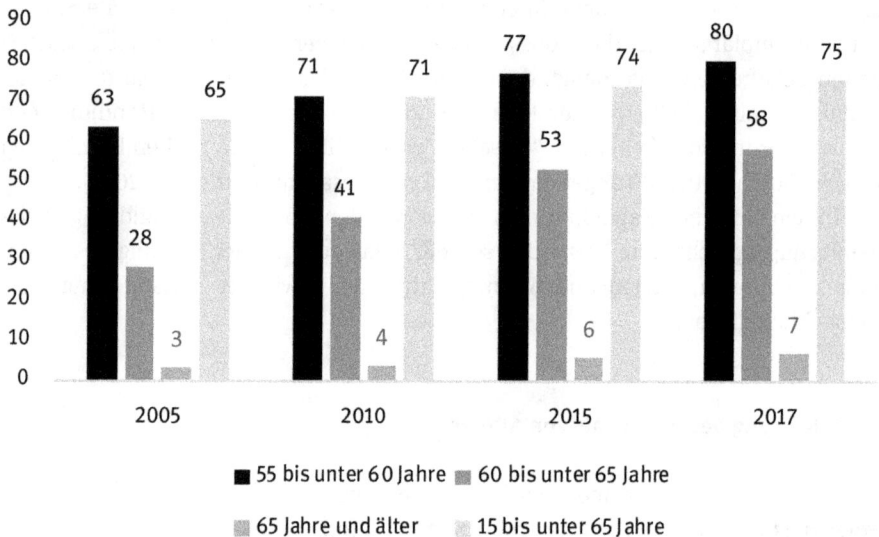

Abbildung 7.3: Erwerbstätigenquoten nach Altersgruppen, in %, 2005, 2010, 2015 und 2017 (nach Statistisches Bundesamt 2018)

Gelingt es, den positiven Trend bei der Entwicklung der Erwerbsbeteiligung Älterer fortzusetzen und die Arbeitslosigkeit dieser Personengruppe auf einem relativ niedrigen Niveau zu halten, kann hierdurch zusätzliches Fachkräftepotenzial entstehen. Voraussetzung hierfür sind jedoch entsprechende Rahmenbedingungen, die die Erwerbstätigkeit Älterer fördern bzw. unterstützen. Von zentraler Bedeutung ist dabei zunächst die Ausgestaltung des Steuer-, Transfer- und Sozialversicherungssystems, durch die die Anreize für eine längere Erwerbstätigkeit beeinflusst werden. Damit Ältere länger erwerbstätig sein können, ist es darüber hinaus aber auch erforderlich, dass sie bis ins Alter hinein arbeitsfähig bleiben (Ilmarinen 2006). Für den Erhalt der Arbeitsfähigkeit sind dabei zum einen individuelle Ressourcen wie die physische und die psychische Gesundheit, Kompetenzen (Fertigkeiten, Wissen) oder die Motivation der Erwerbspersonen bedeutend. Zum anderen kommt aber auch den arbeitsplatzspezifischen Anforderungen und Gegebenheiten eine besondere Bedeutung zu. So kann gezeigt werden, dass Faktoren wie die Arbeitsplatzgestaltung oder Arbeitsbe-lastungen ebenso wie das Verhalten der Vorgesetzten oder das Verhältnis zu den Kollegen die Arbeitsfähigkeit beeinflussen Vor diesem Hintergrund bieten sich ver-schiedene Ansatzpunkte an, die dazu beitragen können, die Fähig- und Fertigkeiten, die Motivation und die Gesundheit bis ins Alter hinein aufrechtzuerhalten. Gefordert sind dabei sowohl Betriebe als auch Arbeitnehmer und ihre Interessenvertretungen. Bereiche, in denen die genannten Akteure aktiv werden können bzw. sollten, sind die Bildung, die Arbeitsplatz- und Arbeitszeitgestaltung, die Arbeitsorganisation, der Gesundheitsschutz, die Laufbahngestaltung sowie die Unternehmenskultur.

Grundsätzlich ist man sich dabei darin einig, dass diese Maßnahmen nicht erst im Alter, sondern möglichst über das gesamte Arbeitsleben hinweg durchgeführt werden sollten. Nimmt ein Beschäftigter beispielsweise viele Jahre lang an keiner Weiterbil-dungsmaßnahme teil, besteht die Gefahr, dass er das Lernen verlernt. Vorliegende Untersuchungen zeigen, dass das Unsicherheitsgefühl in Lernsituationen mit zuneh-mendem Alter ansteigt. Insofern wird die Notwendigkeit betont, das Lernen zu einer Selbstverständlichkeit über den Erwerbsverlauf werden zu lassen, sodass derartige Entwöhnungseffekte erst gar nicht eintreten können (Rump/Eilers 2007). Das Gleiche gilt für körperliche Verschleißerscheinungen, denen möglichst präventiv durch Akti-vitäten der Gesundheitsförderung oder der Arbeitsplatzgestaltung begegnet werden sollte. Die betriebliche Personalpolitik sollte somit eher alternsgerecht und nicht altersgerecht sein – also den Mitarbeiter im Prozess des Alterns unterstützend und fördernd begleiten und nicht erst im Alter ansetzen (Bellmann/Leber 2015).

Die repräsentativen Daten des IAB-Betriebspanels liefern Informationen dazu, wie viele Betriebe sich in verschiedenen personalpolitischen Bereichen für ihre älteren Mitarbeiter engagieren. Dieser Datengrundlage zufolge hat im Jahr 2015 knapp jeder fünfte Betrieb, der überhaupt ältere (definiert als über 50-jährige) Mitar-beiter beschäftigt hat, alter(n)sspezifische Maßnahmen angeboten. Richtet man den Blick auf die Verbreitung einzelner Instrumente, so ist festzustellen, dass von den im IAB-Betriebspanel erfassten Maßnahmen zum einen die Altersteilzeit vergleichsweise häufig von den Betrieben eingesetzt wird (siehe Abbildung 7.4). In Bezug auf dieses Instrument ist allerdings zu berücksichtigen, dass nach aktuellen Angaben der BA der weitaus größere Teil der geförderten Altersteilzeit im Rahmen des Blockmodells und nicht des Teilzeitmodells durchgeführt wird, also weniger auf eine Weiterbe-schäftigung der Älteren als auf ihren (vorzeitigen) Altersübergang hinausläuft.

Ebenfalls relativ häufig genannt wird die Einbeziehung Älterer in Maßnahmen der betrieblichen Weiterbildung, der im Gegensatz zur Altersteilzeit im Blockmodell eine wichtige Rolle im Hinblick auf die Sicherung der Arbeitsfähigkeit zukommt. Ver-glichen mit dem betrieblichen Weiterbildungsengagement der gesamten Belegschaft gegenüber sind die diesbezüglichen Aktivitäten aber nach wie vor unterdurchschnitt-lich. Gezeigt werden kann zudem, dass die Weiterbildungsbeteiligung bei älteren Beschäftigten (noch) stärker mit dem Qualifikationsniveau zusammenhängt, als dies bei den jüngeren Beschäftigten der Fall ist. So weisen gering qualifizierte Ältere eine besonders geringe Teilnahme an Weiterbildung auf und stellen damit eine besondere Risikogruppe im Bereich der Weiterbildung dar. Ebenfalls nur verhältnismäßig wenig verbreitet sind Aktivitäten wie altersgemischte Arbeitsgruppen, die Anpassung der Arbeitsanforderungen sowie eine besondere Ausstattung der Arbeitsplätze. Auch im Bereich der Gesundheitsförderung engagieren sich nur vergleichsweise wenige Betriebe, wobei auch noch eher informierende Instrumente wie Krankenstandsanalysen und Mitarbeitergespräche im Vordergrund stehen (Leber et al. 2013, Bellmann et al. 2018).

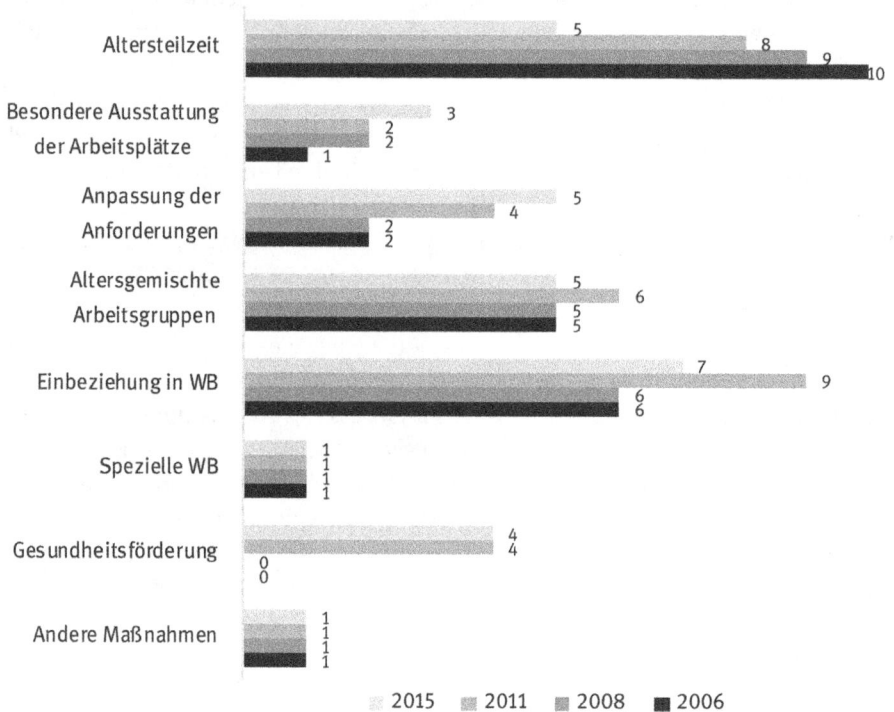

Abbildung 7.4: Anteil von Betrieben mit personalpolitischen Maßnahmen für Ältere, in %; Basis; Betriebe mit älteren Arbeitnehmern (eigene Berechnungen auf der Basis des IAB-Betriebspanels)

Anmerkung: Die Maßnahme „Gesundheitsförderung" wird erst seit dem Jahr 2011 erhoben.

7.3.2 Nutzung des Potenzials von Frauen

Eine weitere Strategie, einem gegenwärtigen bzw. zukünftigen Fachkräftebedarf zu begegnen, ist die stärkere Einbindung von Frauen auf dem Arbeitsmarkt. Angesichts ihrer Zugewinne auf allen Ebenen des Bildungs- und Ausbildungssystems bilden Frauen eine immer bedeutendere Gruppe des qualifizierten Erwerbspersonenpotenzials. Die Erwerbsbeteiligung der Frauen steigt seit einigen Jahren kontinuierlich an.

Im Jahr 2014 waren 49 % aller Beschäftigten in Deutschland weiblich. Betrachtet man allerdings den Anteil der Frauen am Arbeitsvolumen, d. h. dem Produkt aus beschäftigten Personen und Arbeitszeit, so lag dieser zuletzt nur bei knapp 41 %. Dies hat damit zu tun, dass Teilzeitbeschäftigung bei Frauen eine sehr viel größere Rolle spielt als bei Männern. So waren im Jahr 2014 58 % der Frauen, aber nur 20 % der Männer teilzeitbeschäftigt (Wanger 2015).

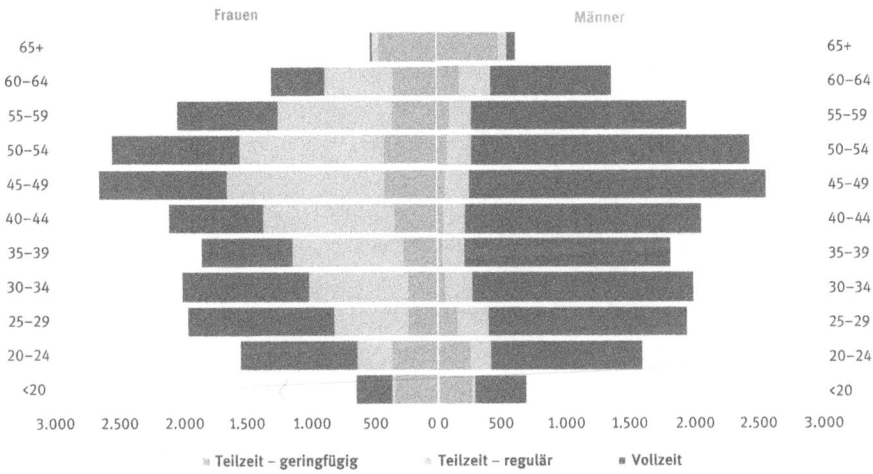

Abbildung 7.5: Erwerbsformen der Beschäftigten 2014, nach Geschlecht und Alter, Personen in 1.000 (nach Wanger 2015)

Die Gründe für Teilzeitarbeit unterscheiden sich dabei stark zwischen den Geschlechtern. Während Männer oftmals eine Teilzeitarbeit ausüben, weil sie keine Vollzeitstelle finden, haben Frauen häufiger ein reduziertes Stundenvolumen, um Betreuungspflichten nachzukommen (Wanger 2015). Dabei spielt neben der Betreuung von Kindern zunehmend auch die Pflege von Familienangehörigen eine zunehmende Rolle. Dementsprechend ist der Teilzeitanteil bei den Frauen vor allem in den mittleren Altersgruppen vergleichsweise hoch, wohingegen Männer insbesondere zu Beginn (Schüler, Studenten) und am Ende des Erwerbslebens (Altersteilzeit, Rentner) einer Teilzeitarbeit nachgehen (siehe Abbildung 7.5). Aus den Daten des Sozioökonomischen Panels (SOEP) ist bekannt, dass viele der teilzeitbeschäftigten Frauen ihre Arbeitszeit gerne ausweiten würden. Ließen sich diese Verlängerungswünsche realisieren, so würde sich einer Studie von Wanger (2012) zufolge ein zusätzliches Potenzial von rund einer Million Vollzeitarbeitsplätze ergeben.

Um dieses Potenzial erschließen zu können, ist die Schaffung entsprechender Rahmenbedingungen erforderlich. Insbesondere durch das Angebot an Kinderbetreuung kann die Erwerbstätigkeit von Frauen wesentlich beeinflusst werden. Gefordert ist hier zum einen der Staat, zum anderen aber auch die Unternehmen. Betriebe können darüber hinaus durch weitere Maßnahmen zu einer kontinuierlichen (Vollzeit-)Beschäftigung von Frauen beitragen. Nach den Daten des IAB-Betriebspanels hatten im Jahr 2016 insgesamt 35 % aller Betriebe in Deutschland Maßnahmen zur Vereinbarkeit von Beruf und Familie (siehe Abbildung 7.6) ergriffen. Besonders häufig wurden dabei Aktivitäten der Arbeitszeitgestaltung eingesetzt, die den Bedürfnissen von Beschäftigten mit Betreuungspflichten in besonderem Maße Rechnung tragen. Hierbei handelt es sich um Angebote wie flexible Arbeitszeiten, Arbeitszeitkonten, Telearbeit oder familienfreundliche Teilzeitmodelle. Weitere Angebote wie die gezielte Frauenförderung (z. B. Mentoring, spezifische Frauenförderpläne), Angebote während der Elternzeit (z. B. Beteiligung an Weiterbildung) oder Kinderbetreuung spielten in der betrieblichen Praxis demgegenüber nur eine vergleichsweise geringe Rolle. Im Zeitverlauf ist hier jedoch ein Anstieg festzustellen.

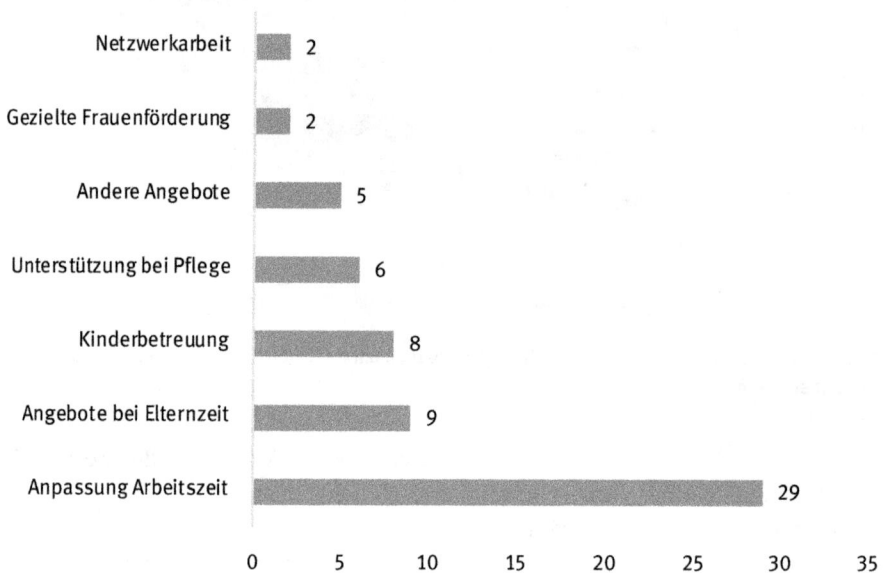

Abbildung 7.6: Angebot an betrieblichen Maßnahmen zur Förderung der Chancengleichheit von Frauen und Männern 2016, in %; Mehrfachnennungen möglich (eigene Berechnungen auf der Basis des IAB-Betriebspanels 2016)

Die Förderung kontinuierlicher Vollzeitbeschäftigung von Frauen kann auch einen Beitrag leisten, den Frauenanteil in Führungspositionen zu erhöhen. Die Daten des IAB-Betriebspanels zeigen, dass derzeit in der obersten Führungsebene von Betrieben nur jede vierte Stelle von einer Frau besetzt ist. Dabei sinkt der Anteil der weiblichen Führungskräfte deutlich mit der Betriebsgröße (Kohaut/Möller 2016). Eine Erhöhung des weiblichen Führungskräfteanteils würde nicht nur die berufliche Chancengleichheit von Frauen und Männern fördern, sondern auch zu einer besseren Nutzung des Humankapitals von Frauen beitragen.

Ausschöpfungspotenziale gibt es auch hinsichtlich des Berufsspektrums der Frauen. So zeigen Ergebnisse des IAB, dass sich Frauen stärker als Männer auf wenige Berufsgruppen konzentrieren und nach wie vor kaum in typische Männerdomänen eindringen. Um hier einen Ausgleich zu schaffen, reicht es allerdings nicht, stärker für diese Berufe zu werben – auch die Ausbildungs- und Arbeitsbedingungen von Frauen in diesen Berufen müssen verbessert werden. Angesetzt werden kann schließlich auch an der Adäquanz der Beschäftigung. Vorliegende Untersuchungen machen deutlich, dass Frauen ein höheres Risiko einer unterwertigen Beschäftigung aufweisen als Männer (Kracke 2016). Gerade angesichts der gestiegenen Beteiligung der Frauen am schulischen und beruflichen Bildungssystem können sich auch hier weitere Potenziale ergeben.

7.3.3 Nutzung des Potenzials von Geringqualifizierten

Um zusätzliche Fachkräftereserven zu erschließen, bietet es sich weiterhin an, die Potenziale von Geringqualifizierten besser zu erschließen. Von den in Tabelle 7.3 dargestellten Handlungsfeldern sind hier u. a. Handlungsfeld 1 (Schulabgänger ohne Abschluss reduzieren), Handlungsfeld 2 und 3 (Ausbildungs- und Studienabbrüche reduzieren) sowie Handlungsfeld 8 (Aus- und Weiterbildung vorantreiben) angesprochen.

Die Arbeitsmarktchancen von Geringqualifizierten sind vergleichsweise schlecht: So sind Personen ohne beruflichen Abschluss durch eine überdurchschnittlich hohe Arbeitslosenquote gekennzeichnet; zudem stellen sie einen hohen Anteil an den Langzeitarbeitslosen (vgl. hierzu auch Kapitel 9). Einer relativ großen Zahl arbeitsloser Geringqualifizierter steht jedoch nur eine vergleichsweise geringe Nachfrage seitens der Betriebe gegenüber. Insbesondere aufgrund der zunehmenden Technisierung und Digitalisierung der Produktionsabläufe sowie der Internationalisierung der Wirtschaft wird davon ausgegangen, dass der Bedarf an einfachen Tätigkeiten weiter abnehmen wird. Gelingt es also, Geringqualifizierte zu Fachkräften auszubilden, könnte dies nicht nur zu einer Minderung der betrieblichen Fachkräfteproblematik beitragen, sondern auch dazu, die Arbeitsmarktsituation der Personen ohne Berufsabschluss zu verbessern.

In der öffentlichen und wissenschaftlichen Diskussion ist man sich darin einig, dass an verschiedenen Stellen angesetzt werden muss, um die Potenziale Geringqualifizierter besser als bislang nutzen zu können. Einigkeit besteht zudem darin, dass besonderes Augenmerk auf die Personen mit Migrationshintergrund zu richten ist, da sie überdurchschnittlich häufig ohne schulischen oder beruflichen Abschluss bleiben (zu den schulischen Abschlüssen von Personen mit und ohne Migrationshintergrund vgl. die Ausführungen in Abschnitt 3.2).

In Tabelle 7.4 werden die Strukturen der Bildungsabschlüsse von Personen mit und ohne Migrationshintergrund für das Jahr 2016 gegenübergestellt. Während unter den Personen mit Migrationshintergrund 62 % einen berufsqualifizierenden Abschluss aufwiesen, waren dies bei den in Deutschland lebenden Personen ohne Migrationshintergrund fast 86 %, also 24 Prozentpunkte mehr. Diese Anteilsdifferenz entspricht ziemlich genau dem Unterschied zwischen den Anteilen der Personen mit und ohne Migrationshintergrund, die keinen berufsqualifizierenden Bildungsabschluss haben. Dies sind bei den Personen mit Migrationshintergrund fast 38 % und bei den Personen ohne Migrationshintergrund 14 %. Interessanterweise erreicht der Anteil der Akademiker mit knapp 18 % bei beiden Gruppen denselben Wert. Zudem werden große Unterschiede in den Bildungsabschlüssen nach Herkunftsregionen deutlich. So verfügten beispielsweise im Jahr 2014 knapp 30 % der Personen mit Migrationshintergrund, die aus EU-Ländern oder Amerika kommen, nicht über einen berufsqualifizierenden Abschluss, bei den anderen Herkunftsländern waren dies sogar 45 % (Aktionsrat Bildung 2016).

Tabelle 7.4: Bildungsabschlüsse von Personen mit und ohne Migrationshintergrund 2014, Angaben in % (nach Aktionsrat Bildung 2016)

	Personen mit Migrationshintergrund			Personen ohne Migrationshintergrund
	Insgesamt	Darunter: Aus		
		EU-28 und Amerika	Andere Herkunftsregionen	
Mit berufsqualifizierendem Bildungsabschluss Darunter:	62	70	55	86
Lehre	40	43	36	58
Meister, Techniker, Fachschule	5	6	4	10
Akademischer Abschluss (Bachelor, Master, Diplom oder Promotion)	18	21	16	18
Ohne berufsqualifizierenden Bildungsabschluss	38	30	45	14
Noch in Ausbildung (schulisch, berufsqualifizierend oder noch nicht schulpflichtig)	32	27	34	18

Anmerkung: Anteil an der jeweiligen Personengruppe unter Ausschluss noch in Ausbildung befindlicher Personen (in %). Migrationshintergrund: im engeren Sinn. Berechnungen anhand der vom Statistischen Bundesamt (2015) berichteten Daten des Mikrozensus 2014.

Betrachtet man die beruflichen Bildungsabschlüsse von Personen mit Migrationshintergrund im Kohortenvergleich, so ist ein Trend in Richtung Höherqualifizierung festzustellen. So ist in den jüngeren Altersgruppen der Anteil der Personen ohne beruflichen Abschluss im Vergleich zu den älteren Altersgruppen zurückgegangen, wohingegen der Anteil der Personen mit höheren beruflichen Abschlüssen in den jüngeren Kohorten gestiegen ist (Autorengruppe Bildungsberichterstattung 2016).

Um den Anteil Geringqualifizierter zu verringern, werden Aktivitäten bereits im Bereich der vorschulischen und schulischen Bildung als erforderlich erachtet. Dies kann beispielsweise durch die Einbindung von Kindern in frühkindliche Bildungsein-richtungen, entsprechende Unterstützungsleistungen während der Schulzeit oder die Sensibilisierung und Beratung von Eltern für die Bildung erfolgen. Darüber hinaus wird gefordert, Kinder und Jugendliche mit Migrationshintergrund bereits frühzeitig sprachlich zu fördern (Bundesagentur für Arbeit 2016, Bundesvereinigung der Deut-schen Arbeitgeberverbände 2015).

Ein (guter) Schulabschluss ist eine wichtige Voraussetzung dafür, einen Aus-bildungsplatz zu finden. Wie aber bereits in Kapitel 5 aufgezeigt wurde, gelingt es vielen Jugendlichen nicht, in eine berufliche Ausbildung einzumünden. Der Über-gang von der Schule in die Ausbildung ist somit ein weiterer zentraler Ansatzpunkt, um das Qualifikationsniveau der Bevölkerung zu erhöhen. In diesem Zusammenhang bietet insbesondere die Bundesagentur für Arbeit verschiedene Maßnahmen an, um junge Menschen beim Einstig in den Beruf zu unterstützen. Hierzu gehören zunächst Aktivitäten der Berufsberatung. Darüber hinaus werden die Aufnahme einer Berufs-ausbildung und deren erfolgreicher Abschluss durch Instrumente wie ausbildungs-begleitende Hilfen unterstützt. Dabei bieten die Arbeitsagenturen beispielsweise Hilfestellung bei Lernschwierigkeiten in der Fachtheorie und Fachpraxis, Sprachpro-blemen, Problemen im sozialen Umfeld, Problemen im Betrieb oder Problemen mit Prüfungen. Durch berufsvorbereitende Bildungsmaßnahmen (BvB) soll die Ausbil-dungsfähigkeit hergestellt oder der nachträgliche Erwerb eines Hauptschulabschlus-ses ermöglicht werden (Bundesagentur für Arbeit 2016).

Personen, die trotz derartiger Bemühungen nicht über einen beruflichen Abschluss verfügen, erwerben durch ihre Lebens- und Berufserfahrung oftmals Kompetenzen, die auf dem Arbeitsmarkt von großer Bedeutung sind, aber nicht durch formale Zertifikate belegt werden können. Vor diesem Hintergrund gibt es verschiedene Ansätze, derartige informell erworbene Kompetenzen zu dokumentie-ren und damit für den Arbeitgeber sichtbar zu machen. Exemplarisch seien an dieser Stelle die Externenprüfung oder die Teilqualifikationen genannt, mittels derer junge Menschen über Ausbildungsbausteine an einen Ausbildungsabschluss herangeführt werden können (Bundesvereinigung der Deutschen Arbeitgebervereinigung 2015).

Schließlich kann auch durch Weiterbildungsaktivitäten der Betriebe, aber auch der Individuen selbst deren Qualifikationsniveau erhöht und etwaigen Fachkräfte-engpässen entgegengewirkt werden. Der Weiterbildungserhebung des IW zufolge ver-treten gut vier von zehn Unternehmen die Ansicht, dass An- und Ungelernte dank Wei-terbildung qualifizierte Tätigkeiten ausüben können (Seyda/Werner 2012). Bellmann et al. (2015) zeigen darüber hinaus, dass die Bereitschaft der Betriebe zur Weiterbil-dung An- und Ungelernter dann größer ist, wenn sie Schwierigkeiten bei der Fachkräfterekrutierung haben. Durch die Qualifizierung von Geringqualifizierten können Unternehmen somit einen Beitrag zur Minderung ihrer Fachkräfteprobleme leisten und zugleich zu einer Verbesserung der Arbeitsmarktchancen dieser Personengruppe beitragen. Wie in Kapitel 6 jedoch dargelegt wurde, ist die Weiterbildungsbeteiligung von Personen ohne beruflichen Abschluss nach wie vor nur unterdurchschnittlich.

7.3.4 Zuwanderung nach Deutschland

Seit der Jahrtausendwende entwickelt sich der Wanderungssaldo sehr unterschiedlich (siehe Abbildung 7.7). Am aktuellen Rand ist die Nettowanderung aus zwei Gründen deutlich angestiegen: Nach der großen Rezession 2008/2009 war die wirtschaftliche Lage in Deutschland wesentlich besser als in anderen europäischen Ländern, weswegen die Zuwanderung vorwiegend aus süd- und osteuropäischen EU-Staaten stark zugenommen hat. Seit 2015 ist darüber hinaus die Immigration von Fluchtmigranten aus arabischen und afrikanischen Ländern angewachsen.

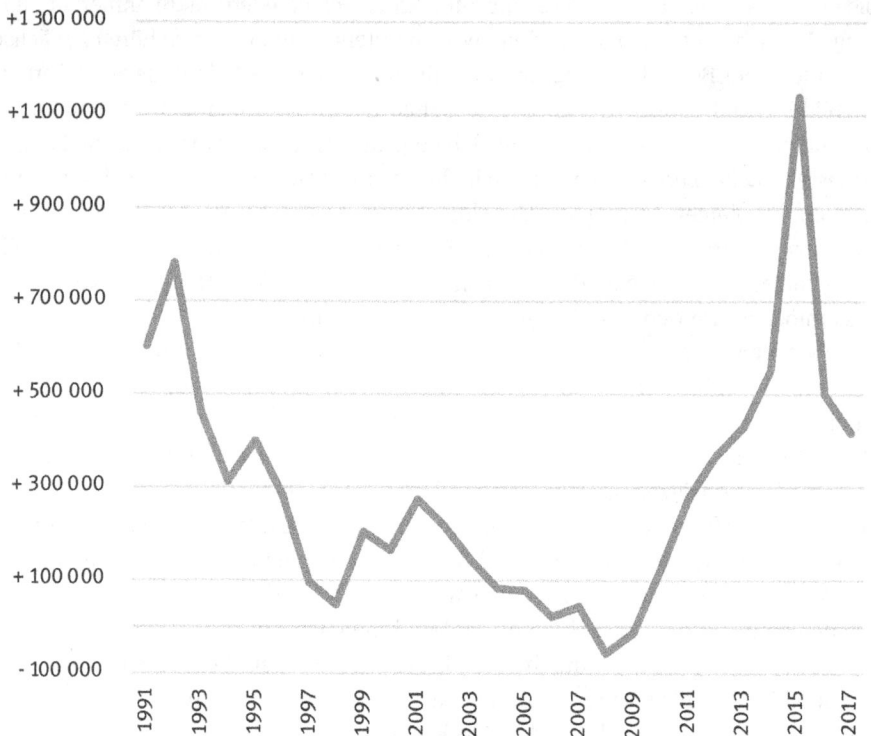

Abbildung 7.7: Wanderungssaldo 1991–2014 (nach Statistisches Bundesamt 2018)

Von den im Jahr 2018 in Deutschland lebenden 83 Millionen Menschen wiesen 23 % einen Migrationshintergrund im engeren Sinne auf. Dabei gilt, dass zwei Drittel der

Personen mit Migrationshintergrund selbst zugewandert sind. Etwa ein Drittel der Personen mit Migrationshintergrund zählt zur zweiten oder dritten Generation, die bereits in Deutschland geboren wurden. Insgesamt sind knapp die Hälfte der Bevölkerung mit Migrationshintergrund Angehörige eines ausländischen Staates (Statistisches Bundesamt 2019).

Um die Potenziale der Zuwanderung für die Fachkräftesicherung zu nutzen, kommt es entscheidend auf die Qualifikation der Migranten an. Im vorangegangenen Abschnitt wurde gezeigt, dass viele der in Deutschland bereits länger ansässigen Migranten eine niedrigere berufliche Qualifikation aufweisen als Personen ohne Migrationshintergrund. Das Qualifikationsniveau der in der jüngeren Vergangenheit Zugewanderten stellt sich dahingegen deutlich besser dar (siehe Abbildung 7.8). Berechnungen des IAB zeigen, dass der Anteil der Personen mit Hochschulabschluss unter den Neuzuwanderern höher ist als der entsprechende Anteil bei den bereits länger in Deutschland wohnenden Migranten, aber auch höher als bei den Deutschen ohne Migrationshintergrund (Seibert/Wapler 2015). Zu beachten ist, dass diese Berechnungen nur Personen umfassen, die im Zeitraum zwischen 2007 und 2012 zugewandert sind.

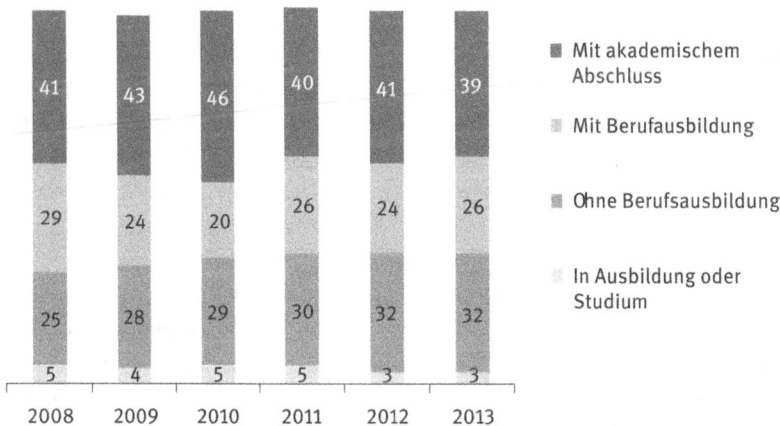

Abbildung 7.8: Bildungsstruktur von Neuzuwanderern im Alter von 25 bis 64 Jahren (zum Zeitpunkt der Befragung in den Jahren 2008–2013), Anteile in % (nach Seibert/Wapler 2015), Berechnungen auf der Basis des Mikrozensus

Für die Gruppe der in den letzten Jahren nach Deutschland gekommenen Fluchtmigranten ist aus der IAB-BAMF-SOEP-Befragung bekannt, dass diese bei ihrem Zuzug eine sehr heterogene Schulbildung und im Durchschnitt ein geringeres Niveau der Berufs- und Hochschulbildung als der Bevölkerungsdurchschnitt in Deutschland haben. Dabei ist das Gefälle zwischen dem Bevölkerungsdurchschnitt in Deutschland und den Geflüchteten im Bereich der beruflichen Bildung besonders stark ausgeprägt. Die Erhebung weist ebenfalls darauf hin, dass die Bildungsaspirationen der Geflüchteten sehr stark ausgeprägt sind: So streben 44 % der Befragten einen allgemeinbildenden Schulabschluss in Deutschland und 68 % eine Berufsausbildung oder ein Hochschulstudium an (Brücker et al. 2019).

Wanderungen zwischen Ländern können grundsätzlich aus ganz unterschiedlichen Motiven erfolgen. Neben der Arbeitsmigration, bei der erwerbsbezogene Gründe im Vordergrund stehen, erfolgen viele Wanderungen auch aus humanitären Gründen oder zum Zwecke der Familienzusammenführung. Aus arbeitsmarktpolitischer Perspektive ist es zum einen relevant, bereits ansässige Migranten, die z. B. aus Gründen der Schutzsuche in die Bundesrepublik kommen, möglichst gut in den Arbeitsmarkt zu integrieren. Darüber hinaus kann aber auch versucht werden, die Zuwanderung so zu gestalten, dass hierdurch zusätzliche Fachkräftepotenziale erschlossen werden (Bundesagentur für Arbeit 2016). Die Zuwanderung in Regionen und Arbeitsmarktsegmente mit Fachkräftemangel kann einen bestehenden Mismatch reduzieren, ohne gleichzeitig die (bestehende) Arbeitslosigkeit zu erhöhen. Gleichzeitig kann die Erhöhung der Nachfrage nach komplementären Arbeitskräften eine (bestehende) Arbeitslosigkeit sogar verringern. Auch wenn unrealistisch hohe Migrationsraten erforderlich sind, um den Rückgang des Erwerbspersonenpotenzials in Deutschland aufzuhalten, können sich durch Zuwanderung positive Folgen für den Arbeitsmarkt ergeben.

Aufgrund der beschränkten Transferierbarkeit der im Heimatland erworbenen Bildungsabschlüsse ist nach der Migration zunächst ein Downgrading in Bezug auf Beruf und auf Bildung zu befürchten. Erst nach und nach finden Personen mit Migrationshintergrund Zugang zu beruflichen Positionen, die ihren Kompetenzen entsprechen (Dustmann et al. 2013; Dustmann/Preston 2012). Durch die Nutzung von Verfahren der Kompetenzfeststellung und der Anerkennung von Berufs- und Bildungsabschlüssen kann versucht werden, diesen Prozess zu beschleunigen.

Neben dem allgemeinen Qualifikationsniveau stellen mangelhafte oder nicht vorhandene Deutschkenntnisse eine Hürde für den Zugang in Beschäftigung dar. Eine vom Ifo-Institut gemeinsam mit dem Personaldienstleister Randstad im 4. Quartal 2015 durchgeführte Befragung von Personalleitern ergab, dass 97 % der Befragten Hürden beim Spracherwerb, 89 % bei der Qualifikation der Bewerber und 91 % bei den rechtlichen Rahmenbedingungen, zu denen u. a. die Vorrangprüfung zu zählen ist, sehen (Falck et al. 2016). Hinzu kommt die Bedeutung von Sprachkenntnissen für eine erfolgreiche Bildungsintegration (vgl. z. B. Ruhose 2013). Dustmann und van Soest (2002) sowie Esser (2006) haben die Rolle der Sprachkenntnisse für das Arbeitseinkommen und das Erreichen höherer sozialer Positionen nachgewiesen.

Um qualifizierte Zuwanderer anzuziehen, bedarf es jedoch entsprechender Rahmenbedingungen. Die Schaffung einer Kultur, in der die Einheimischen offen auf die Einwanderer zugehen (Zimmermann 2011), ist dabei ebenso erforderlich wie institutionelle Änderungen, um die Zuwanderung nach Qualifikationskriterien steuern zu können. Mittels verschiedener Aktivitäten versucht z. B. aktuell die BA, erwerbsorientierte Fachkräfte aus dem europäischen und außereuropäischen Ausland direkt anzusprechen. Dies geschieht u. a. in Form umfassender Informations- und Beratungsangebote für Einwanderer, aber auch durch die gezielte Anwerbung von Fachkräften im Rahmen von Projektinitiativen. Dies wird derzeit z. B. bei Pflegekräften praktiziert (Bundesagentur für Arbeit 2016).

Darüber hinaus ist es auch denkbar, durch den Einsatz zuwanderungspolitischer Instrumente die Struktur der Immigration zu steuern. Praktiziert wird dies beispielsweise in Kanada, wo im Rahmen eines Punktesystems für Kriterien wie Ausbildung, Alter und Beherrschung der Landessprache Punkte vergeben werden, deren Gesamtzahl über die Zuwanderungserlaubnis entscheidet. Um das Potenzial von Zugewanderten nutzen zu können, ist schließlich die Anerkennung von im Ausland erworbenen Abschlüssen eine wichtige Voraussetzung. Hierbei kommt es in der Praxis allerdings oftmals noch zu Problemen.

Ein häufiger Einwand gegen die Förderung von unter Qualifikationskriterien gesteuerter Zuwanderung – gerade aus Schwellen- und Entwicklungsländern – besteht darin, dass diese Länder durch den sogenannten Braindrain Humankapitalverluste erleiden. Das wäre aber nicht der Fall, wenn die individuelle Entscheidung, in Bildung zu investieren, von den Migrationsaussichten abhängt. So kann angenommen werden, dass die jungen Menschen bei ihrer Bildungsentscheidung nicht nur die Erträge ihrer Bildungsinvestition berücksichtigen, sondern ebenso die Frage, ob sie ohne ein Hochschulstudium in ein Hochlohnland migrieren können. Allerdings sinkt der Anreiz für die Auswanderungsländer, in öffentliche Bildung zu investieren, wenn die Zahl der Länder zunimmt, die ihre Zuwanderung nach Qualifikationskriterien steuern.

7.4 Zusammenfassung

Aufgrund der zunehmenden Alterung und Schrumpfung der Erwerbsbevölkerung in Deutschland sowie des Übergangs von der Industrie- zur Wissensgesellschaft ist die Frage nach einem branchenspezifischen oder gesamtwirtschaftlichen Fachkräftebedarf in den Vordergrund der aktuellen wirtschafts- und arbeitsmarktpolitischen Diskussion gerückt. Dabei erschweren jedoch die unterschiedlichen Definitionen und Messverfahren des Fachkräftebedarfs bzw. -mangels die Diskussion. Vorliegende Untersuchungen deuten darauf hin, dass gegenwärtig zwar kein allgemeiner, übergreifender Fachkräftemangel vorliegt, dass Engpässe aber in einzelnen Segmenten des Arbeitsmarktes bestehen. Dabei zeichnen sich Mangelsituationen insbesondere in technischen Berufen sowie in Berufen des Gesundheits- und Sozialwesens ab. Für die Zukunft wird erwartet, dass sich die Situation am Arbeitsmarkt weiter verschärfen wird. Engpässe werden dabei insbesondere im mittleren Qualifikationssegment erwartet.

Um derzeitigen oder zukünftigen Mangelsituationen am Arbeitsmarkt entgegenzuwirken, können verschiedene Maßnahmen ergriffen werden. Gefordert sind dabei neben dem Staat auch die Unternehmen, die z. B. durch den Ausbau ihrer Aus- und

Weiterbildungsbemühungen die von ihnen benötigten Qualifikationen quasi selbst produzieren können. Gerade bei qualifikationsspezifischen Passungsproblemen und im Zusammenhang damit durchgeführten Bildungsaktivitäten ist jedoch zu beachten, dass der Erwerb der benötigten Fähig- und Fertigkeiten eine gewisse Zeit in Anspruch nimmt und Engpässe somit nicht unmittelbar behoben werden können. Wichtig sind hier vor allem ein vorausschauendes Verhalten und eine möglichst genaue Einschätzung zu erwartender Bedarfe, um Engpässen bereits frühzeitig entgegenwirken zu können.

Neben der Bildung kommt auch der besseren Nutzung des Potenzials bestimmter Personengruppen eine wichtige Bedeutung im Kontext der Fachkräftesicherung zu. Neben den Älteren handelt es sich hierbei insbesondere um Frauen sowie um Geringqualifizierte. Um die Potenziale dieser Gruppen stärker als bislang ausschöpfen zu können, sind jedoch entsprechende Rahmenbedingungen erforderlich. Dazu gehört z. B. eine betriebliche Personalpolitik, die darauf ausgerichtet ist, die Beschäftigungsfähigkeit über das gesamte Erwerbsleben hinweg aufrechtzuerhalten. In der betrieblichen Praxis spielen solche Maßnahmen bislang aber eine eher untergeordnete Rolle. Ähnliches gilt auch für Aktivitäten der Unternehmen, die sich auf die Förderung der Vereinbarkeit von Familie und Beruf beziehen. Gerade da viele Frauen mittlerweile hoch qualifiziert sind, kann sich eine entsprechende Förderung aber als wirkungsvolle Strategie erweisen.

Schließlich wurde mit der Zuwanderung eine weitere Möglichkeit betrachtet, Engpässen auf dem heimischen Arbeitsmarkt zu begegnen. Entscheidend hierbei ist die Qualifikation der Migranten. Durch den Einsatz zuwanderungspolitischer Steuerungsinstrumente kann versucht werden, die Migration so zu steuern, dass sie zur Deckung von Mangelsituationen beitragen kann.

8 Politische Ökonomie der Bildung

In diesem Abschnitt sollen Antworten auf folgende Fragen gegeben werden:
- Ist Bildung ein öffentliches oder ein privates Gut?
- Aus welchen Gründen kommt es im Bildungsbereich zu Marktversagen?
- Welche Möglichkeiten der Bereitstellung von Bildungsgütern sind zu unterscheiden?
- Wie haben sich die Bildungsausgaben in Deutschland im Zeitverlauf entwickelt und wie stellen sie sich im internationalen Vergleich dar?

8.1 Einleitung

Sollen Bildungsleistungen vom Staat angeboten werden, oder ist es Aufgabe der Marktteilnehmer, Bildung zu finanzieren und bereitzustellen? Aus Sicht der politischen Ökonomie sind staatliche Eingriffe in das Bildungswesen dann gerechtfertigt, wenn Marktversagen vorliegt. Ist dies der Fall, so kann Bildung als ein öffentliches Gut betrachtet werden, für dessen Angebot der Staat verantwortlich ist. Im Folgenden werden verschiedene Formen des Marktversagens dargestellt und daraufhin überprüft, inwieweit sie auf das Bildungswesen zutreffen. Anschließend wird auf einzelne Aspekte der öffentlichen und privaten Bereitstellung und Finanzierung von Bildung eingegangen, bevor schließlich die Bildungsausgaben in den Blick genommen werden.

8.2 Marktversagen im Bereich der Bildung

Zur Abgrenzung von öffentlichen und privaten Gütern werden in der ökonomischen Theorie zwei Kriterien herangezogen: die Rivalität im Konsum und die Ausschließbarkeit vom Konsum (Samuelson 1954, Musgrave et al. 1994). Liegt **Rivalität im Konsum** vor, so kann ein Gut nur von einer Person genutzt werden. Würden noch weitere Individuen das Gut mitkonsumieren, würde es zu einer Nutzeneinbuße kommen. Private Güter sind durch Rivalität gekennzeichnet. So kann beispielsweise ein Buch gleichzeitig entweder von Person A oder von Person B gelesen werden, nicht aber von beiden zusammen. Bei öffentlichen Gütern hingegen ist Rivalität nicht gegeben. Vielmehr kann ein öffentliches Gut von beliebig vielen Konsumenten genutzt werden, ohne dass diese sich gegenseitig in ihrem Konsum einschränken. Exemplarisch sei hier ein Deich genannt, der zugleich viele Bewohner eines Küstengebietes vor Überschwemmungen schützen kann. Darüber hinaus gibt es Güter, bei denen der Konsum bis zu einer bestimmten Zahl von Nutzern nicht rivalisierend ist, es bei Überschreitung dieser Nutzerzahl aber zu Einschränkungen im Konsum kommt. Diese Güter werden als **Klubgüter** bezeichnet. Ein Beispiel für ein Klubgut sind Straßen:

https://doi.org/10.1515/9783110642315-008

Solange diese nur von einer begrenzten Anzahl von Autos befahren werden, ist Rivalität nicht gegeben. Mit wachsender Zahl der Verkehrsteilnehmer jedoch kann es zu Staus und damit zu Beeinträchtigungen kommen.

Das Kriterium der **Ausschließbarkeit** gibt an, ob Individuen, die für die Nutzung eines Gutes keinen Preis entrichten, am Konsum gehindert werden können. Bei privaten Gütern ist ein Ausschluss möglich (und erwünscht). So kann ein Apfel legal nur von dem gegessen werden, der hierfür auch gezahlt hat. Bei öffentlichen Gütern hingegen ist es technisch nicht möglich, zu teuer oder sozial nicht erwünscht, dass Individuen von der Nutzung ausgeschlossen werden. Beispiele hierfür sind die öffentliche Sicherheit oder eine saubere Umwelt.

Würden Güter, die in der Nutzung nicht rivalisieren, über den Markt bereitgestellt, so wäre dies aus gesellschaftlicher Sicht suboptimal. Warum sollen Güter nur von einer begrenzten Anzahl an Personen genutzt werden, wenn der gleichzeitige Konsum durch andere Individuen niemanden beeinträchtigt? Im Falle nicht ausschließbarer Güter dagegen hat der Einzelne einen Anreiz, sich als „Trittbrettfahrer" zu verhalten. Warum soll man einen Preis für ein Gut zahlen, das man auch so nutzen kann? Sind die Kriterien Nichtrivalität und Nichtausschließbarkeit also erfüllt, so versagt der Markt und staatliches Handeln ist aus ökonomischer Sicht gerechtfertigt.

Inwieweit treffen beide Kriterien nun aber auf Bildung zu? Was die Nichtrivalität des Konsums im Bildungsbereich angeht, können Ressourcen wie z. B. Seminarräume, Betreuungskapazitäten der Lehrkräfte oder Bibliotheken nicht gleichzeitig von einer beliebigen Anzahl von Studierenden genutzt werden. Überfüllte Seminare, Wartelisten für Laborplätze u. Ä. belegen, dass der notwendige Ressourcenaufwand im Bildungswesen in einem bestimmten Verhältnis zur Zahl der Bildungsteilnehmer stehen muss. Allerdings besteht keine strenge Rivalität, da Unterricht meistens in Gruppen stattfindet und die Gruppengröße durchaus in sinnvollen Grenzen variieren kann. Bildungsgüter können deswegen den Klubgütern zugeordnet werden (Straubhaar/Winz 1992, Pechar 2006).

Im Hinblick auf das Kriterium der Nichtausschließbarkeit ist festzustellen, dass die technischen Möglichkeiten zum Ausschluss grundsätzlich gegeben sind. So wäre es z. B. problemlos möglich, nur jene Schüler zum Unterricht zuzulassen, die Schulgeld zahlen. Allerdings ist es fraglich, inwieweit ein Ausschluss von Bildung sozial erwünscht ist. In diesem Zusammenhang ist zwischen den unterschiedlichen Formen der Bildung zu unterscheiden. Einigkeit besteht darin, dass ein Ausschluss im Pflichtschulbereich, der einen gewissen Grundsockel an Kompetenzen und Wissen vermitteln soll, nicht erwünscht ist. Vielmehr besteht hier umgekehrt sogar eine Teilnahmeverpflichtung, die notfalls polizeilich durchgesetzt wird. Bei weiterführenden Bildungsgängen hingegen wird die Bildungsbeteiligung von der Erfüllung bestimmter Voraussetzungen abhängig gemacht. Gründe hierfür sind die Rivalität bei der Nutzung von Bildungseinrichtungen und die den Bildungsteilnehmern unterstellte eingeschränkte Entscheidungskompetenz darüber, ob sie die Voraussetzungen für die erfolgreiche Teilnahme an den betreffenden Bildungsgängen erfüllen (Pechar 2006, Langner 2007).

Bildung kann oder sollte jedoch nicht nur aus den genannten Gründen staatlich finanziert bzw. bereitgestellt werden – darüber hinaus gibt es noch weitere Formen des Marktversagens, die ebenfalls ein öffentliches Eingreifen rechtfertigen können.

So kann ein staatliches Handeln weiterhin im Falle sogenannter **externer Effekte** geboten sein. Hierbei handelt es sich um Effekte, die von der Produktion oder dem Konsum eines Gutes durch einen Marktteilnehmer ausgehen und unbeteiligte Dritte treffen. Externe Effekte können entweder positiv oder negativ sein. Kennzeichnend für negative Externalitäten ist, dass die Verursacher nicht voll hierfür haften müssen, die Betroffenen also nicht entschädigt werden. Ein klassisches Beispiel für negative Externalitäten sind Umweltschäden. Bei positiven Externalitäten dagegen gehen günstige Effekte auf Dritte aus, weswegen hier der gesellschaftliche Nutzen größer ist als der private Nutzen.

Bei Bildung geht man davon aus, dass sie mit positiven externen Effekten verbunden ist. So wirkt sich die Beteiligung an Bildung nicht nur positiv auf den Bildungsteilnehmer selbst aus, sondern auch auf die Gesellschaft. Aus individueller Perspektive spielen hierbei zum einen monetäre Aspekte wie ein höheres Einkommen oder ein geringeres Arbeitslosigkeitsrisiko eine Rolle. Zu den privaten, nicht monetären Erträgen der Bildung gehören das höhere Sozialprestige, das z. B. Akademiker wie Professoren, Geistliche, Rechtsanwälte und Ärzte genießen, aber auch deren höhere Lebenserwartung und bessere Gesundheit. Für die Gesellschaft ergeben sich monetäre Bildungserträge, weil Arbeitseinkommen zu versteuern sind und darauf außer bei Beamten und innerhalb bestimmter Grenzen Sozialversicherungsbeiträge zu entrichten sind. Zudem fallen staatliche Transferzahlungen z. B. an Arbeitslose aufgrund des geringeren Arbeitslosigkeitsrisikos Höherqualifizierter bei einem hohen Bildungsstand der Bevölkerung niedriger aus. Die Vermittlung von Wissen „lohnt" sich für die Gesellschaft aber u. a. auch deshalb, weil hierdurch Werte und Einstellungen, die für den Zusammenhalt der Gesellschaft und die Nachhaltigkeit des wirtschaftlichen Handelns erforderlich sind, vermittelt werden (siehe Tabelle 8.1).

Tabelle 8.1: Private und soziale Bildungserträge (nach Pechar 2006)

	Monetär	Nicht monetär
Privat	Höheres Einkommen, höhere Erwerbsbeteiligung, geringere Arbeitslosigkeit	Sozialprestige, Ausbildung sozialer/ kultureller Interessen, die einen gehobenen Lebensstil erlauben, höhere Arbeitsqualität, höheres Gesundheitsbewusstsein
Sozial	Höhere Steuern, geringere Arbeitslosentransfers, geringere Ausgaben für Gesundheit und Umwelt	Gesellschaftlich wertvolle Einstellungen, z. B. Umweltbewusstsein, soziale Verantwortlichkeit aufgrund gehobener Stellung

Schließlich kann Marktversagen und damit staatliches Eingreifen auch dann begründet sein, wenn davon auszugehen ist, dass die Individuen in ihrer **Entscheidungskompetenz** nicht hinreichend souverän sind. Sogenannte **meritorische Güter** sind Güter, die mit einem hohen Nutzen für die Gesellschaft verbunden sind (die also mit positiven Externalitäten einhergehen), bei denen aber unterstellt wird, dass der Einzelne diesen Nutzen nicht erkennt und daher nicht unbedingt eine dem Gemeinwohl dienende Entscheidung trifft. Die Präferenzen der Individuen sind in diesem Sinne als „verzerrt" zu bezeichnen. Bildung kann als ein meritorisches Gut betrachtet werden, weil nicht jedem die Wichtigkeit von Bildungsinvestitionen bewusst sein dürfte. Pechar (2006) nennt als historisches Beispiel für solche verzerrten Präferenzen den Widerstand gegen die Einführung der allgemeinen Schulpflicht.

Darüber hinaus ist in Bildungsfragen eine gewisse inhaltliche Entscheidungskompetenz des Einzelnen erforderlich, die oftmals erst im Nachhinein, d. h. nach Durchlaufen des Bildungsprozesses und dem Erwerb entsprechender Fähigkeiten, gegeben ist. In diesem Sinne kann Bildung als **Vertrauensgut** betrachtet werden. Hierbei handelt es sich um Güter, deren Qualität nicht sicher durch den Konsumenten festgestellt werden kann, weswegen dieser auf die Vertrauenswürdigkeit des Anbieters angewiesen ist. Werden Vertrauensgüter über den Markt bereitgestellt, so besteht die Gefahr, dass ein nutzenmaximierender Anbieter seine Vertrauensposition zulasten der Nachfrager ausnutzt (Pechar 2006, Reich-Claassen/von Hippel 2009).

8.3 Öffentlicher und privater Mix bei Bildungsgütern

Aus den vorangegangenen Ausführungen wurde deutlich, dass im Bildungsbereich teilweise Marktversagen vorliegt, das ein öffentliches Eingreifen rechtfertigt bzw. erforderlich macht. Dazu, in welchem Ausmaß der Staat im Bildungsbereich intervenieren sollte, lassen sich aus der ökonomischen Theorie jedoch keine Aussagen treffen. Vielmehr verbleibt hier ein politischer Gestaltungsspielraum, zu entscheiden, auf welche Weise der Staat und auf welche der Markt sich in Bildungsfragen beteiligen soll. Dies zeigt sich nicht zuletzt in der unterschiedlichen Ausgestaltung von Bildungssystemen in verschiedenen Ländern.

In Deutschland unterscheidet sich das Ausmaß des staatlichen Eingreifens – ebenso wie in vielen anderen Ländern – stark zwischen den einzelnen Formen der Bildung. So greift der Staat im Bereich der schulischen Bildung sehr viel stärker ein, als er es im Bereich der Weiterbildung tut. Zudem ist anzumerken, dass im Hinblick auf das Angebot an Bildungsgütern zwischen der Bereitstellung und der Finanzierung zu differenzieren ist. Es sind solche Bildungsgüter denkbar, die der Staat zwar voll oder zu großen Teilen finanziert, die aber dennoch privat bereitgestellt werden. Ein Beispiel hierfür sind allgemeinbildende Privatschulen. Insgesamt ergibt sich somit ein Mix öffentlicher und privater Güter, der von öffentlichen Schulen auf der einen

Seite des Spektrums bis zu Privatuniversitäten und privaten Weiterbildungsanbietern auf der anderen Seite reicht.

Im Bereich des Schulwesens haben private Schulen in Deutschland in der jüngeren Vergangenheit an Bedeutung gewonnen. Auch wenn allgemeinbildende Schulen nach wie vor überwiegend in öffentlicher Hand sind, ist die Zahl der Schulen in privater Trägerschaft seit Ende der 1990er-Jahre deutlich gestiegen. Die Zahl der Schulen in öffentlicher Trägerschaft ist dagegen im gleichen Zeitraum insbesondere aus demografischen Gründen zurückgegangen. Nach Angaben des Statistischen Bundesamtes (2018) gab es im Schuljahr 2017/2018 insgesamt 3.635 allgemeinbildende Schulen in privater Trägerschaft. Damit waren zuletzt 11 % aller allgemeinbildenden Schulen in privater Hand. Von den rund 757.00 Schülern an privaten allgemeinbildenden Schulen wurden die meisten (36 %) im Schuljahr 2017/2018 an Gymnasien unterrichtet, gefolgt von Grundschulen, Realschulen und Freien Waldorfschulen. Bei der Gründung von Einrichtungen in freier Trägerschaft stehen der Erhalt eines wohnortnahen Bildungsangebots, pädagogische Vorstellungen, konfessionelle oder weltanschauliche Prägungen oder auch eine internationale Ausrichtung im Vordergrund (Autorengruppe Bildungsberichterstattung 2014). Der Staat beteiligt sich in der Regel an der Finanzierung der Privatschulen, vor allem in Form einer Beteiligung an den Kosten für die Lehrkräfte. Darüber hinaus tragen auch die Schüler bzw. deren Eltern zur Finanzierung bei, indem sie Schulgeld zahlen. Auch bei öffentlichen Schulen gibt es in der Regel einen gewissen privaten Finanzierungsanteil, z. B. für Schulbücher oder private Fahrtkosten. Schulen sind zunehmend auch bei der Einwerbung von Sponsorengeldern erfolgreich.

Während die Zahl der (öffentlichen) allgemeinbildenden Schulen in den letzten Jahren aufgrund des Geburtenrückgangs rückläufig war, ist die Zahl der Hochschulen in Deutschland angestiegen. So hat sich die Zahl der Hochschulen in Deutschland zwischen 1990 und 2016 fast verdreifacht. Diese Zunahme geht vor allem auf die Ausdehnung des privaten Sektors zurück. Insbesondere wurden in den vergangenen Jahren viele Fachhochschulen in privater Trägerschaft gegründet. Hierbei handelt es sich vor allem um Fernhochschulen sowie um Fachhochschulen, die speziell auf die Qualifikationsbedürfnisse der Wirtschaft zugeschnitten sind. Doch trotz ihrer hohen und im Zeitverlauf gestiegenen Anzahl entfällt auf die Hochschulen in privater Trägerschaft nur ein relativ kleiner Anteil der Studienanfänger. Die Gründe hierfür sind u. a. in dem teilweise spezialisierten Angebot, den strengen Auswahlverfahren und den zum Teil hohen Studiengebühren zu sehen (Autorengruppe Bildungsberichterstattung 2014). Während private Hochschulen überwiegend über Studien- und Prüfungsgebühren sowie über Stiftungs- und Drittmittel finanziert sind, sind öffentliche Hochschulen hauptsächlich staatlich finanziert. Dennoch haben auch hier Einnahmen von Privaten in Form von Sponsoring oder Drittmitteln durch Forschungsaufträge zugenommen. Angemerkt sei auch, dass sich der Staat zunehmend aus den universitären Entscheidungsstrukturen zurückgezogen hat. Zwar gelten weiterhin öffentlich-rechtliche Regelungen und der Staat hat z. B. im Rahmen der Hochschulausbauplanung strategische Interessen, aber die Grundsätze des New Public Management haben auch in den Hochschulen Einzug gehalten, sodass hybride Organisationen entstanden sind.

Im Bereich der Ausbildung dominiert die duale Ausbildung, die in Kapitel 5 dieses Buches näher betrachtet wurde. Auch wenn die Zahl der neu abgeschlossenen Verträge in der dualen Ausbildung in den letzten Jahren rückläufig war, verzeichnet dieser Bereich der Ausbildung nach wie vor die meisten Neuzugänge (Autorengruppe Bildungsberichterstattung 2014). Bei der dualen Ausbildung zeigt sich eine starke Rolle der Unternehmen, die Ausbildungsverträge mit den Auszubildenden abschließen und einen großen Teil der Ausbildungskosten tragen. Die Länder bzw. Gemeinden sind insofern an den Kosten der dualen Ausbildung beteiligt, als sie Berufsschulen bereitstellen und finanzieren, in denen ein Teil der Ausbildung stattfindet. Bezogen auf die einzelnen Sektoren der Ausbildung (duale Ausbildung – Schulberufssystem – Übergangssystem) spielt die öffentliche Finanzierung bzw. Bereitstellung im Übergangssystem die größte Rolle. Exemplarisch seien hier das Berufsvorbereitungsjahr genannt, das oftmals an Berufsschulen stattfindet, oder die berufsvorbereitenden Maßnahmen, die durch die Bundesagentur für Arbeit gefördert werden.

Der Bereich der beruflichen Weiterbildung schließlich ist in Deutschland überwiegend marktlich organisiert. Wie in Kapitel 6 gezeigt wurde, wird Weiterbildung zum großen Teil von den Unternehmen sowie den Individuen bereitgestellt und finanziert. Der Staat bzw. die Bundesagentur für Arbeit beteiligen sich jedoch im Rahmen verschiedener Fördermaßnahmen an den Weiterbildungskosten.

8.4 Möglichkeiten der Bereitstellung von Bildung

Wurde in den vorangegangenen Ausführungen öffentliches Handeln im Bereich der Bildung begründet und die Aufteilung zwischen Staat und Markt in verschiedenen Bildungsbereichen betrachtet, richtet sich das Augenmerk im Folgenden auf unterschiedliche Arrangements der Bereitstellung von Bildungsgütern (vgl. zu den folgenden Ausführungen Pechar 2006). So gibt es grundsätzlich verschiedene Möglichkeiten der Ausgestaltung von Bildungsinstitutionen, die von gewinnorientierten Privatunternehmen auf der einen Seite bis hin zu staatlichen Bildungsbehörden auf der anderen Seite reichen (siehe Abbildung 8.1). Nicht zuletzt aufgrund unterschiedlicher geschichtlicher Erfahrungen und Traditionen sowie staatlicher Organisationsformen und politischer Rahmenbedingungen zeigt sich im internationalen Vergleich das Spektrum dieser Angebote. So ist z. B. der staatliche Einfluss auf den Bildungsbereich in den USA weitaus weniger ausgeprägt als in verschiedenen europäischen Ländern.

Gewinnorientierte Unternehmen spielen im Bildungsbereich nur eine untergeordnete Rolle und ihre Stellung ist eher auf die Ränder der Bildungssystems beschränkt. In Deutschland sind gewinnorientierte Bildungseinrichtungen vor allem im Bereich der Weiterbildung zu finden. Bildung wird hier zumeist – wie beschrieben – als öffentliches Gut oder im öffentlichen/privaten Mix bereitgestellt und finanziert. Bei den meisten Bildungsinstitutionen handelt es sich folglich um gemeinnützige Einrichtungen. Traditionell dominiert in vielen Ländern die behördliche Organisationsform, die durch die Bindung an Regeln, starre Hierarchien und die Finanzierung durch Haushaltsaufstellungsverfahren zu charakterisieren ist. Dagegen verfügen öffentlich-rechtliche Unternehmen über größere Handlungsspielräume als Behörden. In jüngster Zeit haben die Reformen in einer Reihe von europäischen Ländern diesen Typus der öffentlichen Aufgabenerfüllung gestärkt.

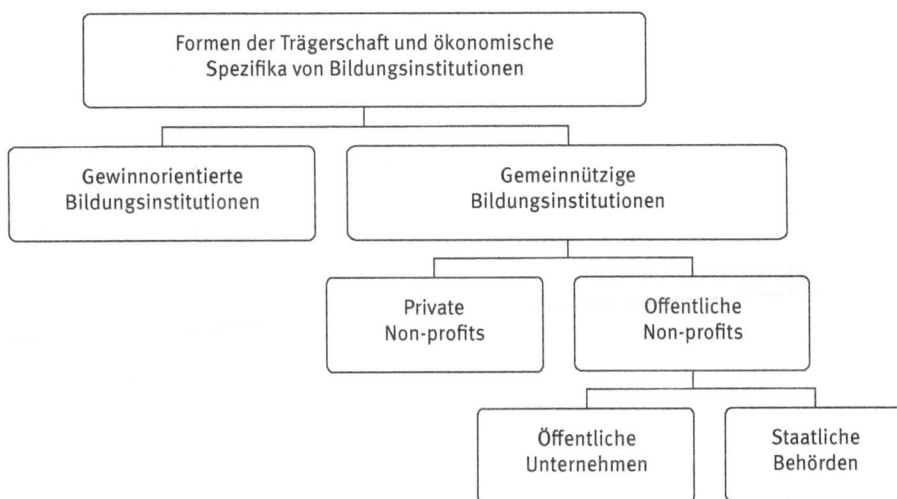

Abbildung 8.1: Möglichkeiten der Bereitstellung des Bildungsangebots (nach Pechar 2006)

Aus der Sicht der Vertreter des New Public Management (NPM) gilt es im Bildungsbereich die zentralistische „Überregulierung" und „Übersteuerung" öffentlicher Bildungseinrichtungen zu überwinden, da sie gravierende betriebswirtschaftliche und pädagogische Nachteile aufweisen. Der zentrale pädagogische Einwand gegen das herkömmliche Steuerungssystem besteht darin, dass der Staat die Input- und Prozessebene stark reguliere, aber keinen Einfluss auf die Ergebnisse des Bildungsprozesses besitze. Die Ausstattung der Bildungseinrichtungen werde ebenso politisch festgelegt wie die Lehrpläne und schulischen Abläufe, während die Lehrkräfte große Freiräume bei der Unterrichtsgestaltung erhielten. Die Reformen im Sinne des NPM beinhalten eine stärkere Dezentralisierung und zielen auf eine Erweiterung der Handlungsspielräume bei den Inputs und Prozessen sowie ein stärkeres Monitoring der Bildungsergebnisse. Eng verbunden hiermit ist die Setzung adäquater Anreize für Leistungsverbesserungen. Gegen die Praxis der Implementation von Steuerungselementen wird jedoch kritisch eingewendet, dass dies ein eleganter Weg sei, um Budgetkürzungen nach unten zu delegieren. Allerdings ist die Stärkung der Ressourcenverantwortung eine wesentliche Voraussetzung für eine effektivere und effizientere Mittelverwendung bei gleichzeitiger Knappheit der Ressourcen (Pechar 2006, Zimmer 2014).

Ein weiterer ökonomischer Vorteil von öffentlichen Unternehmen gegenüber Behörden besteht in der Möglichkeit der Erzielung von Überschüssen, die aber im Unternehmen verbleiben und im Sinne der gemeinnützigen Ziele wieder ausgegeben werden müssen. Auf diese Weise lässt sich das sogenannte „Dezemberfieber" vermeiden, also das Bemühen, noch vor Ende des Haushaltsjahres die zugesagten Haushaltsmittel aufzubrauchen, weil diese sonst nicht nur verfallen, sondern auch im nächsten Jahr zu Haushaltskürzungen führen. Darin besteht auch eine wesentliche Gemeinsamkeit zwischen öffentlichen Unternehmen und Non-Profit-Organisationen privater Trägerschaft. Bei Non-Profit-Organisationen in privater und öffentlicher Trägerschaft darf die Gemeinwohlorientierung kein leeres Versprechen sein, sondern muss in konkreten Normen ihren Niederschlag finden. Dagegen können gewinnorientierte Unternehmen im Bildungsbereich diesen strengen ethischen Maßstäben nicht genügen, wenn sie sich erfolgreich am Markt behaupten wollen. Auch die Rücksichtnahme auf die soziale Lage ihrer Klienten kann von rein gewinnorientiert tätigen Unternehmen im Bildungsbereich nicht erwartet werden. Schließlich können die Leistungen von Bildungsanbietern nur unvollkommen vertraglich definiert werden, auch weil die Bildungsinhalte einem ständigen Wandel unterworfen sind und die Bildungsteilnehmer selbst wesentlichen Einfluss auf ihren „Erfolg" besitzen. Die Normen gemeinnütziger Bildungsträger schützen die Kunden davor, dass die Organisationen, denen sie sich anvertraut haben, ihre unklare rechtliche Lage ausnutzen.

Aber auch mit der Wahlfreiheit der Nachfrager nach Bildungsleistungen können Non-Profit-Organisationen teilweise besser umgehen als Behörden, die eine hohe Definitionsmacht über das von ihnen bereitgestellte Bildungsangebot besitzen. Beispielsweise würden viele Studierende, wenn sie die Wahl hätten, nur solche Angebote auswählen, die ihnen mit geringem Aufwand hohe private Erträge versprechen. Das sind vor allem spezielle Qualifikationen, die am Arbeitsmarkt zumindest aktuell knapp sind und deshalb besonders gut entlohnt werden. Gemeinnützige Einrichtungen können auf diese Wünsche und Ansprüche nur im Rahmen kohärenter Curricula eingehen, die auch aufgrund der Professionsethik und -standards entwickelt wurden (Pechar 2006).

Auf der anderen Seite wird es auch in der Öffentlichkeit begrüßt, wenn das Vordringen gewinnorientierter Unternehmen dazu führt, dass auch Bildungseinrichtungen kostengünstiger arbeiten. Pechar (2006) weist darauf hin, dass sich dieses Phänomen nicht nur durch Effizienzsteigerungen erklären lässt. Da gemeinnützige Bildungseinrichtungen subventioniert würden, weil sie soziale Ziele und nicht nur private verfolgen, bestünden hohe Markteintrittsbarrieren für private gewinnorientierte Bildungsanbieter. Allerdings gibt es auch neuere Entwicklungen, die diese Eintrittsbarrieren gesenkt haben. Dazu gehört der Einsatz neuer Informationstechnologien, die bei bestimmten Unterrichtsinhalten zu erheblichen Produktivitätszuwächsen geführt hatten. Zudem konzentrierten sich gewinnorientierte Hochschulen auf Studienangebote, für die keine hohen Ausstattungskosten anfallen, und sie verzichteten zumeist auf Forschung oder zumindest auf teurere Grundlagenforschung. Schließlich erreiche die Hochschulbildung neue (zumindest berufstätige) Zielgruppen, weil sie erstens hohe zeitliche Flexibilität mit guter didaktischer Qualität verbinden würden und zweitens verstärkt auf Qualifikationsaspekte mit unmittelbaren privaten Erträgen gesetzt würde.

8.5 Öffentliche Bildungsausgaben

Als Kennzahl zur Beschreibung des Umfangs des öffentlichen Eingreifens in den Bildungsbereich können die Bildungsausgaben des Staates herangezogen werden. Dabei ist zu berücksichtigen, dass es keinen allgemein akzeptierten Maßstab für ein optimales Niveau der Bildungsausgaben gibt. Um dennoch Einschätzungen vornehmen zu können, werden die Bildungsausgaben zumeist in Relation zu anderen volkswirtschaftlichen Größen gesetzt, ihre Entwicklung im Zeitverlauf verfolgt oder internationale Vergleiche vorgenommen. Zudem lassen sich die öffentlichen Bildungsausgaben den privaten gegenüberstellen, wodurch die Finanzierungsanteile beider Seiten abgeschätzt werden können. Einen Überblick sowohl über öffentliche als auch private Ausgaben für Bildung gibt der vom Statistischen Bundesamt herausgegebene Bildungsfinanzbericht, der Teil der Bildungsberichterstattung ist. Darin sind Daten der amtlichen Statistik ebenso enthalten wie Informationen aus anderen Quellen (Buschle/Schmidt 2015).

Nach Angaben des aktuellen Bildungsfinanzberichts beliefen sich die Bildungsausgaben insgesamt im Jahr 2015 in Deutschland auf 194,9 Milliarden Euro, was einem Anteil von 6,4 % am Bruttoinlandsprodukt (BIP) entspricht (Statistisches Bundesamt 2017). Davon entfielen 194,9 Milliarden Euro (5,8 % des BIP) auf Ausgaben für formale Bildungseinrichtungen, d. h. auf Krippen, Kindergärten, Schulen, Berufsbildung und Hochschulen. Für weitere im Bildungsfinanzbericht als non-formale Angebote bezeichnete Bildungsaktivitäten wurden 19,0 Milliarden Euro (0,6 % des BIP) ausgegeben. Hierunter fallen etwa die betriebliche Weiterbildung oder staatliche Maßnahmen zur Förderung der Weiterbildungsbeteiligung.

Gegliedert nach den einzelnen Bereichen des Bildungssystems entfielen im Jahr 2015 die meisten Ausgaben auf das allgemeinbildende Schulwesen, gefolgt von den Ausgaben für akademische akademische Bildungsgänge an Hochschulen und den Elementarbereich, der beispielsweise Krippen und Kindergärten umfasst.

Teilt man die Gesamtausgaben auf den öffentlichen und den privaten Bereich auf, so ist festzustellen, dass der Großteil, nämlich rund vier Fünftel (154,5 Milliarden Euro), von Bund, Länder und Gemeinden aufgebracht wurde. Das restliche Fünftel (39,6 Milliarden Euro) wurde von den Unternehmen, privaten Haushalten sowie Organisationen ohne Erwerbszweck finanziert. Zwischen den einzelnen Segmenten des

Bildungssystems bestehen dabei deutliche Unterschiede in den privaten und öffentlichen Finanzierungsanteilen: Während der Schul- und der Hochschulbereich überwiegend öffentlich finanziert werden, sind im Elementarbereich, in der beruflichen Bildung sowie in der Weiterbildung private Haushalte und Unternehmen stärker an der Finanzierung beteiligt.

Bei der Interpretation der Bildungsausgaben ist zu beachten, dass ihre Höhe wesentlich durch die Größe und die Altersstruktur der Bevölkerung bestimmt wird. Dies spielt gerade bei zeitlichen oder internationalen Vergleichen eine Rolle. Dabei ist vor allem die Anzahl der Personen der Altersgruppen, die üblicherweise eine Bildungseinrichtung besuchen oder eine Ausbildung absolvieren, relevant. Um dies zu berücksichtigen, betrachtet der Bildungsfinanzbericht neben den Bildungsausgaben insgesamt auch die Bildungsausgaben je Einwohner sowie die Bildungsausgaben je Einwohner unter 30 Jahre. Die durchschnittlichen Bildungsausgaben des Staates je Einwohner beliefen sich im Jahr 2015 auf 1.509 Euro, die durchschnittlichen Bildungsausgaben je Einwohner unter 30 Jahre auf 4.951 Euro. Für beide Werte ist im Zeitverlauf ein deutlicher Anstieg festzustellen.

Die Bertelsmann-Stiftung (2019) weist in einer aktuellen Studie darauf hin, dass sich dieser Anstieg der öffentlichen Bildungsausgaben nicht in allen Bildungsbereichen gleichermaßen zeigt. So sei zwar in fast allen Bildungsbereichen ein Zuwachs festzustellen, doch seien die öffentlichen Ausgaben für Weiterbildung seit Mitte der 1990er-Jahre zurückgegangen. Betrugen die öffentlichen Mittel für Weiterbildung im Jahr 1995 noch 11,1 Milliarden Euro, lagen sie 2015 bei nur noch 6,3 Milliarden Euro. In der Studie wird daher von einer zunehmenden Privatisierung der Weiterbildungskosten gesprochen. Angesichts der steigenden Bedeutung des lebenslangen Lernens ordnet die Stiftung diese Entwicklung als problematisch ein. Aus ökonomischer Sicht kann sich die stärkere Förderung von im Lebensverlauf früher ansetzenden Bildungsaktivitäten jedoch unter Umständen als effizient darstellen, da diese Bildungsmaßnahmen mit höheren Erträgen verbunden sind.

Neben der reinen Betrachtung der nationalen Bildungsausgaben und deren Veränderung im Zeitverlauf ist auch eine Einordnung im internationalen Kontext von Interesse. Durch derartige internationale Vergleiche lassen sich Erkenntnisse über den Stellenwert, den der Bildungsbereich in einzelnen Staaten hat, gewinnen. Informationen zu den Bildungsausgaben verschiedener Länder werden regelmäßig von der OECD zur Verfügung gestellt. Bei einem Vergleich mit den Daten des nationalen Bildungsfinanzberichts ist zu beachten, dass die Bildungsausgaben von der OECD anders abgegrenzt werden, sodass sich teilweise Abweichungen ergeben (zu näheren Informationen vgl. Statistisches Bundesamt 2015).

Nach Angaben der OECD (2018) lagen die kaufkraftbereinigten Bildungsausgaben insgesamt pro Bildungsteilnehmer vom Primar- bis Tertiärbereich in Deutschland im Jahr 2015 mit einem Betrag in Höhe von 12.100 US-Dollar über dem OECD-Durchschnitt von 10.500 US-Dollar. Dabei zeigen sich deutliche Unterschiede zwischen den Staaten, wenn man den öffentlichen und privaten Finanzierungsanteil an den Bildungsausgaben vergleicht. So werden in Deutschland die Ausgaben für Bildung im Primar- und Tertiärbereich zum größten Teil durch den öffentlichen Bereich finanziert. Anders stellt sich die Situation z. B. in den Vereinigten Staaten, in Chile oder Australien dar, die einen sehr viel höheren privaten Anteil an den Bildungsausgaben aufweisen. In weiteren Ländern wie Finnland oder Norwegen schließlich erfolgt die Finanzierung der Bildungseinrichtungen fast ausschließlich durch den Staat.

Die OECD (2018) zeigt weiterhin, dass der Anteil der Bildungsausgaben am BIP in Deutschland im Jahr 2015 unter dem OECD-Durchschnitt lag. In Relation zur Wirtschaftskraft wird in der Bundesrepublik folglich nur unterdurchschnittlich viel für Bildung ausgegeben.

Als weiteren Indikator weist die OECD (2018) den Anteil der öffentlichen Bildungsausgaben an den öffentlichen Gesamtausgaben aus. Hieraus lassen sich Erkenntnisse zum Stellenwert von Bildung im Verhältnis zu anderen öffentlichen Aufgabenbereichen darstellen. Für das Jahr 2015 wird gezeigt, dass der Anteil der Bildungsausgaben an den Gesamtausgaben in Deutschland mit einem Wert von 9,2 % unter dem OECD-Durchschnitt von 11,1 % lag. Verglichen mit anderen Staaten geben die öffentlichen Haushalte in Deutschland also relativ wenig für Bildung aus. Bei der Interpretation dieser Werte ist jedoch zu beachten, dass sich die Unternehmen in Deutschland stark an der Finanzierung der dualen Ausbildung beteiligen, wohingegen berufliche Bildung in anderen Ländern stärker an öffentlich finanzierten Schulen erfolgt. Berücksichtigt werden muss zudem auch die demografische Komponente. So lag der Bevölkerungsanteil der unter 30-Jährigen (also der bildungsrelevanten Altersgruppe) in Deutschland im Jahr 2015 bei nur 30,2 %, wohingegen er im OECD-Durchschnitt 36,2 % betrug (Statistisches Bundesamt 2018).

8.6 Zusammenfassung

Aufgrund verschiedener Formen des Marktversagens kommt es im Bildungsbereich zu einem Mix öffentlicher und privater Güter. Was die Nichttrivialität des Konsums im Bildungsbereich angeht, ist die Bezeichnung von Bildungsgütern als Klubgüter angemessen. Ein Ausschluss ist zwar technisch möglich, sozial aber nicht erwünscht. Die vielfältigen privaten und sozialen Bildungserträge wären in rein marktwirtschaftlich organisierten Bildungssystemen nicht realisierbar. Außerdem handelt es sich bei Bildung um ein meritorisches Gut, da es höhere Werte und Bedürfnisse der Gesellschaft repräsentiert und deshalb nicht der Entscheidung des einzelnen Bürgers überantwortet werden sollte. Da in Bildungsfragen eine inhaltliche Entscheidungskompetenz des Einzelnen erforderlich ist, die oftmals erst im Nachhinein gegeben ist, können Bildungsgüter auch als Vertrauensgüter bezeichnet werden.

Im Hinblick auf die Bereitstellung und die Finanzierung einzelner Bildungsgüter gibt es erhebliche Unterschiede zwischen den einzelnen Bereichen des Bildungswesens, wobei die öffentlichen Schulen auf der einen und die Privatuniversitäten auf der anderen Seite die Extrempole darstellen. Weiterhin sind verschiedene Formen der Trägerschaft zu unterscheiden. Innerhalb der öffentlichen gemeinnützigen Bildungs-institutionen ist die Rolle des New Public Management Gegenstand der aktuellen Dis-kussion – auch vor dem Hintergrund der größer werdenden Ressourcenknappheit.

Die öffentlichen Ausgaben für Bildung sind in Deutschland im Zeitverlauf gestie-gen. Im internationalen Vergleich zeigt sich jedoch, dass der Anteil der öffentlichen Bildungsausgaben am BIP in der Bundesrepublik nur unterdurchschnittlich ist. Auch innerhalb des Gesamtbudgets in Deutschland nimmt die Bildung eine geringere Rolle ein als in anderen Staaten. Bei derartigen internationalen Vergleichen ist jedoch die unterschiedliche Größe und Zusammensetzung der Bevölkerung in den einzelnen Ländern zu beachten. Zudem variieren die privaten und öffentlichen Finanzierungs-anteile im Bereich der Bildung zum Teil deutlich zwischen den Staaten.

9 Bildungspolitik

In diesem Abschnitt sollen Antworten auf folgende Fragen gegeben warden:
- Warum sollte der Anteil Geringqualifizierter gesenkt werden?
- Welche Bedeutung hat das Humankapital für das wirtschaftliche Wachstum?
- Wie wirken sich Bildungsunterschiede auf Arbeitslosigkeit und die Partizipation am Erwerbsleben aus?
- Welche Rolle spielt Bildung im Zusammenhang mit der Jugendarbeitslosigkeit?
- Wie können die (Bildungs-)Potenziale verschiedener Personengruppen erschlossen werden?

9.1 Bedeutung der Bildungspolitik

Die Perspektiven der Geringqualifizierten auf dem Arbeitsmarkt haben sich durch den technisch-organisatorischen Wandel und die Globalisierung in den letzten Jahrzehnten erheblich verschlechtert. Um die negativen Auswirkungen des Rückgangs der Nachfrage nach Geringqualifizierten auf die Entlohnung zu reduzieren, wurden in vielen europäischen Ländern Kündigungsschutzregelungen und Mindestlöhne eingeführt. Damit sind allerdings sinkende Beschäftigungsquoten und steigende Arbeitslosigkeit für die Un- und Angelernten verbunden.

Eine Reihe von namhaften Wissenschaftlern wie Heckman und Jacobs (2009) haben deshalb eine Verstärkung des öffentlichen und privaten Engagements im Bildungsbereich gefordert: „Reinvention of human capital policy is required to combat the emergence of an underclass" (Heckman und Jacobs 2009, 4). Diese Autoren weisen darauf hin, dass sich die Abhängigkeit vom Wohlfahrtsstaat auf die Geringqualifizierten konzentriert: Un- und Angelernte haben eine höhere Arbeitslosenquote und nehmen stärker Sozialtransfers und arbeitsmarktpolitische Maßnahmen in Anspruch. Zudem sind viele soziale Probleme wie Kriminalität, Drogenkonsum und Schwarzarbeit auf diese Personengruppe konzentriert. In einer Studie für die Bertelsmann-Stiftung haben Wößmann und Piopiunik (2009) auf die erheblichen Defizite des deutschen Bildungssystems nicht nur im internationalen Vergleich, sondern auch bei der Erreichung des Ziels, allen Kindern und Jugendlichen den Zugang zu guter Bildung zu sichern, hingewiesen. Der Anteil der häufig in der Fachliteratur als „Risikoschüler" bezeichneten Gruppe von Schülern, die nicht über das Grundkompetenzniveau (Kompetenzstufe 2 in den PISA-Studien) hinauskommen, liegt bei PISA 2012 in Mathematik und Lesen zwischen 14 und 18 % (OECD 2014). In ihrer Einleitung zu der oben genannten Bertelsmann-Studie betonen Dräger und Stein (2009) die entscheidende Bedeutung, denen die intensive Kooperation zwischen Bildungseinrichtungen und Eltern zukommt. Neben den Kindertageseinrichtungen sind dafür die Angebote und Serviceleistungen im Sozialraum, d. h. dem direkten Umfeld der Kinder und Familien, wichtig.

https://doi.org/10.1515/9783110642315-009

Heckman und Jacobs (2009) sehen in den niedrigen Erwerbsquoten mancher Personengruppen weitere negative Anreize für die Humankapitalbildung. Aber auch hohe Steuern, Sozialabgaben und Teilzeitbeschäftigung reduzieren die Bildungsanreize. Sowohl Heckman und Jacobs (2009) als auch Wößmann und Piopiunik (2009) weisen dabei ausdrücklich auf die Vorteile früher Bildungsmaßnahmen im Vergleich zu solchen, die in späteren Lebensphasen ansetzen, hin.

Empirische Studien auf der Basis der neoklassischen Wachstumstheorie haben die begrenzte Erklärungskraft der Produktionsfaktoren Arbeit und Kapital für Wachstumsunterschiede zwischen verschiedenen Ländern gezeigt (Denison 1962). Die Neue Wachstumstheorie hat der Qualität des Produktionsfaktors Arbeit und damit dem Humankapital eine entscheidende Rolle für das wirtschaftliche Wachstum von Regionen und Ländern zugewiesen (z. B. Lucas 1988, Romer 1990). Mit der Entwicklung in der Informations- und Kommunikationstechnologie ist eine Wissensökonomie entstanden, in der das Humankapital sogar noch wichtiger geworden ist.

Insgesamt ist der Bildungsverlauf als dynamisches System zu betrachten, in dem sich Entscheidungen, Lernumwelten und Kompetenzentwicklungen wechselseitig beeinflussen. Hinzu kommen noch Sonderbedingungen etwa für Frauen, die ihre Kinder allein erziehen. Kompetenzentwicklung ist aber nur eine wichtige Konsequenz des Bildungsverhaltens. Andere sind z. B. das Gesundheitsverhalten, politische Partizipation, Schutz vor Arbeitslosigkeit und Partizipation am Erwerbsleben. Auch diese Prozesse stehen mit dem Bildungsverlauf in einem dynamischen Interdependenzverhältnis. Die Bildung beeinflusst beispielsweise das Gesundheitsverhalten und der individuelle Gesundheitsstand spielt vor allem bei älteren Personen eine wichtige Rolle für die Bildungsteilnahme.

9.2 Bildung und Wirtschaftswachstum

Die Vertreter der Humankapitaltheorie (siehe Kapitel 2 dieses Buches) haben nicht nur die individuellen, sondern auch die gesamtwirtschaftlichen produktivitätserhöhenden Wirkungen der Bildung untersucht. Aus makroökonomischer Sicht wird die Rolle der Bildung bzw. des Humankapitals als einer der Bestimmungsgründe für die Entwicklung der gesamtwirtschaftlichen Produktivität und des Wachstums betrachtet. Als Kritik und Antwort auf neoklassische Wachstumsmodelle (Solow 1956) wurde die Neue Wachstumstheorie z. B. von Lucas (1988), Romer (1990) sowie Aghion und Howitt (2009) entwickelt, in der das Wirtschaftswachstum durch die Bildungsentscheidungen bzw. die Humankapitalakkumulation und deren Einflussgrößen endogen erklärt wird.

Empirische Untersuchungen zu diesem theoretischen Ansatz erfolgen meistens mit Datensätzen, in denen das Wirtschaftswachstum verschiedener Länder auf die Akkumulation von Sach- und Humankapital sowie weitere Einflussfaktoren zurückgeführt wird (vgl. z. B. Mankiw et al. 1992, Heckman/Klenow 1997 sowie Cohen/Soto

2007). Neuere Ansätze berücksichtigen darüber hinaus die Qualität des Humankapitals durch die Aufnahme von Testscores aus den Kompetenzmessungen in den betrachteten Ländern in die Wachstumsgleichungen (Hanushek und Wößmann, 2008; Wößmann und Piopiunik 2009).

Im Folgenden sollen die Grundideen der theoretischen Ansätze kurz dargestellt werden: In seinem Modell unterstellt Lucas (1988), dass Individuen ihren Nutzen über den Konsum maximieren und ihre Zeit auf Arbeit und Bildung verteilen. Folglich wird durch längere Bildungszeiten zunächst weniger verdient, im Wissens- und Forschungssektor erhöht sich aber die Produktivität. Die Folge ist ein größeres gesamtwirtschaftliches Wachstum.

Romer (1990) geht von drei Sektoren aus: In der Konsumgüterproduktion werden bei vollkommenem Wettbewerb Humankapital und Arbeit sowie Zwischengüter verwendet. Bei der Erzeugung von Zwischengütern werden bei monopolitischem Wettbewerb Konsumgüter, Arbeit, Humankapital und Patente aus dem Forschungssektor eingesetzt. Im Forschungssektor werden wiederum bei vollkommenem Wettbewerb neue Designs für Zwischenprodukte entwickelt, gemessen durch die Anzahl der Patente, die vom allgemeinem Wissensbestand, der Produktivität dieses Sektors und der Anzahl der dort eingesetzten Forscher abhängen. Insgesamt entsteht das wirtschaftliche Wachstum durch Investitionen im Forschungssektor in Verbindung mit einer größeren Anzahl von Forschern und einer höheren Produktivität. Mit der vermehrten Produktion von Zwischengütern erhöht sich auch die Konsumgüterproduktion. Außerdem entstehen im Forschungsbereich Wissen-Spillover-Effekte, also externe Effekte, durch die Vergrößerung des Wissensbestands. Bereits Nelson und Phelps (1966) betrachten Wissen als öffentliches Gut, dessen Vermehrung die Geschwindigkeit, mit der Imitationen und Innovationen erfolgen, erhöht.

In innovationsbasierten Wachstumsmodellen wird z. B. von Aghion und Howitt (2009) unterstellt, dass Innovationen einerseits Quelle langfristigen Wachstums und andererseits ein sozialer Prozess sind, der in seiner Intensität und Richtung durch Gesetze, Institutionen und Marktregulierungen beeinflusst wird. Je höher der Humankapitalbestand und die Investitionen in Humankapital sind, desto mehr Innovationen werden durchgeführt. Im Folgenden soll dies noch in zwei Modellen genauer gezeigt werden:

– Im Product-Variety-Modell fördern Innovationen das Wirtschaftswachstum durch neue, aber nicht zwingend bessere Produkte. Durch eine größere Produktpalette kann der Kapitalstock durch Spezialisierung besser genutzt werden. Anreize für Innovationen entstehen daher durch die Aussicht auf ein Monopol am Arbeitsmarkt.

– In Schumpeters Modell der kreativen Zerstörung wird die Produktpalette nicht einfach erweitert, sondern durch Projektinnovationen werden alte Produkte durch qualitativ bessere Produkte verdrängt. Er unterscheidet dabei noch zwischen radikalen Produktinnovationen, bei denen negative, bislang noch nicht auf dem Markt vorhandene Produkte angeboten werden, und Imitationen, die

die Angebotspalette eines Unternehmens erweitern, indem bereits bei Wettbe-
werbern angebotene Güter und Dienstleistungen aufgenommen werden. Die Bildungspolitik wird dabei die Durchführung von Innovationen und Imitationen
positiv beeinflussen, da sie den Bestand an Wissen und Kompetenz erhöht.

Studien auf der Basis von Wachstumsregressionen für einzelne Länder finden durch-
gängig positive und signifikante Korrelationen zwischen Bildungsindikatoren und
Wirtschaftswachstum. In empirischen Analysen hat sich aber auch gezeigt, dass eine
Trennung zwischen den skizzierten theoretischen Ansätzen sehr schwierig ist. Bei mit
aggregierten Daten durchgeführten internationalen Vergleichen werden signifikante
Ergebnisse für den Einfluss des Humankapitalbestands und weniger für seine Veränderung ermittelt (Barro 1991). Krueger und Lindahl (2001) erhalten für beide Einflussfaktoren signifikante Ergebnisse. Die Verwendung der Anzahl an abgeschlossenen
Schuljahren als Bildungsindikator erweist sich aufgrund großer Unterschiede der
Bildungssysteme als problematisch, auch wenn international vergleichbare Daten
beispielsweise von der UNESCO herangezogen werden. Deshalb ist es besser, die
Testscores für die Kompetenzen in den einzelnen Ländern zu verwenden. Hanushek
und Kimko (2000) haben Daten aus internationalen Mathematik- und Wissenschafts-
tests aus 31 Ländern verwendet und das Humankapital mit den dabei ermittelten
Testscores abgebildet. In ihren Regressionsanalysen wird dadurch die Modellgüte
deutlich verbessert. Während mit Schuljahren als Regressor das multiple Bestimmtheitsmaß zwischen 33 und 41 % liegt, erhöht es sich bei Verwendung von Testscores
für die Qualität des Humankapitals auf 68 bis 73 %. Die Autoren sehen selbstkritisch
letztere Effekte als zu hoch an, meinen aber, dass der ermittelte positive und signifikante Zusammenhang zwischen den Testscores und dem Wirtschaftswachstum
kausal interpretierbar ist.

Wößmann und Piopiunik (2009) betrachten verschiedene Regressionsmodelle
und erhalten das interessante Ergebnis, dass die Berücksichtigung der Bildungsleistungen die Erklärungskraft des Modells deutlich erhöht. Werden auch noch die
kognitiven Leistungen in die Regressionsanalyse einbezogen, verliert die Variable
„durchschnittliche Bildungsdauer" ihren signifikanten Einfluss auf das Wirtschaftswachstum. Bemerkenswert sind auch die weitergehenden Analysen der Autoren, in
denen der Frage nachgegangen wird, ob es mehr auf Spitzenleistungen ankommt, die
wichtig für das Erfinden und Generieren von Produkt- und Prozessinnovationen sind,
oder eher auf die Bildungsbasis in der breiten Bevölkerung, die entscheidend für die
Umsetzung von Erfindungen und Innovationen ist.

Tabelle 9.1 zeigt die Ergebnisse einer Wachstumsregression, die neben der Anzahl
der Bildungsjahre und dem Bruttoinlandsprodukt im Ausgangsjahr auch die Anteile
der Schüler der betrachteten Länder mit über 600 PISA-äquivalenten Punkten (Spitzenleistungen, eine Standardabweichung über dem OECD-Durchschnitt) sowie
den Schüleranteil mit zumindest 400 PISA-Punkten (als Maß einer mathematisch-
naturwissenschaftlichen Grundlagenkenntnis, eine Standardabweichung unter dem

OECD-Durchschnitt) mit einbezieht. Das Ergebnis belegt die Bedeutung beider Schü-
leranteile, da sie beide signifikante Regressionskoeffizienten aufweisen. Es kommt
für die Generierung von Wirtschaftswachstum also sowohl auf die Spitze, als auch auf
die Breite im Bildungsbereich an.

Tabelle 9.1: Kognitive Fähigkeiten als Bestimmungsfaktor wirtschaftlichen Wachstums (nach
Wößmann und Piopiunik 2009)

	(1)	(2)	(3)	(4)
Kognitive Fähigkeiten		1,980*		
Bildungsjahre 1960	0,369*	0,026	0,022	0,112
BIP pro Kopf 1960	−0,379*	−0,302*	−0,287*	−0,330*
Anteil Schüler Basisleistungen			2,732*	4,717*
Anteil Schüler Spitzenleistungen			12,880*	
Konstante	2,785*	−4,737*	1,335*	0,348
Anzahl der Länder	50	50	50	50
R² (angepasst)	0,252	0,728	0,719	0,610

Anmerkung: Abhängige Variable: Durchschnittliche jährliche Wachstumsrate des BIP pro Kopf im
Zeitraum 1960–2000, * signifikant auf 5-%-Niveau

In einem weiteren Schritt simulieren Wößmann und Piopiunik (2009) den Effekt
der Erhöhung des PISA-Mittelwertes von 496,1 auf 510,2 Punkte innerhalb von zehn
Jahren, wodurch der Anteil der Schüler mit weniger als 420 PISA-Punkten (als Niveau
für die Zugehörigkeit zur Gruppe der „Risikoschüler") um 90 % sinken würde. Im
Übrigen entspricht der Wert von 510,2 PISA-Punkten etwa dem derzeitigen Niveau
Frankreichs. Die Niederlande mit 531 Punkten und Finnland mit 542 Punkten liegen
jedoch noch deutlich über diesem Wert. Aus der Multiplikation der in Tabelle 9.1 dargestellten Koeffizienten und der beschriebenen Erhöhung des PISA-Mittelwerts von
496,1 auf 510,2 Punkte ergibt sich ein entsprechend höheres Wirtschaftswachstum. In
jedem Jahr wächst das Bruttoinlandsprodukt – nach der Übergangsphase von zehn
Jahren – um 0,18 Prozentpunkte. Werden alle durch die „Bildungsreform" erzeugten
wirtschaftlichen Erträge aufsummiert, ergibt sich, dass bereits 2035 das Bruttoinlandsprodukt um 1 % höher wäre als ohne Erhöhung des PISA-Mittelwerts. Im Jahr
2044 läge das BIP um 2 %, im Jahr 2090 sogar um 10,3 % über dem Ausgangsniveau.
Die ökonomische Bedeutung der „Bildungsreform" wird durch die Betrachtung der
absoluten Änderung deutlich. Wenn ein 2009 geborenes Kind im Jahr 2076 in Rente
geht, ist das BIP 6471 Euro höher als bei seiner Geburt. Der über das Leben dieses
Kindes aufsummierte (auf das Jahr 2009 diskontierte) Betrag beliefe sich auf 34.255
Euro.

9.3 Qualifikationsspezifische Arbeitslosigkeit

Das Risiko, arbeitslos zu werden, hängt eng mit dem Qualifikationsniveau zusammen. Dabei gilt, dass sich die Position am Arbeitsmarkt mit sinkender Qualifikation verschlechtert. Wie in Abbildung 9.1 zu erkennen ist, sind vor allem Personen ohne Berufsabschluss von einem besonders hohen Arbeitslosigkeitsrisiko betroffen. Auch wenn es im Jahr 2017 für diese Gruppe eine leichte Verbesserung gab, war dennoch zuletzt bundesweit fast jeder Fünfte ohne Berufsabschluss arbeitslos. Gut stellen sich hingegen die Beschäftigungsperspektiven für Akademiker dar, deren Arbeitslosenquote im Jahr 2017 gut 2 % betrug. In den letzten Jahren weiter verbessert hat sich zudem die Arbeitsmarktsituation der Personen mit Berufsabschluss, deren Arbeitslosenquote m Jahr 2017 bei unter 4 % lag (IAB 2018). Da Arbeitslosigkeit mit hohen Kosten sowohl auf der individuellen als auch auf der gesellschaftlichen Ebene verbunden ist, sind Qualifizierungsbemühungen ein wichtiger Schritt, um das Arbeitslosigkeitsrisiko zu verringern. Besondere Aufmerksamkeit ist dabei aufgrund ihres besonders hohen Risikos, arbeitslos zu sein, auf die Personen ohne Berufsabschluss zu richten.

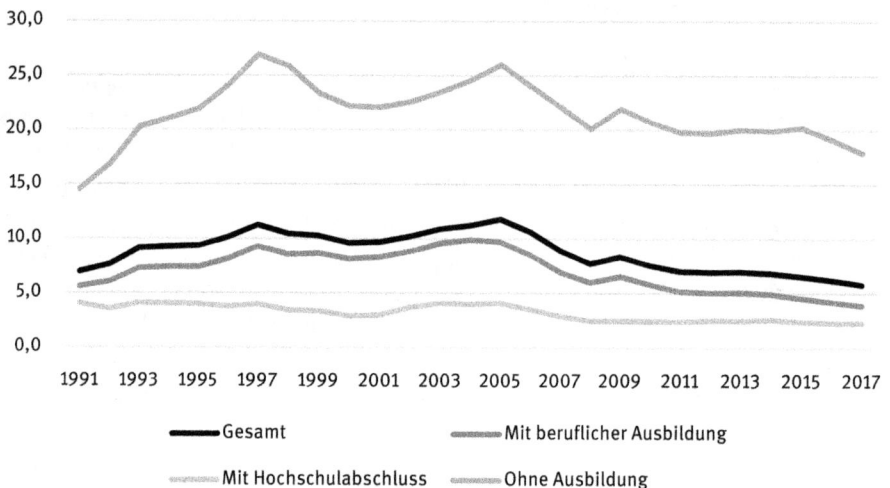

Abbildung 9.1: Qualifikationsspezifische Arbeitslosenquoten (nach IAB 2018)

Insbesondere im Zuge der Wirtschafts- und Finanzkrise hat das Thema Jugendarbeitslosigkeit an Bedeutung gewonnen. Gerade in vielen südeuropäischen Ländern ist die Arbeitslosenquote junger Menschen in den letzten Jahren stark angestiegen. Der Bekämpfung von Jugendarbeitslosigkeit kommt nicht zuletzt deshalb eine wichtige Bedeutung zu, weil Arbeitslosigkeitsphasen, die zu Beginn des Erwerbslebens auftreten, die Beschäftigungschancen der Betroffenen langfristig negativ beeinflussen können (Arulampalam 2001). So zeigen z. B. Schmillen und Umkehrer (2013) für Deutschland, dass jeder zusätzliche Tag in Arbeitslosigkeit während der ersten acht Jahre des Erwerbslebens die Arbeitslosigkeitsdauer im späteren Erwerbsleben verlängert.

Dem Bildungsniveau kommt bei der Erklärung des Risikos, als Jugendlicher als arbeitslos zu werden, bzw. der Chance, in Beschäftigung zu sein, eine wichtige Bedeutung zu. Anger et al. (2016) machen deutlich, dass höher qualifizierte junge Menschen deutlich bessere Erwerbschancen haben als geringer qualifizierte (siehe Abbildung 9.2). Fragt man nach den Determinanten der Arbeitsmarktchancen junger Menschen in verschiedenen Staaten, so kann gezeigt werden, dass diese u. a. von den institutionellen Rahmenbedingungen des Bildungssystems bestimmt werden. Als besonders bedeutsam erweist sich dabei die Verzahnung von Bildung und Arbeitsmarkt, wie sie in Deutschland durch das System der dualen Ausbildung gegeben ist. Der Umstand, dass die deutschen Arbeitgeber in die Ausbildung involviert sind und theoretische Bildung mit praktischer Arbeitserfahrung kombiniert wird, wirkt sich förderlich auf den Arbeitsmarkteintritt von Absolventen aus (Anger et al. 2016).

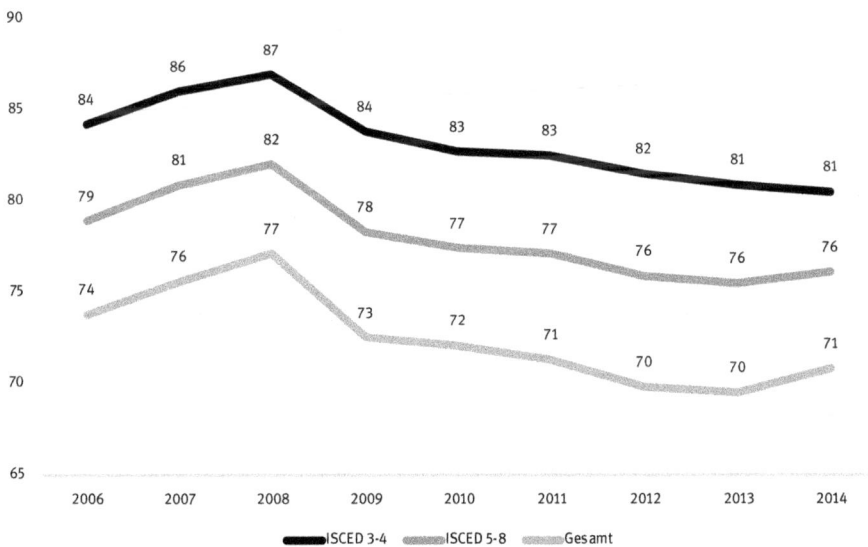

Abbildung 9.2: Erwerbstätigenquote von Absolventen nach Bildungsabschluss, in % (nach Anger/ Leber/Rodrigues 2016); Berechnungen auf der Basis von Daten von Eurostat

Anmerkung: ISCED 3–4 umfasst Personen mit einer abgeschlossenen Berufsausbildung, Berufsfachschule oder Hochschulreife; ISCED 5–8 umfasst Meister/Techniker, Berufsakademie oder Hochschulabschluss.

9.4 Bildung und Gesundheit

Höhere Bildung hat über die beschriebenen Wachstums- und Beschäftigungseffekte hinaus positive Wirkungen auf eine Reihe von Lebensbereichen wie z. B. das gesundheitliche Wohlbefinden, die kulturelle und politische Partizipation sowie eine vielseitige Freizeitgestaltung. So ist z. B. festzustellen, dass das politische Interesse bei Personen mit einem höheren Bildungstand stärker ausgeprägt ist als bei Personen mit einem niedrigeren Bildungssstand. Auch für die Wahlbeteiligung gilt, dass höher qualifizierte Personen häufiger wählen als geringer qualifizierte. Personen mit Schulabschluss üben darüber hinaus öfter ein Ehrenamt aus als Personen ohne Schulabschluss (vgl. Autorengruppe Bildungsberichterstattung 2016).

Verschiedene Studien weisen ferner darauf hin, dass ein deutlicher Zusammenhang zwischen Bildung und Gesundheit besteht (zu einem Überblick über verschiedene Studien vgl. Mielck et al. 2012). Dies gilt auch bei Berücksichtigung von Alters-, Geschlechts- und Einkommensunterschieden und kann auf eine gesündere Lebensweise höher qualifizierter Menschen mit besseren Möglichkeiten zur Vermeidung gesundheitlicher Belastungen, aber auch auf einen informierteren und besseren Umgang mit etwaigen Erkrankungen hindeuten. So ist z. B. zu beobachten, dass Personen mit höheren Bildungsabschlüssen relativ oft sportlich aktiv sind, aber seltener rauchen und seltener übergewichtig sind als Personen mit niedrigeren Abschlüssen (Mielck et al. 2012). Der allgemeine Gesundheitszustand wird von höher qualifizierten Personen tendenziell besser eingeschätzt als von geringer qualifizierten Personen (siehe Tabelle 9.2).

Tabelle 9.2: Selbsteinschätzung des allgemeinen Gesundheitszustandes 2012 bei 18- bis unter 65-Jährigen nach Bildungsniveau und Geschlecht, in % (nach Autorengruppe Bildungsberichterstattung 2016) auf der Basis von Daten des Robert-Koch-Instituts

	Sehr gut/gut			Mittelmäßig/schlecht/sehr schlecht		
	Frauen	Männer	Gesamt	Frauen	Männer	Gesamt
Niedriger Bildungsstand	53,4	61,4	56,3	46,6	38,6	43,7
Mittlerer Bildungsstand	70,9	70,7	70,8	29,1	29,3	29,2
Hoher Bildungsstand	46,6	61,4	56,3	46,6	38,6	43,7
Insgesamt	68,6	72,2	70,4	31,4	27,8	29,6

9.5 Zusammenfassung

Der Bildungspolitik kommt aus verschiedenen Gründen eine wichtige Bedeutung zu. Eine zentrale Rolle spielen dabei insbesondere die vergleichsweise schlechten

Einkommens- und Beschäftigungsperspektiven von Geringqualifizierten auf dem Arbeitsmarkt. Vor dem Hintergrund des technischen und organisatorischen Wandels sowie der zunehmenden Internationalisierung der Wirtschaft ist davon auszugehen, dass sich die Chancen dieser Personengruppe in Zukunft eher weiter verschlechtern als verbessern werden. Das Bildungsniveau spielt gerade auch im Zusammenhang mit dem Arbeitsmarkteintritt junger Menschen eine wichtige Rolle. So ist im Zuge der Wirtschafts- und Finanzkrise die Arbeitslosigkeit von Jugendlichen insbesondere in den südeuropäischen Ländern stark angestiegen, wobei vor allem gering qualifizierte Jugendliche hiervon betroffen waren. In Deutschland hingegen stellte sich die Situation weniger gravierend dar, was u. a. auf die Vorteile des Systems der dualen Ausbildung zurückgeführt wird.

Sind einzelne Personengruppen wie Geringqualifizierte einem überdurchschnittlich hohen Arbeitslosigkeitsrisiko ausgesetzt, so hat dies negative Auswirkungen nicht nur auf globale Größen wie das Wirtschaftswachstum oder die Finanzierung der sozialen Sicherungssysteme. Darüber hinaus kann gezeigt werden, dass Bildung auch nicht monetäre Effekte z. B. auf das gesundheitliche Wohlbefinden oder die kulturelle, politische und soziale Partizipation hat. Angesichts dieser positiven Externalitäten von Bildung ist es auch Aufgabe des Staates, in den Bildungsbereich einzugreifen und für ein „angemessenes" Maß an Bildung sorgt.

Methodischer Anhang zur Bildungsökonomie

1 Grundstruktur ökonometrischer Modelle

Im Grundsatz lassen sich ökonometrische Modellvariablen in drei Komponenten klassifizieren: in die endogenen Variablen, die exogenen Variablen und die Störvariable. Die endogenen Variablen sind die vom Modell erklärten Variablen, sie werden sozusagen durch die Innenwelt des Modells erklärt.

Die exogenen Variablen sind die vom Modell nicht erklärten, übernommenen Variablen. Um in unserer Analogie zu verbleiben, quasi die von der Außenwelt übernommenen Variablen. In den Modellen ist zusätzlich zu beachten, dass immer eine Restgröße bzw. „Catch-all"-Größe verbleibt, die durch die Störvariable dargestellt wird.

2 Funktionstypen

Lineare Regressionsmodelle sind leichter handhabbar als nichtlineare. Sind die Gleichungen nichtlinear in den Variablen, so lassen sich durch Variablentransformation die Gleichungen als linear behandeln. Hierzu ein Beispiel:

$$y = a + \frac{b}{x} \rightarrow y = a + bz, \text{ wobei } z = \frac{1}{x}$$

Bei einer Vielzahl nichtlinearer Funktionen lässt sich eine lineare Transformation durchführen. Ein Beispiel ist folgende Exponentialfunktion:

$$y = \alpha e^{bx} \rightarrow w = a + bx, \text{ wobei } w = lny; \ a = ln\alpha$$

Dabei ist der Koeffizient b als Wachstumsrate interpretierbar. Wenn es sich beim Regressor x um eine Dummyvariable handelt, lässt sich die Wachstumsrate aus dem Koeffizienten b wie folgt berechnen:

$$(\exp(b) - 1) \cdot 100$$

Eine wichtige Funktion in der Ökonomie stellt die Produktionsfunktion dar, die im Folgenden ausführlicher behandelt wird.

Als klassische Produktionsfunktion lässt sich die Cobb-Douglas-Produktionsfunktion identifizieren, die folgende Grundform besitzt:

$$Y = AL^{\alpha}K^{1-\alpha}$$

Hier stellt A den Effizienzparameter dar, L den Produktionsfaktor Arbeit und K den Produktionsfaktor Kapital.

https://doi.org/10.1515/9783110642315-010

Nach Logarithmieren und Anpassung an das OLS-Schätzmodell ergibt sich:

$$lnY = \beta_1 + \beta_2 lnL + \beta_3 lnK + \varepsilon_1$$

Hier stellt Y den Umsatz dar, L die Beschäftigtenzahl, K das Kapital und ε_1 den Störterm.

Die β_i (mit $i = 1, 2, 3$) bilden die Regressionskoeffizienten ab.

Die Cobb-Douglas-Produktionsfunktion ist ein Spezialfall der CES-Produktionsfunktion, bei der die restriktive Annahme einer Substitutionselastizität von eins aufgehoben ist. Die CES-Funktion in ihrer Grundform lautet wie folgt:

$$lnY = lny - \frac{v}{\rho} ln[\delta K^{-\sigma} + (1 - \delta)L^{-\sigma}] + \varepsilon_2,$$

wobei δ für den Distributionsparameter steht, ρ für den Substitutionsparameter, y für den Niveauparameter und v für den Homogenitätsparameter.

Mittels einer Taylorreihenapproximation erhält man folgende Schätzgleichung:

$$lnY = \beta_1 + \beta_2 lnL + \beta_3 lnK + \beta_4 (lnK - lnL)^2 + \varepsilon_2$$

Die Annahme einer konstanten Substitutionselastizität wird bei der Translog-Produktionsfunktion aufgehoben. Die Produktionsfunktion hat folgende unspezifizierte Form:

$$lnY = f(lnL, lnK)$$

Für die Koeffizientenschätzungen wird die Funktion mittels einer Taylor-Reihe approximiert und logarithmiert, sodass folgendes Gleichungssystem entsteht (vgl. Greene 2011).

$$lnY = \beta_1 + \beta_2 lnL + \beta_3 lnK + \beta_4 \left(ln\frac{L}{2}\right)^2 + \beta_5 \left(ln\frac{K}{2}\right)^2 + \beta_6 (lnL \cdot lnK) + \varepsilon_3$$

3 Das einfache lineare Modell

Grundstruktur des Modells ist folgende Gleichung:

$$y_i = \beta_0 + \beta_1 x_i + u_i$$

Die Regressionsgerade hierzu hat folgende Form:

$$\hat{y} = \hat{\beta}_0 + \hat{\beta}_1 x,$$

wobei das „Dach" für geschätzte Werte steht.

4 Multiples Bestimmtheitsmaß und korrigiertes multiples Bestimmtheitsmaß

Definiert ist das multiple Bestimmtheitsmaß wie folgt:

$$R^2 = 1 - \frac{\sum_{i=1}^{n}(\hat{y}_i - \bar{y})^2}{\sum_{i=1}^{n}(y_i - \bar{y})^2}$$

Je größer der Wert von R^2, umso besser ist die Projektion. Allgemein ist das multiple Bestimmtheitsmaß ein Vergleichsmaß für die Anpassungsgüte der Regression bzw. gibt es die „goodness of fit" an. Je näher R^2 bei 1 liegt, für umso geeigneter wird eine Modellspezifikation gehalten. Probleme ergeben sich beim Bestimmtheitsmaß, wenn verschiedene endogene Variablen modelliert sind, ein Trend in exogenen Variablen vorhanden ist oder zusätzliche erklärende Variablen vorkommen. Das letzte Problem lässt sich durch das korrigierte multiple Bestimmtheitsmaß allerdings beseitigen, das folgende Form annimmt:

$$\bar{R}^2 = R^2 - \frac{K-1}{n-K}(1 - R^2)$$

mit K als Zahl der exogenen Variablen und n als Fallzahl.

5 Hypothesentests

Für einzelne Regressionskoeffizienten oder für Linearkombinationen lässt sich folgender Test durchführen:
  Nullhypothese: $H_0 : \beta_1 = 0$ und Alternativhypothese: $H_1 : \beta_1 \neq 0$
  Die Testentscheidung lautet wie folgt: Lehne H_0 ab, wenn

$$\frac{\hat{\beta}_i}{\hat{\sigma}(\hat{\beta}_i)} > t(n - K - 1) = t(n - v)$$

bei $\alpha = 0.01$ oder $\alpha = 0.05$

Bei einem Test über den Einfluss von Variablengruppen bietet sich der Test von Kmenta (1971, 371) an. Prüfgröße des Tests ist:

$$F = \frac{(R_K^2 - R_{K_1}^2)(n - K)}{(1 - R_K^2)(K - K_1)} \sim F_{n-K, 1-\alpha}^{K-K_1}$$

mit K_1 als Zahl der exogenen Variablen im „kleineren" Modell.

6 Statistische Probleme und ihre Konsequenzen

Im Folgenden sollen einige Kriterien aufgezeigt und das Auftreten von statistischen Problemen bei diesen Kriterien erläutert werden (Hübler 2005). Als Erstes ist hier die verzerrte Schätzung der Regressionskoeffizienten, der sogenannte Bias, für β_i zu erwähnen. Tritt nämlich ein bestimmtes Problem auf, so produziert der OLS einen Schätzer für die β_i, von dem nicht erwartet werden kann, dass er mit dem wahren β_i übereinstimmt.

Als Zweites ist analog die verzerrte Schätzung der Standardabweichung der Regressionskoeffizienten anzuführen, also der Bias für $\sigma(\beta_i)$. Als Folge wird die t-Statistik ungültig, wenn ein Regressionskoeffizient und/oder seine Standardabweichung verzerrt geschätzt worden ist.

Die Effizienz sagt u. a., dass ein Konfidenzintervall für einen Regressionskoeffizienten so klein wie möglich sein sollte, also beispielsweise

$$[\hat{\beta_i} - t(n - v)\sigma(\beta_i); \hat{\beta_i} + t(n - v)\sigma(\beta_i);]$$

Dies gilt allerdings nur für unverzerrte Schätzungen, sonst muss der „mean square error" als Kriterium verwendet werden.

Nun zu den häufig auftretenden Problemen: Das wichtigste Problem ist eine klassische Fehlspezifikation, d. h., es wird eine falsche funktionale Form angenommen oder eine falsche Variable modelliert. Bei dem Verdacht einer Fehlspezifikation sollte dies anhand von statistischen Tests überprüft werden.

Zweites Problem ist die Heteroskedastie, die in folgenden Fällen zu beobachten ist:
- die Varianz der Störvariable als Funktion der exogenen Variablen
- heterogene Gruppenbildung
- gruppierte Beobachtungsdaten
- stochastische Regressionskoeffizienten

Auch hier sollte bei einem Verdacht auf Vorliegen von Heteroskedastie ein Test durchgeführt werden, und auch eine gewichtete Schätzung.

Drittens sollte insbesondere bei Zeitreihen die Autokorrelation beachtet werden. Bei Verwendung von Zeitreihendaten ist die Störgröße nicht mehr zeitinvariant, sondern der Störeffekt überträgt sich von Periode zu Periode. Idealtypisch besteht die Störgröße aus einer Vielzahl von weniger bedeutsamen, nicht messbaren Einflussgrößen auf die endogene Variable, deren Effekte sich im Durchschnitt kompensieren. Je länger die jeweiligen Perioden sind, in denen jeweils eine Beobachtung gesammelt wird, umso stärker ist der Ausgleichsprozess. Die Wahrscheinlichkeit für das Auftreten von Autokorrelation ist umso größer, je mehr man von Jahres- zu Quartals- und schließlich zu Monatswerten übergeht. Analog sollte man das Vorliegen einer Autokorrelation testen und eine gewichtete Schätzung vornehmen.

Viertes Problem ist eine mit exogenen Variablen korrelierte Störgröße. Dieses Problem tritt auf, wenn sich unter den Variablen auf der rechten Seite der Gleichung endogene Variablen befinden. Dann ist eine Systemschätzung erforderlich.

Fünftes Problem ist das Auftreten von Messfehlern oder sogenannte Fehler in den Variablen, die aber schwer feststellbar sind.

Die nachstehende Tabelle liefert eine Übersicht über die Verzerrungen.

Tabelle 1 (Anhang): Statistische Probleme in Regressionsschätzungen und Verzerrungen

	Regressionskoeffizienten	Standardabweichung der Regressionskoeffizienten	t-Statistik
Fehlspezifikation	ja	ja	ja
Heteroskedastie	nein	ja	ja
Autokorrelation	nein	ja	ja
Fehler in den Variablen	ja	ja	ja
Mit exogenen Variablen korrelierte Störgröße	ja	ja	ja

7 Qualitative exogene und endogene Variablen

Bei vielen empirischen Analysen spielen qualitative Variablen eine Rolle. Diese werden im Folgenden näher betrachtet, wobei insbesondere auf Modelle zur Schätzung qualitativer endogener Variablen eingegangen wird.

7.1 Qualitative exogene Variablen

Am einfachsten verdeutlicht werden kann das Prinzip durch Dummyvariablen D_i ($i = 1,2,3$) für verschiedene Betriebsgrößenklassen. In der Regression wird eine dieser Dummyvariablen weggelassen, also z. B.:

$$lnW = \beta_0 + \beta_1 D_1 + \beta_2 D_2 + u,$$

wobei u ein Störterm ist.

Für die Interpretation der Koeffizienten im linearen Modell betrachten wir zunächst folgende Regression:

$$y = \alpha + \beta x + \delta d$$

Differenzierung nach x und d ergibt folgende Ausdrücke:

$$\frac{\partial y}{\partial x} = \frac{\partial (\alpha + \beta x + \delta d)}{\partial x} = \beta$$

und

$$\frac{\Delta y}{\Delta d} = (\alpha + \beta x + \delta 1) - (\alpha + \beta x + \delta 0) = \delta$$

7.2 Qualitative endogene Variablen

Hierzu soll zunächst ein kurzer Überblick über die verschiedenen Modelle gegeben werden. Wichtig sind insbesondere:
–   Logit- und Probitmodell
–   Tobitmodell bzw. der zweistufige Ansatz nach Heckman
–   Zähldatenmodelle (hier besteht die abhängige Variable aus ganzen Zahlen)
–   multinominales Logit und Probit (hier lässt die abhängige Variable mehr als zwei Alternativen zu)
–   ordered Probit (hier lassen sich die Alternativen im Unterschied zum multinominalen Logit oder Probit ordnen)
–   bivariates Probit (hier gibt es zwei abhängige Variablen, die jeweils einer (0,1)-Verteilung folgen

7.2.1 Wahrscheinlichkeitsmodelle

y_i folge einer $(0, 1)$ – Verteilung mit $P(y_i = 0)$ und $P(y_i = 1)$

Da es sich um Wahrscheinlichkeiten handelt, müssen die folgenden Restriktionen gelten:

$$0 \le \hat{y}_i \le 1 \text{ und } \sum_{i=1}^{n} \hat{y}_i = 1 \text{ mit } n = 2$$

7.2.2 Probit- und Logitmodelle

Das Probitmodell stellt sich wie folgt dar:

$$z_i = F^{-1}(p_i) = \beta_0 + \beta_1 x_i + \dots + \beta_k x_{ki} + \mu_i$$

Die Gleichung des Logitmodells nimmt folgende Form an:

$$\widetilde{p} = F(x\beta) = \frac{1}{1 + e^{-(x\beta+\mu)}} = \frac{e^{x\beta+\mu}}{1 + e^{x\beta+\mu}}$$

$$\rightarrow ln\frac{\widetilde{p}}{1 - \widetilde{p}} = x\beta + \mu$$

Die zweite Gleichung des Logitmodells gibt die sogenannte Odds-Ratio an.

Zur Interpretation des Logitmodells sollten folgende Gleichungen betrachtet werden:

$$\Delta\widetilde{p} = \beta_k\overline{p}(1 - \overline{p}),$$

wobei $\overline{p}$ der Mittelwert der abhängigen Variablen y ist.

Alternativ können die marginalen Effekte der Koeffizienten angegeben werden.

$$\beta_k\frac{e^{\overline{x}\beta}}{1 + e^{\overline{x}\beta}},$$

wobei $\overline{x}$ der Vektor der Mittelwerte der unabhängigen Variablen x ist.

7.2.3 Anpassungsmaße

Ein wichtiges Anpassungsmaß ist die sogenannte Log-Likelihood-Ratio $\lambda = lnL_{max} - lnL_0$, wobei L_0 den Wert der Likelihoodfunktion im Modell mit Konstante angibt und L_{max} den Wert der Likelihoodfunktion im „vollen" Modell.

$$\text{Weiterhin gilt}: -2\lambda \sim \chi^2_k$$

$$\text{McFaddens Pseudo} \cdot R^2 \text{ ist definiert als}: R^2_{MF} = 1 - \frac{lnL_{max}}{lnL_0}$$

$$\text{beziehungsweise } \overline{R}^2_{MF} = 1 - \frac{L_{max} - (K + 1)}{L_0}$$

Zu beachten ist, dass noch diverse weitere Anpassungsmaße existieren.

Nun soll noch ein Blick auf den F-Test geworfen werden, der den Einfluss von Variablengruppen in KQ-Regressionen angibt. Die relevante Prüfgröße ist:

$$F(k - k_1, \ n - k - 1) = \frac{(R^2_k - R^2_{k-1})/(k - k_1)}{(1 - R^2_k)/(n - k - 1)}$$

Im Gegensatz dazu ist der Likelihood-Ratio-Test anzuwenden, um den Einfluss von Variablengruppen in Logit-, Probit- und Tobitmodellen zu bestimmen. Hierzu verwendet man folgende Prüfgröße:

$$LR = 2(lnL_{k_1} - lnL_k) \sim \chi^2_{k-k_1}$$

mit k_1 als Zahl er exogenen Variablen im „kleineren" Modell.

Anhang zu den Datengrundlagen mit Informationen zu den Themen Aus- und Weiterbildung

Informationen zur Aus- und Weiterbildung stehen sowohl aus Betriebs- bzw. Unternehmensbefragungen als auch aus Personen- bzw. Haushaltsbefragungen zur Verfügung.

1 Betriebs- bzw. Unternehmensbefragungen

IAB-Betriebspanel

Das IAB-Betriebspanel ist eine seit 1993 jährlich erhobene Befragung von Betrieben in Deutschland. Grundgesamtheit sind alle Betriebe mit mindestens einem sozialversicherungspflichtigen Beschäftigten. Im Rahmen des IAB-Betriebspanels wird hierzu aus der Betriebsdatei der Beschäftigtenstatistik der Bundesagentur für Arbeit (BA) eine Zufallsstichprobe nach dem Prinzip der optimalen Schichtung gezogen. Von den insgesamt rund 2 Millionen Betrieben werden aktuell jährlich ungefähr 16.000 befragt. Die Erhebung erfolgt überwiegend im Rahmen von persönlich-mündlichen Interviews durch Mitarbeiter von TNS Infratest Sozialforschung. Der Fragebogen des IAB-Betriebspanels enthält Fragen zur Beschäftigungs- und Geschäftsentwicklung, zu Investitionen, zu Personalstruktur und -bewegungen sowie zur betrieblichen Aus- und Weiterbildung. Es handelt sich beim IAB-Betriebspanel also um eine Mehrthemenbefragung, die vielfältige Informationen zu Betrieben in Deutschland erhebt. Im Rahmen des Themenkomplexes „betriebliche Weiterbildung" wird beispielsweise gefragt, ob der Betrieb Weiterbildungsmaßnahmen fördert oder nicht, und wenn ja, welche Art von Weiterbildungsmaßnahmen angeboten werden. Hierbei wird zwischen kursförmig organisierten, formellen Weiterbildungsformen und arbeitsintegrierten Lernformen wie z. B. Gruppenarbeit oder Einweisung am Arbeitsplatz differenziert. Darüber hinaus werden Informationen zur Anzahl der Weiterbildungsteilnehmer (nach Qualifikation, Alter und Geschlecht) sowie zur Kostenaufteilung der Weiterbildung auf Arbeitgeber und Arbeitnehmer erhoben. Zur Ausbildung im Betrieb wird gefragt, ob überhaupt ausgebildet wird, wie viele Auszubildende beschäftigt sind und wie viele Auszubildende nach der Ausbildung übernommen werden. Durch seine Breite ist das IAB-Betriebspanel geeignet, mögliche Zusammenhänge zwischen Aus- und Weiterbildung und anderen Unternehmensmerkmalen herzustellen, also z. B. nach den Determinanten oder den Effekten der betrieblichen Bildungsaktivitäten zu fragen. Aufgrund seines Längsschnittcharakters ermöglicht es das IAB-Betriebspanel darüber hinaus, Aussagen zur Entwicklung von Aus- und Weiterbildung auf betriebsindividueller Ebene zu treffen.

https://doi.org/10.1515/9783110642315-011

Continuing Vocational Training Survey (CVTS)

Der Continuing Vocational Training Survey (CVTS) ist eine Erhebung zur beruflichen Weiterbildung in Unternehmen, die von der Europäischen Kommission und Norwegen in Auftrag gegeben wird. Durchgeführt wird die Befragung alle sechs Jahre von den nationalen Statistischen Ämtern, wobei die erste Erhebung im Jahr 1994 durchgeführt wurde. Grundgesamtheit sind alle Unternehmen mit mindestens zehn Beschäftigten, d. h., die Befragung beruht anders als das IAB-Betriebspanel nicht auf dem Betriebs-, sondern auf dem Unternehmenskonzept. Die Befragung erfolgt schriftlich-postalisch, wobei die Rücklaufquoten etwa ein Drittel betragen. Der Stichprobenumfang liegt bei etwa 10.000 Unternehmen in Deutschland. Ziel des CVTS ist, europaweit umfangreiche Kenntnisse über die betrieblich finanzierte bzw. betrieblich veranlasste Weiterbildung zu erlangen. Der CVTS stellt somit eine Einthemenbefragung dar. Es werden u. a. Informationen zum Angebot und Umfang der Weiterbildung sowie zu den Kosten der Weiterbildung erhoben. Im Hinblick auf die Weiterbildungsformen unterscheidet der CVTS zwischen kursförmig organisierten, formellen Lernarten und weichen, arbeitsintegrierten Formen der Weiterbildung. Die Weiterbildungsbeteiligung wird differenziert für Arbeitnehmer nach Alter und Geschlecht erfragt; darüber hinaus werden Angaben z. B. zur Unternehmensgröße oder Branchenzugehörigkeit erhoben. In Deutschland werden im Anschluss an die Haupterhebung telefonische Zusatzbefragungen durchgeführt, um zu verschiedenen Themen (z. B. Weiterbildung Älterer) zusätzliche Informationen zu erhalten.

IW-Erhebung zur betrieblichen Weiterbildung

Die Weiterbildungserhebung des Instituts der deutschen Wirtschaft (IW) ist eine Einthemenbefragung von Betrieben zur betrieblichen Weiterbildung. Die Befragung wird seit 1992 alle drei Jahre durchgeführt. Erfolgte die Befragung anfangs postalisch, wird sie mittlerweile als Online-Befragung durchgeführt. Bei der IW-Erhebung handelt es sich um eine Querschnittsanalyse. Der Fragebogen enthält verschiedene Fragen zum Angebot an Weiterbildung, wobei der der IW-Erhebung zugrunde liegende Weiterbildungsbegriff relativ weit gefasst ist. Darüber hinaus werden Informationen zu den Kosten oder zum zeitlichen Umfang der Weiterbildung sowie zu Merkmalen des Betriebs (z. B. Größe, Branche) erhoben.

BIBB-Qualifizierungspanel

Das BIBB-Qualifizierungspanel ist eine Betriebsbefragung des Bundesinstituts für Berufsbildung (BIBB), das die Qualifizierung und Kompetenzentwicklung von Betrieben untersucht. Es handelt sich dabei um eine seit 2011 jährlich durchgeführte

Wiederholungsbefragung von rund 3.500 Betrieben in Deutschland. Im Mittelpunkt der Befragung stehen die Aus- und Weiterbildungsaktivitäten der Betriebe. Darüber hinaus enthält das Panel wechselnde Themenschwerpunkte, in denen aktuelle Fragen vertieft behandelt werden. Die Befragung richtet sich an privatwirtschaftliche und öffentliche Betriebe in Deutschland und wird mittels computergestützter persönlicher Interviews durchgeführt.

2 Personen- bzw. Haushaltsbefragungen

Sozio-ökonomisches Panel (SOEP)

Das beim Deutschen Institut für Wirtschaftsforschung (DIW) angesiedelte Sozio-ökonomische Panel ist eine Längsschnittuntersuchung ausgewählter Haushalte in Deutschland. Beim SOEP handelt es sich um eine Mehrthemenbefragung, in der sich Fragen zu soziodemografischen Merkmalen (z.B. Alter, Geschlecht, Qualifikation, berufliche Stellung), zur Gesundheit, zum Einkommen und zur gesellschaftlichen Partizipation und Zeitverwendung finden. Die Befragung erfolgt auf der Basis persönlich-mündlicher Interviews. In jährlich wechselnden Schwerpunkten wird u. a. die Aus- und Weiterbildungsbeteiligung der Haushaltsmitglieder erfragt. Dabei wird beispielsweise gefragt, ob man sich derzeit in einer Aus- oder Weiterbildung befindet, und wenn ja, in welcher Art von Ausbildung und Weiterbildung. Zudem werden in einzelnen Erhebungswellen Informationen zur Anzahl der besuchten Weiterbildungskurse, zu den Zielen der Weiterbildung oder zur finanziellen Unterstützung durch den Betrieb erhoben. Da das SOEP eine Mehrthemenbefragung ist, bietet es den Vorteil, dass Zusammenhänge zwischen Persönlichkeitsmerkmalen und Aus- und Weiterbildungsbeteiligung untersucht werden können. Zudem können auf dieser Datenbasis – ebenso wie auf der Grundlage des IAB-Betriebspanels – Längsschnittanalysen durchgeführt werden.

Mikrozensus

Der Mikrozensus ist die seit 1957 jährlich erhobene amtliche Repräsentativstatistik des Statistischen Bundesamtes, die Informationen über die Bevölkerung und den Arbeitsmarkt in Deutschland liefert. Der Mikrozensus erfasst jährlich 370.000 Haushalte mit 820.000 Personen, also ungefähr 1 % der Gesamtbevölkerung. Dabei wird jährlich ein Viertel der Stichprobe ausgetauscht, sodass ein Haushalt vier Jahre in der Stichprobe verbleibt. Der Mikrozensus ist somit eine wiederholte Querschnittbefragung. Prinzipiell besteht beim Mikrozensus eine Auskunftspflicht, die allerdings für einige Fragen eingeschränkt ist. Da der Mikrozensus aus einem breiten Fragenprogramm besteht, ist er den Mehrthemenbefragungen zuzuordnen. Die Befragungen werden persönlich-mündlich durchgeführt und enthalten u. a. Fragen zu sozi-odemografischen Merkmalen, zur Erwerbstätigkeit bzw. zur Arbeitslosigkeit. Seit 1996 werden die Befragten auch jährlich zu ihrer Beteiligung an Aus- und Weiterbil-dungsmaßnahmen gefragt. Dabei werden im Themenkomplex „Ausbildung" Fragen zu den Bildungs- und Ausbildungsabschlüssen gestellt. Im Abschnitt zur allgemei-nen und beruflichen Weiterbildung werden u. a. Informationen zu Formen, Zweck, Inhalten und Dauer der Weiterbildung der Befragten erfasst, wobei der Begriff der Weiterbildung im Mikrozensus relativ eng gefasst ist. Auch sind Zeitvergleiche nur eingeschränkt möglich, da der Fragenkatalog und der Erhebungszeitraum mehrfach geändert wurden.

Adult Education Survey (AES)

Die Erhebung über Erwachsenenbildung ist eine von der Europäischen Union (EU) initiierte Befragung in den Mitgliedsstaaten der EU sowie einigen Beitrittskandida-ten zum Thema Weiterbildung Erwachsener. Die Erhebungen wurden erstmals im Jahr 2007 durchgeführt und finden alle zwei bis drei Jahre statt. In Deutschland und den anderen Teilnehmerländern besteht die Grundgesamtheit aus der erwerbsfähi-gen Wohnbevölkerung zwischen 18 und 64 Jahren, wobei der Stichprobenumfang in Deutschland etwa 7.000 Personen beträgt. Anders als das SOEP handelt es sich beim AES um eine Querschnittsbefragung, die mithilfe von persönlich-mündlichen Interviews durchgeführt wird. Der Fragebogen enthält Fragen zur Weiterbildungs-beteiligung im Erwachsenenalter, wobei etwa Angaben zur Art und zum Inhalt der besuchten Weiterbildungsmaßnahmen, zur Finanzierung oder zum Nutzen der Wei-terbildung erhoben werden. Darüber hinaus liegen Informationen zu verschiedenen soziodemografischen Merkmalen der Befragten vor. Ein wesentlicher Vorteil des AES ist Vergleichbarkeit des individuellen Weiterbildungsverhaltens in den einzelnen europäischen Ländern.

Startkohorte Erwachsene des Nationalen Bildungspanels (NEPS)

Das Nationale Bildungspanel (NEPS) ist eine umfassende Studie, die die Bildungs-verläufe vom Kindes- bis ins Erwachsenenalter untersucht. Das NEPS besteht aus verschiedenen Teilstudien (Startkohorten), von denen für die in diesem Lehrbuch betrachteten Bildungsbereiche die Startkohorte Erwachsene besonders relevant ist. Im Rahmen dieser Studie werden verschiedene Bildungsaktivitäten und Lernprozesse sowie der bisherige Lebensverlauf der Befragten erfasst. Zusätzlich werden Lese-, Mathematik-, naturwissenschaftliche und IKT-Kompetenzen sowie nicht-kognitive Fähigkeiten wie Persönlichkeit oder Motivation erhoben. Die Erwachsenenkohorte des NEPS startete im Jahr 2007. Das NEPS wird von Bund und Ländern finanziert und von einer Reihe an Instituten geplant und organisiert. Federführend dabei ist das Leibniz-Institut für Bildungsverläufe (LIfBi).

BIBB/BAuA-Erwerbstätigenbefragung (früher: BIBB/IAB-Erhebung)

Die BIBB/BAuA-Erwerbstätigenbefragung (früher als 2005: BIBB/IAB-Erhebung) ist eine sich wiederholende Querschnittsbefragung, die seit dem Jahr 1979 alle sechs Jahre durchgeführt wird. Erfragt werden die Qualifikation und die Erwerbssituation der Befragten, wobei die Grundgesamtheit sich aus allen Erwerbstätigen ab 15 Jahren mit einer regelmäßigen Beschäftigung von mindestens zehn Stunden pro Woche zusammensetzt. Die BIBB/BAuA-Erwerbstätigenbefragung ist eine Mehrthemenbefragung, die wechselnde Schwerpunkte setzt. Allgemein werden Fragen zur beruflichen Position, den Beschäftigungsbedingungen, den Arbeitsmitteln und dem beruflichen Abschluss der Interviewten gestellt. Des Weiteren spielen die Weiterbildungsaktivitäten der Befragten eine Rolle, wobei die Teilnahme an Lehrgängen oder Seminaren erfragt wird. Da auch Persönlichkeitsmerkmale erfragt werden, ist eine breitere Analyse möglich, da Bezug auf bestimmte Merkmale genommen werden kann.

Literatur

Acemoglu, D./Pischke, J. (1999): Beyond Becker: Training in imperfect labour markets. *Economic Journal* 109, 112–142.

Aghion, P./Howitt, P. (2009): *The Economics of Growth*, Cambridge MA.

Aina, C./Pastore, F. (2012): *Delayed Graduation and Overeducation: A Test of the Human Capital Model versus the Screening Hypothesis*. IZA Discussion Paper No. 6413, Bonn.

Aktionsrat Bildung (2016): *Integration durch Bildung. Migranten und Flüchtlinge in Deutschland. Jahresgutachten 2016*, Münster.

Aktionsrat Bildung (2007): Bildungsgerechtigkeit. Jahresgutachten 2007, Wiesbaden.

Alewell, D. (1997): *Die Finanzierung betrieblicher Weiterbildungsinvestitionen. Ökonomische und juristische Aspekte*, Wiesbaden.

Anger, C./Plünnecke, C./Schmidt, J. (2010): *Bildungsrenditen in Deutschland – Einflussfaktoren, politische Optionen und volkswirtschaftliche Effekte*. IW-Studie im Auftrag des BMBF, 1–142.

Anger, S./Leber, U./Rodrigues, M. (2016): *Absolventen allgemeinbildender und beruflicher Bildungsgänge in Europa. Der Start ins Berufsleben ist in einigen Ländern besonders schwierig.* IAB-Kurzbericht 11/2016, Nürnberg.

Anger, S./ Thomsen, S. (2018): Die Schulzeitverkürzung am Gymnasium. Fakten und Ergebnisse im Spiegel politischer Entscheidungen. *Journal für LehrerInnenbildung*, H. 2, 37–44.

Arnhold, G. (2005): *Kleine Klassen – große Klasse? Eine empirische Studie zur Bedeutung der Klassengröße für Schule und Unterricht*, Bad Heilbrunn.

Arnold, D./Steffes, S./Wolter, S. (2015): Mobiles und entgrenztes Arbeiten: Aktuelle Ergebnisse einer Betriebs- und Beschäftigtenbefragung, Monitor, hrsg. vom Bundesministerium für Arbeit und Soziales, Berlin.

Arrow, K. J. (1962): Higher education as a filter. *Journal of Public Economics* 2, 193–216.

Arulampalam, W. (2001): Is Unemployment Really Scarring? Effects of Unemployment Experiences on Wages. *The Economic Journal* 111, F585–F606.

Autorengruppe Bildungsberichterstattung (2018): Bildung in Deutschland 2018, Bielefeld.

Autorengruppe Bildungsberichterstattung (2016): Bildung in Deutschland 2016, Bielefeld.

Autorengruppe Bildungsberichterstattung (2014): Bildung in Deutschland 2014, Bielefeld.

Autorengruppe Bildungsberichterstattung (2012): Bildung in Deutschland 2010, Bielefeld.

Autorengruppe Bildungsberichterstattung (2006): Bildung in Deutschland 2006, Bielefeld.

Baethge, M./Wolter, A. (2015): The German skill formation model in transition: from dual system of VET to higher education? *Journal for Labour Market Research*, Vol. 48 (2), 97–112.

Barro, R.J. (1991): Economic Growth in a Cross Section of Countries. *The Quarterly Journal of Economics*, Vol. 106 (2), 407–443.

Bechmann, S./Dahms, V./Tschersich, N./Frei, M./Leber, U./Schwengler, B. (2013): Beschäftigungsmuster von Frauen und Männern. Auswertungen des IAB-Betriebspanels 2012. IAB-Forschungsbericht 14/2013, Nürnberg.

Becker, G. S. (1964): *Human Capital. A Theoretical and Empirical Analysis with Special Reference to Education*, New York.

Behringer, F. (1999): *Beteiligung an beruflicher Weiterbildung. Humankapitaltheoretische und handlungstheoretische Erklärungen und empirische Evidenz*, Opladen.

Behringer, F./Schönfeld. G. (2017): Betriebliche Weiterbildung. In: F. Bilger/F. Behringer/H. Kuper/J. Schrader (Hrsg.), *Weiterbildungsverhalten in Deutschland 2016. Ergebnisse des Adult Education Survey*, 56–73.

Beicht, U./Walden, G. (2006): Individuelle Investitionen in berufliche Weiterbildung – Heutiger Stand und künftige Anforderungen. In: *WSI-Mitteilungen 6/2006*, 327–334.

https://doi.org/10.1515/9783110642315-012

Beicht, U./Walden, G. (2002): Wirtschaftlichere Durchführung der Berufsausbildung – Untersuchungsergebnisse zu den Ausbildungskosten der Betriebe. In: *Berufsbildung in Wissenschaft und Praxis 6/2002,* 38–43.

Bellmann, L./Düll, H./Leber, U. (2001): Zur Entwicklung der betrieblichen Weiterbildungsaktivitäten. Eine empirische Untersuchung auf der Basis des IAB-Betriebspanels. In: A. Reinberg (Hrsg.), *Arbeitsmarktrelevante Aspekte der Bildungspolitik,* Nürnberg.

Bellmann, L./Dummert, S. (2016): Übersicht über das Weiterbildungsangebot (Datenbanken). In: C. Kreklau/J. Siegers (Hrsg.), *Handbuch der Aus- und Weiterbildung,* Köln, 2–28.

Bellmann, L./ Dummert, S./Leber, U. (2018): Konstanz altersgerechter Maßnahmen trotz steigender Beschäftigung Älterer. *WSI-Mitteilungen,* Jg. 71, H. 1, 20–27.

Bellmann, L./Dummert, S./Ebbinghaus, M./Krekel, E./Leber, U. (2015): Qualifizierung von Beschäftigten in einfachen Tätigkeiten und Fachkräftebedarf. *Zeitschrift für Weiterbildungsforschung – Report* 38 (2), 287–301.

Bellmann, L./Ellguth, P. (2006): Verbreitung von Betriebsräten und ihr Einfluss auf die betriebliche Weiterbildung. *Jahrbücher für Nationalökonomie und Statistik* 226 (5), 487–504.

Bellmann, L./Grunau, Ph./Troltsch, K./Walden, G. (2014): Make or buy: train in-company or recruit form the labour market? *Empirical Research in Vocational Education and Training* 6, 9–18.

Bellmann, L./Janik, F. (2010): Abitur and what next? Reasons for gaining double qualifications in Germany. Schmollers Jahrbuch. *Zeitschrift für Wirtschafts- und Sozialwissenschaften* 130 (1), 1–18.

Bellmann, L./Janik, F. (2007): To recruit skilled workers or to train one's own? *Zeitschrift für Arbeitsmarktforschung* 40 (2+3), 205–220.

Bellmann, L./Leber, U. (2015): Diversity Kompetenz und Demografischer Wandel aus arbeitsökonomischer Perspektive. In: P. Genkova/T. Ringeisen (Hrsg.), *Handbuch Diversity Kompetenz. Perspektiven und Anwendungsfelder,* Wiesbaden, 1–11.

Bellmann, L./Leber, U. (2008): Weiterbildung für Ältere in KMU. In: *Sozialer Fortschritt* 57 (2), 43–48.

Bellmann, L./Leber, U. (2006): Weiterbildung in KMU. In: M. Weiß (Hrsg.), *Evidenzbasierte Bildungspolitik. Beiträge der Bildungsökonomie,* Berlin, 115–130.

Bellmann, L./Leber, U. (2005): Betriebliche Weiterbildung im regionalen Kontext. In: L. Bellmann/ D. Sadowski (Hrsg.), *Bildungsökonomische Analysen mit Mikrodaten,* Nürnberg, 107–122.

Bellmann, L./Stephani, J. (2012): Effects of double qualifications on various dimensions of job satisfaction. *Empirical Research in Vocational Education and Training,* Vol. 4 (2), 95–114.

Ben-Porath, Y. (1967): The production of human capital and the life cycle of earnings. *Journal of Political Economy* 75, 352–356.

Bergbauer, A./Hanushek, E. A./Wößmann, L. (2018): Extern vergleichende Prüfungen verbessern die Schülerleistungen. In: *ifo Schnelldienst* 71 (20), 2018, 16–19.

Bernhard, S. (2016): Berufliche Weiterbildung von Arbeitslosengeld-II-Empfängern: Langfristige Wirkungsanalysen. In: *Sozialer Fortschritt* 65(7), 153– 161.

Bernhard, S./Lang, J./Kruppe, Th. (2017): Langfristige Wirkungen von geförderter beruflicher Weiterbildung. In: J. Möller/U. Walwei (Hrsg.), *Arbeitsmarkt kompakt: Analysen, Daten, Fakten,* Bielefeld, 146– 148.

Bertelsmann Stiftung (2019): Policy Brief. Stiefkind Weiterbildung. Wo der Staat seine Bürger vernachlässigt, 1. Auflage.

Berthold, N./Stettes, O. (2002): *Die betriebliche Weiterbildung im organisatorischen Wandel.* Wirtschaftswissenschaftliche Beiträge des Lehrstuhls für Volkswirtschaftslehre, Wirtschaftsordnung und Sozialpolitik Nr. 59, Würzburg.

BIBB (2018): Datenreport zum Berufsbildungsbericht 2018, Bonn.

BIBB (2013): Datenreport zum Berufsbildungsbericht 2013, Bonn.

BIBB (2010): Datenreport zum Berufsbildungsbericht 2010, Bonn.

Biersack, W./Kettner, A./Reinberg, A./Schreyer, F. (2008): Akademiker/innen auf dem Arbeitsmarkt: Gut positioniert, gefragt und bald sehr knapp. IAB-Kurzbericht 18/2008, Nürnberg.

Bilger, F./Strauß, A. (2017): Beteiligung an non-formaler Weiterbildung. In: F. Bilger/F. Behringer/H. Kuper/J. Schrader (Hrsg.), *Weiterbildungsverhalten in Deutschland 2016*. Ergebnisse des Adult Education Survey (AES), Bielefeld, 25– 55.

Blaug, M. (1976): The Empirical Status of Human Capital Theory: A Slightly Jaundiced Survey. *Journal of Economic Literature* 14 (3), 827–855.

Blinder, A. S./Weiss, Y. (1976): Human Capital and Labor Supply: A Synthesis. *Journal of Political Economy* 84 (3), 449–472.

BMBF (2014): *Weiterbildungsverhalten in Deutschland 2014. Ergebnisse des Adult Education Survey – AES Trendbericht,* Bonn.

Boder, E. M. (2015): Rekrutierung und Bindung von Nachwuchskräften durch das duale Studium – eine Bestandsaufnahme inklusive Analyse auf Basis von Expertenbefragungen. *Inauguraldissertation an der Rechts- und Wirtschaftswissenschaftlichen Fakultät der* Friedrich-Alexander-Universität Erlangen-Nürnberg.

Böheim, R./Booth, A. L. (2004): Trade union presence and employer-provided training in Great Britain. *Industrial Relations* 43 (3), 520–545.

Booth, A. L./Chatterji, M. (1998): Unions and efficient training. *Economic Journal* 108 (447), 328–343.

Booth, A. L./Satchell, S. E. (1994): Apprenticeships and job tenure. *Oxford Economic Papers* 46 (4), 676–695.

Brodaty, T./Gray-Bobo, R. J./Prieto, A. (2008): *Does Speed Signal Ability? The Impact of Grade Repetitions on Employment and Wages.* Discussion Paper 6832, Center for Economic Policy Research, London.

Brücker, Herbert; Croisier, Johannes; Kosyakova, Yuliya; Kröger, Hannes; Pietrantuono, Giuseppe; Rother, Nina; Schupp, Jürgen (2019): Zweite Welle der IAB-BAMF-SOEP-Befragung: Geflüchtete machen Fortschritte bei Sprache und Beschäftigung. IAB-Kurzberich, 03/2019.

Brussig, M./Leber, U. (2004): Verringert informelle Weiterbildung bestehende Qualifikationsunterschiede? Aktuelle Ergebnisse einer Betriebsbefragung. In: *WSI-Mitteilungen, 1/2004,* 49–57.

Büchel, F. (1998): *Zuviel gelernt? Ausbildungsinadäquate Erwerbstätigkeit in Deutschland,* Bielefeld.

Büchel, F. /Helberger, C. (1995): Bildungsnachfrage als Versicherungsstrategie. In: *Mitteilungen aus der Arbeitsmarkt- und Berufsforschung* 28 (1), 32–42.

Büttner, B./Thomsen, S. (2015): Are We Spending Too Many Years in School? Causal Evidence of the Impact of Shortening Secondary School Duration. *German Economic Review,* 16(1), 65–86.

Bundesagentur für Arbeit (2016): *Schwerpunktheft Fachkräfte für Deutschland. Zwischenbilanz und Fortschreibung,* Nürnberg.

Bundesagentur für Arbeit (2015): *Der Arbeitsmarkt in Deutschland – Fachkräfteengpassanalyse,* Nürnberg.

Bundesagentur für Arbeit (2015a): *Der Arbeitsmarkt in Deutschland – Ältere am Arbeitsmarkt,* Nürnberg.

Bundesvereinigung der Deutschen Arbeitgeberverbände (2015): *Fachkräftemangel bekämpfen – Wettbewerbsfähigkeit sichern. Handlungsempfehlungen zur Fachkräftesicherung in Deutschland,* Berlin.

Burgard, C./Görlitz, K. (2014): Continuous Training, Job Satisfaction and Gender. An Empirical Analysis Using German Panel Data. *Evidence-based HRM: a global forum for empirical scholarship* 2 (2), 126–144.

Buschle, N./Schmidt, A. (2015): Was kostet Bildung in Deutschland? In: *Wirtschaftsdienst* 95 (4), 292–294.

Cahuc P./Carcillo, S./Fyberberg, A. (2014): Labor Economics, 2nd Revised edition, Cambridge.

Cappelli, P. (2004): Why do employers pay for college? *Journal of Econometrics* 121 (1–2), 213–241.

Carneiro, P./Heckman, J. (2003): Human Capital Policy. In: J. Heckman/A. Krueger (Hrsg.), *Inequality in America: What Role for Human Capital Policies,* Boston.

Christoph, B./Leber, U./Stüber, H. (2017): Einkommen von Bachelor- und anderen Hochschulabsolventen: Höhere Abschlüsse zahlen sich mit dem Alter zunehmend aus. IAB-Kurzbericht, 13/2017, Nürnberg.

Cohen, D./Soto, M. (2007): Growth and human capital: good data, good results. *Journal of Economic Growth*, Vol. 12, 51–76.

Czepek, J./Dummert, S./Kubis, A./Leber, U./Müller, A./Stegmaier, J. (2015): *Betriebe im Wettbewerb um Arbeitskräfte. Bedarf, Engpässe und Rekrutierungsprozesse in Deutschland,* Bielefeld.

Dauth, C. (2017a): Weiterbildung Geringqualifizierter und beschäftigter Arbeitnehmer in Unternehmen (WeGebAU). In: J. Möller/U. Walwei (Hrsg.), *Arbeitsmarkt kompakt: Analysen, Daten Fakten.* Bielefeld, 155– 157.

Dauth, C. (2017b): Regional discontinuities and the effectiveness of further training subsidies for low-skilled employees. IAB-Discussion Paper 07/2017.

Dauth, C./Toomet, O. (2016): On government-subsidized training programs for older workers. In: *Labour* 30(4), 371– 392.

Denison, E. F. (1962): *Sources of Economic Growth in the United States and the Alternatives Before Us,* New York.

Dietrich, H./Gerner, H.-D. (2007): The determinants of apprenticeship training with particular reference to business expectations. *Zeitschrift für Arbeitsmarktforschung* 40 (2+3), 221–234.

Dietz, M./Kettner, A./Kubis, A./Leber, U./Müller, A./Stegmaier, J. (2012): Unvollkommene Ausgleichsprozesse am Arbeitsmarkt. Analysen zur Arbeitskräftenachfrage auf Basis des IAB-Betriebspanels und der IAB-Erhebung des Gesamtwirtschaftlichen Stellenangebots. IAB-Forschungsbericht, Nürnberg.

Dohmen, D. (2013): Finanzierung beruflicher Weiterbildung in Deutschland. In: *Report. Zeitschrift für Weiterbildungsforschung* 3/2013, 61–84.

Dräger, J./Stein, A. (2009): *Vorwort zur Studie von Wößmann/Piopiunik. Bertelsmann-Stiftung,* Gütersloh.

Dummert, S. (2016): *Berechnung zur betrieblichen Aus- und Weiterbildung,* Berlin.

Dummert, S./Frei, M./Leber, U. (2014): Berufsausbildung in Deutschland: Betriebe und Beschäftigte finden schwerer zusammen, dafür sind Übernahmen häufiger denn je. IAB-Kurzbericht 20/2014, Nürnberg.

Dustmann, C./Frattini, T./Preston, I. (2013): The Effect of Immigration along the Distribution of Wages. In: *Review of Economic Studies* 80 (1), 145–173.

Dustmann, C./Preston, I. (2012): Estimating the Effect of Immigration on Wages. In: *Journal of the European Economic Association* 10 (1), 216–223.

Dustmann, C./Schönberg, U. (2009): Training and Union Wages. *The Review of Economics and Statistics, May 2009*, 91(2), 363–376

Dustmann, C./van Soest, A. (2002): Language Fluency and Earnings. Estimation with Misclassified Language Indicators. *Review of Economics and Statistics* 83, 663–674.

Esser, H. (2006): *Sprache und Integration: Die sozialen Bedingungen und Folgen des Spracherwerbs von Migranten,* Frankfurt am Main und New York.

Euwals, R./Winkelmann, R. (2002): Mobility after apprenticeship – evidence from register data. *Applied Economics Quarterly* 48 (3–4), 256–278.

Expertenkommission Finanzierung Lebenslangen Lernens (2002): Auf dem Weg zur Finanzierung Lebenslangen Lernens. Zwischenbericht, Bielefeld.

Falck, O./Felbermayr, G./Jacob-Puchalska A./Poutvaara, P. (2016): Arbeitsmarktchancen von Flüchtlingen. *ifo Schnelldienst* 69 (4), 83–85.

Freeman, R. B. (1976): *The Overeducated American,* New York.

Frei, M./Janik, F. (2008): Wo Ausbildungspotential noch brach liegt. IAB-Kurzbericht 19/2008, Nürnberg.

Fuchs, J./ Söhnlein, D./ Weber, B. (2017): Projektion des Erwerbspersonenpotenzials bis 2060: Arbeitskräfteangebot sinkt auch bei hoher Zuwanderung. *IAB-Kurzbericht*, 06/2017, Nürnberg.

Fuchs, J./ Söhnlein, D./Weber, B. (2011): Projektion des Arbeitskräfteangebots bis 2050: Rückgang und Alterung sind nicht mehr aufzuhalten. *IAB-Kurzbericht*, 16/2011, Nürnberg.

Gebhardt, M./Rauch, D./Mang, J./Sälzer, C./Stanat, P. (2013): Mathematische Kompetenz von Schülerinnen und Schülern mit Zuwanderungshintergrund. In: M. Prenzel/C. Sälzer/E. Klieme/O. Köller (Hrsg.), *PISA 2012 in Deutschland. Fortschritte und Herausforderungen,* Münster u. a., 274–309.

Gerlach, K./Jirjahn, U. (2001), Employer Provided Training: Evidence from German Establishment Data. In: *Schmollers Jahrbuch* 121, 139–164.

Glocker, D./Storck, D. (2012): Risks and Returns to Educational Fields: A Financial Asset Approach to Vocational and Academic Education. Discussion Papers of DIW Berlin 1240, Berlin.

Greene, W. (2011): *Econometric Analysis.* 7. Auflage, Boston.

Groot, W./Oosterbeek, H. (1994): Earnings Effects of Different Components of Schooling, Human Capital versus Screening. *The Review of Economics and Statistics* 76 (2), 317–321.

Gundlach, E. (2003): *Nach dem PISA-Schock: Höhere Bildungsausgaben oder umfassende Bildungreform?* Kiel.

Gundlach, E. (2001): Education and economic development: an empirical perspective. In: *Journal of Economic Development*, 26 (1), 37–60.

Hanushek, E.A./Kimko, D. (2000): Schooling, Labor-Force Quality, and the Growth of Nations. *The American Economic Review*, Vol. 90 (5), 1184–1208.

Hanushek, E. A./Wößmann, L. (2008): *Do Better Schools Lead to More Growth? Cognitive Skills, Economic Outcomes, and Causation*. NBER Working Paper No. 14633. Cambridge MA.

Hartung, S./Schöngen, K. (2007): Zur Entwicklung der betrieblichen Ausbildungsbeteiligung in ausgewählten Dienstleistungen. In: H. Dietrich/E. Severing (Hrsg.), *Zukunft der dualen Berufsausbildung – Wettbewerb der Bildungsgänge,* Bonn, 25–60.

Heckman, J./Jacobs, B. (2009): *Policies to Create and Destroy Human Capital in Europe,* IZA Discussion Paper No. 4680, Bonn.

Heckman, J.J./Klenow, P.J. (1997): *Human Capital Policy 1997.* Working Paper, Economics Department, University of Cicago.

Heidenreich, M. (1998): Die duale Berufsausbildung zwischen industrieller Prägung und wissensgesellschaftlichen Herausforderungen. *Zeitschrift für Soziologie* 27 (5), 321–340.

Helmke, A./Helmke, T./Schrader, F.-W./Wagner, W./Klieme, E./Nold, G. et al. (2008): Wirksamkeit des Englischunterrichts. In: E. Klieme/W. Eichler/A. Helmke/R. Lehmann/G. Nold/H.-G. Rolff et al. (Hrsg.), *Unterricht und Kompetenzerwerb in Deutsch und Englisch. Ergebnisse der DESI-Studie,* Weinheim, 382–297.

Hofmann, S. /König, M. (2017): Ausbildung Plus – Duales Studium in Zahlen 2016: Trends und Analysen. Bundesinstitut für Berufsbildung, Bonn.

Homuth, C. (2017): *Die G8-Reform in Deutschland – Auswirkungen auf Schülerleistungen und Bildungsungleichheit*. Springer: Heidelberg.

Hovestadt, G./Eggers, N. (2007): *Soziale Ungleichheiten in der allgemeinbildenden Schule*, Rheine.

Huebener, M./Marcus, J. (2015): Empirische Befunde zu Auswirkungen der G8-Schulzeitverkürzung. *DIW Roundup – Politik im Fokus*, 57.

Hübler, O. (2005): *Einführung in die empirische Wirtschaftsforschung.* München und Wien.

Hummelsheim, S. (2010): *Finanzierung der Weiterbildung in Deutschland. Studientexte für Erwachsenenbildung,* Bonn.

Ilmarinen, J. (2006): *Towards a longer worklife: ageing and the quality of worklife in the European Union. Finnish Institute of Occupational Health and Ministry of Social Affairs and Health,* Helsinki.

Isserstedt, W./Middendorf, E./Weber, S./Wolter, A./Schnitzer, K. (2004): *Die wirtschaftliche und soziale Lage der Studierenden in der Bundesrepublik Deutschland 2003. 17. Sozialerhebung des Deutschen Studentenwerks* Bonn/Berlin.

Jacob, M. (2001): *Ausmaß und Strukturen von Mehrfachausbildungen. Arbeitspapier Nr. 3 des Projekts Ausbildungs- und Berufsverläufe der Geburtskohorten 1964 und 1971 in Westdeutschland. Max-Planck-Institut für Bildungsforschung,* Berlin.

Jansen, A./Pfeifer, H./Schönfeld, G./Wenzelmann, F. (2015): *Ausbildung in Deutschland weiterhin investitionsorientiert – Ergebnisse der BIBB-Kosten-Nutzen-Erhebung 2012/13, BIBB-Report 1/2015,* Bonn.

Janssen, S./Leber, U./Arntz, M./Gregory, T./Zierahn, U. (2018): Betriebe und Arbeitswelt 4.0: Mit Investitionen in die Digitalisierung steigt auch die Weiterbildung. *IAB-Kurzbericht,* 26/2018, Nürnberg.

Janssen, S./Leber, U. (2015): Weiterbildung in Deutschland. Engagement der Betriebe steigt weiter. IAB-Kurzbericht 13/2015, Nürnberg.

Kmenta, J. (1971, revised ed. 1986): *Elements of Econometrics,* New York.

Köller, O. (2017): Verkürzung der Gymnasialzeit in Deutschland. Folgen der G8-Reform in den Ländern der Bundesrepublik Deutschland. Expertise der Stiftung Mercator.

Kohaut, S./Möller, I. (2016): Führungspositionen in der Privatwirtschaft. Im Osten sind Frauen öfter an der Spitze. IAB-Kurzbericht 02/2016, Nürnberg.

Kracke, N. (2016): Unterwertige Beschäftigung von AkedemikerInnen in Deutschland. Die Einflussfaktoren Geschlecht, Migrationsstatus und Bildungsherkunft und deren Wechselwirkungen. In: *Soziale Welt (im Erscheinen).*

Krueger, A.B./Lindahl, M. (2001): Education for Growth: Why and for Whom? *Journal of Economic Literature* 39 (49), 1101–1136.

Kruppe, T. (2019): Bildungsgutscheine in der aktiven Arbeitsmarktpolitik. In: *Sozialer Fortschritt* 58(1) 9– 19.

Kruppe, T. (2017): Bildungsgutscheine. In: J. Möller/U. Walwei (Hrsg.), *Arbeitsmarkt kompakt: Analysen, Daten, Fakten,* Bielefeld, 149– 150.

Kruppe, T./Lang, J. (2018): Labour markets effects of retraining for the unemployed. The role of occupations. In: *Applied Economics* 50(14), 1578–1600.

Kuper, H./Unger, K./Hartmann, J. (2013): Multivariate Analyse zur Weiterbildungsbeteiligung. In: F. Bilger/D. Gnahs/J. Hartmann/H. Kuper (Hrsg.), *Weiterbildungsverhalten in Deutschland. Resultate des Adult Education Survey 2012,* 95–109.

Kuwan, H./Seidel, S. (2013): Weiterbildungsbarrieren und Teilnahmemotive. In: F. Bilger/D. Gnahs/J. Hartmann/H. Kuper (Hrsg.), *Weiterbildungsverhalten in Deutschland. Resultate des Adult Education Survey 2012,* 209–231.

Langner, B. (2007): Externe Effekte der Bildung: Mythos oder Rechtfertigung für öffentliche Bildungsfinanzierung? Otto-Wolff-Institut Discussion Paper 2/2007, Köln.

Lankes, E.-M./Carstensen, C. H. (2010): Kann man große Klassen erfolgreich unterrichten? In: W. Bos/S. Hornberg/K.-H. Arnold/G. Faust/L. Frie/ E.-M. Lankes et al. (Hrsg.), *IGLU 2006 – Die Grundschule auf dem Prüfstand. Vertiefende Analysen zu Rahmenbedingungen schulischen Lernens, Münster,* 121–142.

Layard, R./Psacharopoulos, G. (1974): The screening hypothesis and the returns to education. *Journal of Political Economy* 82, 985–998.

Leber, U. (2000): Finanzierung der betrieblichen Weiterbildung und die Absicherung ihrer Erträge. In: *Mitteilungen aus der Arbeitsmarkt- und Berufsforschung* 33 (2), 229–241.

Leber, U./Möller, I. (2007): *Weiterbildungsbeteiligung ausgewählter Personengruppen*. RatSWD Working Paper 12, Berlin.

Leber, U./Stegmaier, J./Tisch, A. (2013): *Altersspezifische Personalpolitik. Wie Betriebe auf die Alterung ihrer Belegschaften reagieren. IAB-Kurzbericht 13/2013*, Nürnberg.

Lewin, K./Minks, K.-H./Uhde, S. (1996): *Abitur – Berufsausbildung – Studium. Mitteilungen aus der Arbeitsmarkt- und Berufsforschung 29*, 431–454.

Lucas, R. E. (1988): On the mechanics of economic development. *Journal of Monetary Economics* 22, 3–22.

Mankiw, G./Romer, D./Weil, D. (1992): A contribution to the empirics of economic growth. *Quarterly Journal of Economics*, 107, 407–443.

Meyer, T./Thomsen, S./Schneider, H. (2018): New Evidence on the Effects of the Shortened School Duration in the German States: An Evaluation of Post-Secondary Education Decisions. *German Economic Review*, doi:10.1111/geer.12162 (online first).

Mielck, A./Lüngen, M./Siegel, M./Korber, K. (2012): *Folgen unzureichender Bildung für die Gesundheit. Bertelsmann Stiftung,* Gütersloh.

Milde-Busch, A./Blaschek, A./Borggräfe, I./; von Kries, R./ Straube, A./Heinen, F.(2010): Besteht ein Zusammenhang zwischen der verkürzten Gymnasialzeit und Kopfschmerzen und gesundheitlichen Belastungen bei Schülern im Jugendalter? *Klinische Pädiatrie*, 222 (04), 255–260.

Mincer, J. (1974): *Schooling, experience and earnings*, New York.

Mühlemann, S./Pfeifer, H./Walden, G./Wenzelmann, F./Wolter, S. C. (2010): The financing of apprenticeship training in the light of labor market regulations. *Labour Economics* 17, 799–809.

Müller, S./Dettmann, E./Fackler, D./Neuschäffer, G./Slavtchev, V./ Leber, U./Schwengler, B. (2018): Lohnunterschiede zwischen Betrieben in Ost- und Westdeutschland: Ausmaß und mögliche Erklärungsfaktoren. Ergebnisse aus dem IAB-Betriebspanel 2017. *IAB-Forschungsbericht*, 06/2018, Nürnberg.

Müller, K./Ehmke, T. (2016): Soziale Herkunft und Kompetenzerwerb. In: K. Reiss/C. Sälzer/A. Schiepe-Tiska/E. Klieme/O. Köller (Hrsg.), PISA 2015. Eine Studie zwischen Kontinuität und Innovation, Münster u. a., 285– 316.

Musgrave, R. A./Musgrave, P. B./Kullmer, A. (1994): *Die öffentlichen Finanzen in Theorie und Praxis. Band 1, 6. aktualisierte Auflage,* Tübingen.

Nelson, R./Phelps, S. (1966): Investment in Human Capital, Technological Diffusion, and Economic Growth. *The American Economic Review* 56 (1), 69–75.

Neubäumer, R./Bellmann, L. (1999): Ausbildungsintensität und Ausbildungsbeteiligung von Betrieben: Theoretische Erklärungen und empirische Ergebnisse auf der Basis des IAB-Betriebspanels 1997. In: D. Beer/B. Frick/R. Neubäumer/W. Sesselmeier (Hrsg.), *Die wirtschaftlichen Folgen von Aus- und Weiterbildung. München und Mering,* 9–41.

Niederalt, M. (2004): *Zur ökonomischen Analyse betrieblicher Lehrstellenangebote in der Bundesrepublik Deutschland,* Frankfurt am Main.

OECD (2018): *Bildung auf einen Blick 2018: OECD-Indikatoren,* Bielefeld.

OECD (2015): *Bildung auf einen Blick 2015: OECD-Indikatoren,* Bielefeld.

OECD (2014): *PISA 2012, Ergebnisse: Was Schülerinnen und Schüler wissen und können, Band I, Überarbeitete Ausgabe, Februar 2014,* Bielefeld.

OECD (2013): Wem nutzen Privatschulen? In: A. Gürlevik/C. Palentien/R. Heyer (Hrsg.), *Privatschulen versus staatliche Schulen,* Wiesbaden, 235–240.

Öztürk, H. (2012): Soziokulturelle Determinanten der beruflichen Weiterbildungsbeteiligung von Erwachsenen mit Migrationshintergrund in Deutschland – Eine empirische Analyse mit den Daten des *SOEP. Report. Zeitschrift für Weiterbildungsforschung*, 35 (4), 21–32.

Pechar, H. (2006): *Bildungsökonomie und Bildungspolitik. Studienreihe Bildungs- und Wissensmanagement,* Münster u. a.

Pfeiffer, F./Stichnoth, H. (2015): Fiskalische und individuelle Bildungsrenditen – aktuelle Befunde für Deutschland. *Perspektiven der Wirtschaftspolitik* 16 (4), 393–411.

PISA-Konsortium Deutschland (2007): *PISA 2006. Die Ergebnisse der dritten internationalen Vergleichsstudie,* Münster.

Prümer, St. (2016): Gründe für und Auswirkungen von Doppelqualifikationen. Eine Betrachtung deutscher Abiturienten. *Master Thesis an der Rechts- und Wirtschaftswissenschaftlichen Fakultät der Friedrich-Alexander-Universität Erlangen-Nürnberg.*

Quis, J. (2018): Does Compressing High School Duration Affect Students' Stress and Mental Health? Evidence from the National Educational Panel Study. *Jahrbücher für Nationalökonomie und Statistik,* doi:10.1515/jbnst-2018-0004 (online first).

Reich-Claassen, J./von Hippel, A. (2009). Angebotsplanung und -entwicklung. In: R. Tippelt/A. von Hippel (Hrsg.), *Handbuch Erwachsenenbildung/Weiterbildung, 3. überarbeitete und erweiterte Auflage,* Wiesbaden, 1003–1015.

Reichelt, M./Vicari, B. (2014): *Ausbildungsinadäquate Beschäftigung in Deutschland – Im Osten sind vor allem Ältere für ihre Tätigkeit formal überqualifiziert. IAB-Kurzbericht 25/2014,* Nürnberg.

Reiss, K./Sälzer, C. (2016): Fünfzehn Jahre PISA. Bilanz und Ausblick. In: K. Reiss/C. Sälzer/A. Schiepe-Tiska/E. Klieme/O. Köller (Hrsg.), PISA 2015. Eine Studie zwischen Kontinuität und Innovation, Münster u. a., 375–382.

Romer, P. (1990): Endogenous Technological Change. *Journal of Political Economy* 98(5), 71–102.

Ruhose, J. (2013): Bildungsleistungen von Migranten und deren Determinanten – Teil II: Primar-, Sekundar- und Tertiärbereich. *ifo Schnelldienst* 66 (10), 24–38.

Rump, J./Eilers, S. (2007): Wie Mitarbeiter beschäftigungsfähig bleiben. Personalentwicklung im Sinne des Employability Managements. *Personal Manager 01/2007,* 15–17.

Rürup, B./Kohlmeier, A. (2007): *Wirtschaftliche und sozialpolitische Bedeutung des Bildungssparens,* Bonn und Berlin.

RWI (2011): *Berechnungen und wissenschaftliche Auswertungen im Rahmen des DCV-Projektes „Bericht über Bildungschancen vor Ort", Endbericht – November 2011, Forschungsprojekt des Deutschen Caritasverbandes,* Essen.

Samuelson, P. A. (1954): The Pure Theory of Public Expenditure. *The Review of Economics and Statistics,* 36 (4), 387–389.

Schiersmann, C. (2007*): Berufliche Weiterbildung,* Wiesbaden.

Schmillen, A./Umkehrer, M. (2013): *The scars of youth: effects of early-career unemployment on future unemployment experiences. IAB Discussion Paper 6/2013,* Nürnberg.

Schnitzler, A. (2019): Abi und was dann? *Berufsbildung in Wissenschaft und Praxis* 48(1), 15–19.

Schönfeld, G./Wenzelmann, F./Dionisius, R./Pfeiffer, H./Walden, G. (2010): *Kosten und Nutzen der dualen Ausbildung aus Sicht der Betriebe. Berichte zur beruflichen Bildung,* Bielefeld.

Schütz, G./Wößmann, L. (2005): Wie lässt sich die Ungleichheit der Bildungschancen verringern? *ifo Schnelldienst* 58 (21), 15–25.

Schumpeter, A. (1912): *Theorie der wirtschaftlichen Entwicklung.* Berlin.

Seibert, H./Wapler, R. (2015): *Zuwanderung nach Deutschland: Aus dem Ausland kommen immer mehr Akademiker. IAB-Kurzbericht 21/2012,* Nürnberg.

Sesselmeier, W./Blauermel, G. (1997): *Arbeitsmarkttheorie,* 2. Auflage, Heidelberg.

Seyda, S./Placke, B. (2017): Die neunte IW-Weiterbildungserhebung. Kosten und Nutzen betrieblicher Weiterbildung. IW-Trends 4.2017.

Solga, H./Dombrowski, R. (2009): *Soziale Ungleichheiten in schulischer und außerschulischer Bildung. Stand der Forschung und Forschungsbedarf. Arbeitspapier 171 der Hans-Böckler-Stiftung,* Düsseldorf.

Solow, R.M. (1956): A Contribution to the Theory of Economic Growth. *The Quarterly Journal of Economics,* 70 (1), 65–94.

Spence, A. M. (1973): Job Market Signalling. *Quarterly Journal of Economics* 87, 355–374.

Spitz-Oener, A. (2006): Technical Change, Job Tasks and Rising Educational Demands: Looking Outside the Wage Structure, *Journal of Labor Economics* 24 (2), 235–270.

Statistik der Bundesagentur für Arbeit (2018): Berichte: Blickpunkt Arbeitsmarkt – Akademikerinnen und Akademiker, Nürnberg, Mai.

Statistisches Bundesamt (2019): Ausländische Bevölkerung nach Aufenthaltsdauer und ausgewäjhlten Staatsangehörigkeiten, https://www.destatis.de/DE/Themen/Gesellschaft-Umwelt/Bevoelkerung/Migration-Integration/Tabellen/auslaendische-bevoelkerung-aufenthaltsdauer.html.

Statistisches Bundesamt (2017): Berufliche Weiterbildung in Unternehmen. Fünfte europäische Erhebung über die berufliche Weiterbildung in Unternehmen (CVTS5), Wiesbaden.

Statistisches Bundesamt (2016): Schulen auf einen Blick. Ausgabe 2016, Wiesbaden.

Statistisches Bundesamt (2015): Bildung und Kultur. Berufliche Bildung 2014, Fachserie 11, Reihe 3, Wiesbaden.

Statistisches Bundesamt (2015): Bildungsfinanzbericht 2015, Wiesbaden.

Staudt, E./Kriegesmann, B. (1999): Weiterbildung: Ein Mythos zerbricht. Der Widerspruch zwischen überzogenen Erwartungen und Misserfolgen der Weiterbildung. In: Arbeitsgemeinschaft Qualifikations-Entwicklungs-Management (Hrsg.), *Kompetenzentwicklung '99. Aspekte einer neuen Lernkultur*, Münster u.a., 17–95.

Straubhaar, Th./Winz, M. (1992): *Reform des Bildungswesens. Kontroverse Aspekte aus ökonomischer Sicht*, Bern.

Thiele, M./Behringer, F./Schönfeld, G. (2017): Direkte Kosten der non-formalen Weiterbildung für die Individuen. In: F. Bilger/F. Behringer/H. Kuper/J. Schrader (Hrsg.), Weiterbildungsverhalten in Deutschland 2016. Ergebnisse des Adult Education Survey (AES), Bielefeld, 103–116.

Thurow, L. C. (1975): Education and Economic Equality. In: D. M. Levine/M. J. Bane (Hrsg.), *The ,Inequality' Controversy*, New York.

Troltsch, K./Walden, G. (2007): Beschäftigungssystem dominiert zunehmend Ausbildungsstellenmarkt. Zur Responsivität des dualen Ausbildungssystems. In: *Berufsbildung in Wissenschaft und Praxis* 36 (4), 5–9.

Van den Berg, J./Dauth, J./Homrighausen P./Stephan, G. (2018): Informing employees in small and medium sized firms about training: results of a randomized field experiments. Institute of Labor Economics, Discussion Paper No. 11963.

Verrick, S. (2010): Who is hit hardest during a financial crisis? The vulnerability of young men and women to unemployment in an economic downturn. IZA Discussion Paper No. 4359, Bonn.

Wanger, S. (2015): *Frauen und Männer am Arbeitsmarkt. Traditionelle Erwerbs- und Arbeitszeitmuster sind nach wie vor verbreitet. IAB-Kurzbericht 04/2015*, Nürnberg.

Wanger, S. (2012): Arbeitszeitpotenziale von Frauen. Wunschlängen und wahre Größen. In: *IAB-Forum*, Nr. 1, 18–25.

Weis, M./Zehner, F./Sälzer, C./Strohmaier, A., Artelt, C./Pfost, M. (2016): Lesekompetenz in PISA 2015. Ergebnisse, Veränderungen und Perspektiven. In: K. Reiss/C. Sälzer/A. Schiepe-Tiska/E. Klieme/O. Köller (Hrsg.), PISA 2015. Eine Studie zwischen Kontinuität und Innovation, Münster u. a., 249–284.

Winship, C./Radbill, L. (1994): Sampling Weights and Regression Analysis. *Sociological Methods and Research* 23, 230–257.

Wolpin, K. I. (1977): Educational Screening. *American Economic Review* 67, 949–958.

Wößmann, L. (2007): *Letzte Chancen für gute Schulen. Die 12 großen Irrtümer und was wir wirklich ändern müssen,* Gütersloh.

Wößmann, L. (2005): Ursachenkomplexe der PISA-Ergebnisse: Untersuchungen auf Basis der internationalen Mikrodaten. *Tertium comparationis* 11 (2), 152–176.

Wößmann, L. (2003): Familiärer Hintergrund, Schulsystem und Schülerleistungen im internationalen Vergleich. *Aus Politik und Zeitgeschichte* (21/22), 33–38.

Wößmann, L./Ludemann, E./Schütz, G./West, M. R. (2009): *School Accountability, Autonomy and Choice around the World*, Cheltenham.

Wößmann, L./Piopiunik, M. (2009): *Was unzureichende Bildung kostet. Eine Berechnung der Folgekosten durch entgangenes Wirtschaftswachstum*. Bertelsmann-Stiftung, Gütersloh.

Zika, G./ Maier, T./Helmrich, R./Hummel, M./ Kalinowski, M./ Hänisch, C./Wolter, M./Mönnig, A.(2015): Qualifikations- und Berufsfeldprojektionen bis 2030: Engpässe und Überhänge regional ungleich verteilt. *IAB-Kurzbericht*, 09/2015, Nürnberg.

Zimmer, M. (2014): *Strategisches Management in Bildungseinrichtungen*, Oldenburg.

Zimmermann, K. F. (2011): Migration und Integration: Deutschland als Einwanderungsland – „… denn ihr seid selbst Fremde in Ägypten gewesen", *IZA Standpunkte* Nr. 35, 1–8.

Register

Abiturnote 53

Absolvent 23, 45, 46

Absolventenquote 45, 46

Abwanderung 68, 70, 116

Adult Education Survey (AES) 83, 97 ff., 102 f., 169

allgemeinbildende Schule 21 ff.

Anlagen
– technische Ausstattung 71, 94

Anpassungsfähigkeit
– mangelnde 80 f.

Arbeits- und Organisationsformen 86, 93

Arbeitsfähigkeit 124 f.

Arbeitskräftefluktuation 70, 76

Arbeitslosenquote 123, 129, 149, 154

Arbeitslosigkeit
– qualifikationsspezifische 2, 10, 40, 55, 154 f.

Arbeitsmarkt
– Passungsproblem 68, 116, 136
– zutrittsbeschränkter 51

Arbeitsmarktunvollkommenheit 4, 13 ff., 16 ff.

Arbeitsplatzwettbewerb 51

Arbeitsverhältnis
– befristetes 71, 94

Aufstiegsstipendium 111

Aus- und Weiterbildung
– Verzahnung von betrieblicher 155

Ausbildung
– betriebliche 51, 58 ff., 65 ff., 72, 74, 79
– Qualität 12

Ausbildungsabschluss
– berufliche Verwertbarkeit 20

Ausbildungsaktivität
– betriebliche 65

ausbildungsbegleitende Hilfen 135

Ausbildungsberechtigung 64 ff.

Ausbildungsbereitschaft 74

Ausbildungsberuf
– anerkannter 80

Ausbildungsberuf
– am stärksten besetzter 61 ff.

Ausbildungsbeteiligung 61, 66, 70 ff.

Ausbildungsengagement
– Determinanten 81

Ausbildungsintensität 70 ff.

Ausbildungsstellenangebot 61, 63 f.

Ausbildungsstellennachfrage 61, 63 f.

Ausbildungsunterbrecher 66 f.

Ausschließbarkeit 137 f.

Autokorrelation 161

Bachelor 40, 54

Berufsabschluss 104

Berufsakademie 54

Berufsausbildung 10 ff., 17, 24, 42, 58 ff.
– Abbruch 120
– außerbetrieblich organisierte 60, 81
– betriebliche 58 ff.
– betriebliche Beteiligung 64 ff.
– Bruttokosten 74 ff.
– Durchlässigkeit 80
– Ertrag 77 ff.
– gesetzliche Voraussetzungen 64 ff.
– Kosten 77 ff.
– Modularisierung 79
– Nettokosten 77 ff.
– Nutzen 77 ff.
– Personen ohne 122
– Reformbedarf 78 ff.
– Transparenz 80 ff.

Berufsberatung 131

Berufsbildungsgesetz 58, 64

Berufsbildungssystem
– Anpassungsfähigkeit 80 f.

Berufserfahrung 10

Berufsfachschule 63, 99, 113, 155

berufsvorbereitende Bildungsmaßnahmen (BvB) 58, 63, 131, 142

Berufswahl 61

Beschäftigung
– ausbildungsinadäquate 17

Besetzungsproblem
– betriebliches 67 f., 116

Bestimmtheitsmaß, multiples 160

Bestimmtheitsmaß, multiples, korrigiert 160

Betrieb
– Abwanderung 116
– ausbildungsaktiver 66
– ausbildungsberechtigter 64 ff.
– ausbildungspassiver 66

Betriebs- und Geschäftsausstattung 71, 91

Betriebsrat 14, 71, 73, 99, 94

BIBB/BAuA-Erwerbstätigenbefragung 51, 52, 170

https://doi.org/10.1515/9783110642315-013

www.ingramcontent.com/pod-product-compliance
Lightning Source LLC
Chambersburg PA
CBHW061815210326
41599CB00034B/7006